性史

第三卷　自我的關懷

HISTOIRE DE LA SEXUALITÉ III
Le souci de soi
MICHEL FOUCAULT

米歇爾・傅柯　著　　林志明　譯

目次

第一章｜夢中快感 　　　　　　　　　　007
I. Rêver de ses plaisirs

　　第一節 —— 阿特米多爾的方法　　　009
　　1. La méthode d'Artémidore

　　第二節 —— 分析　　　　　　　　　030
　　2. L'analyse

　　第三節 —— 夢境與動作　　　　　　043
　　3. Le songe et l'acte

第二章｜自我的文化 　　　　　　　　　065
II. La culture de soi

第三章 ｜ 自我與他人 　　　　　121
III. Soi et les autres

第一節 —— 婚姻的角色 　　　　　123
1. Le rôle matrimonial

第二節 —— 政治的遊戲 　　　　　138
2. Le jeu politique

第四章 ｜ 身體 　　　　　167
IV. Le corps

第一節 —— 加里昂 　　　　　177
1. Galien

第二節 —— 它們是好的、它們是壞的？ 　　　　　188
2. Sont-ils bons, sont-ils mauvais ?

第三節 —— 快感的飲食作息控制 　　　　　205
3. Le régime des plaisirs

第四節 —— 對於靈魂的鍛練 　　　　　218
4. Le travail de l'âme

第五章 ｜ 妻子　　　247
V. La femme

第一節 —— 配偶連結　　　253
1. Le lien conjugal

第二節 —— 獨占問題　　　276
2. La question du monopole

第三節 —— 閨房之樂　　　293
3. Les plaisirs du mariage

第六章 ｜ 少男們　　　315
VI. Les garçons

第一節 —— 普魯塔克　　　322
1. Plutarque

第二節 —— 相傳為路西安　　　351
2. Le Pseudo-Lucien

第三節 —— 新愛慾論　　　378
3. Une nouvelle érotique

結論　　　393
Conclusion

引用文獻索引　　　403
Index des ouvrages cités

I. Rêver de ses plaisirs

第一章 夢中快感

我將由分析一份相當獨特的文本開始。這是本「實用的」著作，運用於日常生活；它並不是一份作道德反思或告誡的文本。在那個時代所遺留至今的文本中，對於性動作（actes sexuels）[I]的不同可能形式，它呈現一個稍具系統性陳述；針對這些動作，一般而言，它並不以直接和明示的方式作出道德判斷；但它可令人推想到廣泛被接受的評價圖式。我們可以觀察到，它們和古典時期已在組織阿芙羅底其亞（*aphrodisia*）[II] 道德體驗的普遍原理是非常接近的。阿特米多爾（Artémidore）的書因而形成了一個標記。它見證著一種持久性。它說明著一種通行的思考方式。因為它存在的這個事實，允許我們衡量在同一個時期，就有關於快感及性操守（conduite sexuelle）的哲學及醫學思維工作，可能具有什麼樣的獨特性及部分的新穎。

I. 關於傅柯將「性動作」（acte sexuel）及「性活動」（activité sexuelle）在《性史》中系統性的對立使用，請參考《性史 第二卷》導論，譯註 XVI。

II. 此希臘字原指愛、美、性愛女神阿芙羅黛蒂（Aphrodite）的「作品」、「動作」。關於為何傅柯保留此字希臘文形式於其文本，及其使用上的細部意義，請參考《性史 第二卷》第一章，尤其是前導部分至第一節。

La méthode d'Artémidore

第一節
阿特米多爾的方法

在上古有一種數量龐大的專題文獻，其中阿特米多爾（Artémidore）[III]《夢之解謎》（*La Clef des songes*）一書是唯一完整留傳至今的文本：這便是解夢之書（onirocritique）。阿特米多爾在紀元後第二紀中寫作，他本人也引用了許多著作（其中有些已是古老典籍），它們在他的時期仍然通行：這些著作的作者包括以弗所的尼可史特拉特（Nicrostrate d'Ephèse）[1]與哈利卡那斯的潘尼亞西斯（Panyasis d'Halicarnasse）[2]；泰爾梅索斯的阿波羅多爾（Apolodore de Telmessos）[3]；安提阿的福玻斯（Phœbus d'Antioche）[4]、赫利奧波利斯的丹尼斯（Denys d'Héliopolis）[5]、敏多斯的亞歷山大（Alexandre de Myndos）這位自然史學家[6]；他以稱頌的方式提到泰爾梅索斯的阿歷斯坦德爾（Aristandre de Telmessos）[7]，他徵引的書籍也包括泰爾的哲敏諾斯（Géminos de Tyr）的專著中的三卷、法萊爾的德米特里歐斯（Démétrios de Phalère）的五卷書、米勒的阿特蒙（Artémon de Milet）二十二卷書[8]。

當他訴諸此著作的題獻人，某位名為卡西烏斯·馬克西姆斯（Cassius Maximus）的人士——他也許是馬克欣·德·泰爾（Maxime de Tyr）[IV]，或是他的父親[9]，而他便是受其鼓勵，「努力不使此一學問落入遺忘」——阿特米多爾

斷言說他「完全沒有其他活動,只有「日夜不停地」投入夢的詮釋。[10] 這種誇張的斷言方式,是否是此類呈現中慣見的?也許。無論如何,阿特米多爾所作的不只是將夢境預知中最著名的,且是已受到現實肯定的段落加以編纂。他寫的是一本方法性質的著作,並且這麼說有以下兩層意思:這是一本日常生活中可以使用的實用手冊;這也應是一本具有理論性質的專論,探討的是詮釋步驟的有效性。

人們不應忘記夢的分析乃是存在技藝(techniques d'existence)之一部分。這是因為,夢中的形象在那時被視為(或說至少一部分是如此)現實的記號或是未來的訊息,將其解碼具有龐大的價值:一個真正有理性的人不能逃避此一工作。這是一個非常古老的俗民傳統;這也是有教養的階層固有的習慣。如果有必要為了夜間的形象,就教於無數的專業人士,那麼自己能詮釋這些記號也是好的。將

III. 出生於以弗所(Ephèse)(今屬土耳其),大約活動於紀元 2 世紀前後的以希臘文寫作的占卜家和釋夢家,最主要的傳世著作為《夢之解謎》。

IV. 羅馬時期的希臘哲學家及修辭家(125-185),請參考《性史 第二卷》第五章譯註 II。

夢的解析當作日常實踐的重要性,其見證可謂無以計數,而這不只在重大時刻不可或缺,即使在日常事務中也是如此。這是因為,諸神在夢中會給予忠告、意見,有時甚至是特定的命令。有時候,夢只是宣告未來事件,並不提出所應遵循之事,甚至當人們預設未來事件的連鎖發展乃是不可避免的,如果能事先知道將來之事也是好的,因為可以加以準備:「神明們,」阿基琉斯·塔提奧斯(Archille Tatius)[V]在《勒西佩與克里特封的冒險》(*Les aventures de Leucippé et Clitophon*)中說道,「經常喜歡以夢境向人類啟現未來——那不是為了使他們因此可以避開惡運,因為沒有人可以勝過宿命——而是為了使他們更能忍受其痛苦。因為,突如其來的,同時又是未受期待的事物,以其衝擊的粗暴性質擾亂心智,並將其整個吞沒;相對地,在遭受之前便有所期待,因為逐漸地習慣,會使得悲傷變得較為微弱。」[11]更晚之後,辛奈西歐斯(Synésios)[VI]轉譯了一個完全是傳統性質的觀點,當他提醒我們的夢形成一個「和我們共居」的神諭,陪伴我們於「我們的旅程、戰爭、公共職位、農事勞動、商業活動」;必須把夢境當作是「永遠準備好應答的先知、一位永不疲勞及沉默的顧問」;我們因而應該努力詮釋我們的夢,不論我們是「男人或女人、年輕

或年老、富有或貧窮、私人營生的公民或行政官、城市或鄉村的居民、手工業者或演說家」，不會優先著重「性別與年齡、財富與職業」。[12] 阿特米多爾便是在此一精神下寫作《夢之解謎》。

對於他來說，核心的事物是向讀者指出一種進行方式的細節：如何將夢境分解為各種元素，並且建立起夢的診斷性質的意義？如何由這些元素出發來詮釋其整體，而又在各部分的解碼中，同時考量到整體？阿特米多爾將釋夢和主持犧牲者的占卜技術相貼近是很有意義的：他們也相同，「將所有的記號一一對待時，他們知道其中每一個要和什麼發生關係」，然而，「他們給出解釋時，會根據全體也會根據部分。」[13] 於是，這是一部為了詮釋而寫的專著。幾乎全部都集中於正確解夢的技術（*technē*），而不是夢境巧妙的預知能力，這部著作的訴求對象有數種範疇的讀者。阿特米多爾想提供一種讓分析的技術專家和專業人士可以

V. 生於亞歷山大港，以希臘文寫作的紀元第 2 世紀作家，以其傳世小說《勒西佩與克里特封的冒險》聞名。

VI. 古代利比亞昔蘭尼加托勒密希臘人主教、哲學家、作家和詩人，生活於紀元 4 世紀至 5 世紀（約 370-413），希臘化時期古埃及新柏拉圖主義學者希帕提婭的學生。

使用的器具；這是他擺在他兒子面前的誘惑，而他是第四及第五卷的預定讀者：如果他「將此書放在他桌上收藏」，並將它隨身帶著，他將會成為「一位比其他人更為優秀的解夢者」。[14] 他也想要幫助那些因為嘗試了錯誤的方法，於是便離開了此一如此珍貴的實踐的人：對抗這些錯誤，這本書將會像是一個具拯救力的藥品——*therapeia sōtēriodēs*。[15] 然而，阿特米多爾也想到「由各方而來的」讀者，他們需要基本的教學。[16] 無論如何，他想將它呈現為一部人生手冊，像是可以於一生的存在中不同階段和情狀下都可使用的器具：對於它的分析，他堅持加上「和人生本身同樣的秩序及連貫」。

此一「日常人生手冊」將會變得十分明顯，當我們將阿特米多爾的文本相比較於亞里斯狄德（Aristide）[VII] 的《演講集》（*Discours*）——後者是位體弱多病且焦慮不堪的作者，他多年都在聆聽神在其疾病不凡的各個轉折中向他傳送的夢境。我們可以注意到，在阿特米多爾的作品中，幾乎沒有宗教神妙的任何位置；和許多此一類型其他文本不同，阿特米多爾的作品並不依賴崇拜治療，即使他曾以傳統的表述方式，提到達爾提斯（Daldis）[VIII] 的阿波羅，「他家鄉的神」，曾經鼓勵他及來到他的床前，「命令（或幾乎如此）他寫作此書」。[17] 另外，他也細心強調他的工作和

其他解夢者的工作之間的不同，比如提爾的哲敏斯、法萊爾的德米特里歐斯及米勒的阿特蒙，他們都記錄了塞拉比斯（Sarapis）[IX]的藥方及療法。[18] 阿特米多爾針對的典型作夢者，並不是一位不安的虔信者，掛慮著由天上傳來的指示。這是一位「平凡」的人：大部分時間是一位男人（女人之夢被指出時，是當作補充，當作一種可能變化，在其中主體的性別會改變夢的意義），這男人擁有一個家庭、一些財物、大多有個手藝（他作買賣，有間商店）；他常常會有僕人及奴隸（但也有預想他沒有這些的個案）。他主要操心的，除了他自己的健康之外，還有他身邊之人的生與死、他事業上的成功、他財富的增加、他會不會變窮、他小孩的婚姻、他在城邦中可能要完成的任務。簡言之，一群普通的顧客。阿特米多爾的文本顯露了一種存在的模式和一種專屬於普通人掛念的類型。

但這本著作也有理論上的意義，而阿特米多爾在他對

VII.　Aelius Aristide（117-181）是一位希臘－羅馬時代詭辯學派的演說家。

VIII.　位於小亞（今土耳其），阿特米多爾的母親來自此地。

IX.　希臘化時代的埃及神祇，象徵著富裕和復興。

卡西烏斯的題獻詞中便提到這一點：他想要駁斥夢境預卜的反對者；他想要說服那些一點都不相信所有各類透過解碼預示未來作占卜的懷疑論者。他有其確信，對於阿特米多爾而言，他不尋求將它們建立於展現赤裸裸的結果，而是透過一種經過反思的調查研究步驟以及有關方法的辯論。

他並不宣稱可以捨棄先前的文本；他仔細地閱讀它們；但並不是為抄錄它們，像人們經常所作的；在那些「已經被說出的」，或是已經既成的權威中，吸引他的乃是經驗的幅度及真實。而且，此一經驗，他堅持不在幾位偉大作者的著作中尋找，而是它們正在形成之處。阿特米多爾自傲於——他在為卡西烏斯·馬克西姆斯所寫的題獻詞中提到，之後還會再重複——其調研的幅度。他不只核對了無數的著作，而且他尤其耐心地遍訪了地中海世界的十字路口中，各個鋪子的夢境解讀者及未來預言者。「對我來說，不只沒有一本解夢書沒被我買到，並為了這個目標大肆搜羅，而且，雖然廣場上的占卜家受人大加詆譭，大家說到他們的時候表情嚴肅、蹙緊眉毛，稱他們為江湖術士、假冒大仙或小丑，但我輕視此一詆譭，與他們進行多年的交談，辛勤地傾聽古老的夢境以及它們的實現，包括在希臘的城市或人群聚集處，在亞洲、義大利，以及在最重要及人口最

多的島嶼上：實際上，要精熟此一學科，沒有別的法門。」[19] 然而，所有他所聽聞的，他知道不能就以原樣流傳，而是要使它接受「經驗」（peira）的檢驗，而經驗對他而言便是所有他所說的「典律」（canon）及「見證」。[20] 對於這一點，必須理解為他會以其他的來源核對他所指涉的資訊，或是和他自己的實踐相比對，並且以論理和推論來加以檢驗：如此，就不會有任何事是「空想而來」，或是只透過「簡單的猜想」，在其中我們可以找到調查的步驟，核驗及「驗證」的觀念——比如記述（historia）的，經驗（peira）的觀念——及形式，它們在這個時代，多少直接地受到懷疑論思想的影響，形成了自然史或醫學類屬中知識收集的特色。[21] 阿特米多爾的文本提供了可觀的優點，那便是立足於大量的傳統文獻，呈現出一個精煉的反思。

在這樣的一份文件中，不存在著尋找嚴苛道德的表述，或是就性行為出現新的要求的問題：它提供的，毋寧是指示出通行的評價模式或普遍被接受的態度。在這文本中，哲學反思確定不曾缺席，而且我們在其中可以找到對於當代問題及辯論的指涉；但這些指涉是關於解碼的步驟以及分析的方法，而不是價值判斷和道德內容。詮釋作用於其上的材料、它們所處理的夢境景象，作為預兆，它們所宣

告的情境和事件,乃是屬於一個共同的及傳統的風景。我們因而可以要求阿特米多爾的文本見證一相當廣泛以及無疑根植了相當久遠的道德傳統。但我們必須記得,如果說此一文本有豐富的細節,如果說它針對夢境呈現出不同性動作和性關係的圖表,相對於同一時代的其他任何著作是更具系統性的,它卻完全不是一本道德論著,因為一部道德論著的首要目的乃是針對這些動作及關係形成判斷。透過夢的解碼,我們只能間接地覺察對於其中再現的場景和動作所作的評價。道德原則在其中並不是為了它們自己而被提出的;我們只能經由分析的逐步前進本身,辨識出它們。這便預設著我們得先暫時地停留於阿特米多爾所運用的解碼步驟,以便之後能夠解讀存在於其性夢分析之下的道德。

1.

阿特米多爾區分出兩種夜間的視象。一種是狀態之夢——*enupnia*;它們譯寫出主體目前的情感狀態,它們「陪伴著靈魂於其奔馳之中」:人們墜入情網,欲想著所愛的對象出現於身邊,人們夢見他就在那;人們缺乏食物,感覺

到吃東西的必要，人們夢到正在進食；或者甚至「那位過度狼吞虎嚥之人，會夢到他嘔吐及窒息」[22]；那害怕敵人的人，會夢到他們包圍著他。這種形式的夢，有一個簡單的診斷價值：它們就立足於當前（由現在到現在）；它將正在睡眠的主體本身的狀態顯現給他；它轉譯了身體層面的缺乏或過度，以及靈魂層面的恐懼及慾望。

事件之夢（*oneiroi*）則有所不同。就其性質及作用而言，阿特米多爾以其提出的三套「字源學」，便可容易地發現它。首先是 *oneiros*，那是說出存有者（*to on eirei*），它說的是在時間鉸鍊之中，已存在的事物，以及在多少接近的未來，將會像個事件一般出現者。它也是那作用於靈魂並使其激動的事物——*oreinei*；事件之夢變動靈魂、造就它及模塑它；它將它放置於某種情緒之中，並且在它之中激發出和向它展示的事物相合的運動。最後，在 *oneiros* 這字眼中可以辨認出來自依薩克（Ithaque）的乞討者的名字依若斯（Iros）[X]，他攜帶著人們託付給他的訊息。[23] 於是，狀態之夢（*enupnion*）及事件之夢（*oneiros*）節節相對著；前者

X. 出現於史詩《奧狄塞》中的人物，是位乞丐，但名字中帶有傳訊者的意義。

談的是個人，後者談的是世界的事件；前者衍生自身體與靈魂的狀態，後者預期著時間鉸鍊的展開；前者顯現出慾念或反感的過多或過少遊戲；後者向靈魂發出訊息，而且，就在此同時，造就著它。一方面，慾望之夢訴說著靈魂現前狀態的真實；另一方面，存有之夢則說出世界秩序之中事件的未來。

另一個劃分，在這兩個「夜間視象」的每一個內部之中，導入另一種區分的形式：一種是透明的方式，清楚呈現的，無需解碼及詮釋，另一種則是用比喻的方式被提出，並且是在形象之中，而它們訴說的，乃是和第一眼外表不同的事物。在狀態之夢中，慾望可以透過慾望對象容易辨識的存在顯現出來（人們在夢中看到自己想望的女人）；但它的顯現，也可以是透過另一個形象，而它和對象之間保持著或近或遠的親緣關係。可類比的差異也出現於事件之夢中，其中有一些直接指出未來世界已存在的事件，其方式是直接展現它；人們在夢中看見有艘船沉沒了，而那便是之後人們會發生船難的船隻；人們看到自己被刺傷時的武器，明天便會被它傷害，這類的夢被稱為是「定理性的」（théorématique）。然而，在其他情況下，形象和事件的關係乃是間接的：在礁石上撞破的船隻這個形象，可能意味

的不是一場船難,甚至不是壞事,對於夢到此事的奴隸而言,那是他即將來臨的自由解放;這樣的夢是「寓意性的」（allégorique）。

不過,此一雙重區分的組合,對於解夢者產生了一個實作上的問題。在睡夢中有了一個形象:如何辨認出這裡涉及的一個狀態之夢或事件之夢?如何決定形象直接宣布它所展示的,或是應該預設它是其他事物的轉譯?阿特米多爾在本書第四卷（在前三卷之後書寫）前幾頁提到此一困難,他特別強調詢問作夢主體具有首要的重要性。他解釋,可以確定的是,狀態之夢將不會在「有美德」的靈魂之中產生:實際上,這些靈魂知道如何主宰其不理性的運動,也就是它們的激情——慾望或恐懼:它們知道如何將其身體在缺乏和過度之間保持平衡;對於它們來說,因此不會有這些「狀態之夢」（enupnia）,後者總是要被理解為情感的顯現。再者,在道德論者的著作中,這也是個經常出現的主題,即美德的標記乃是那些在睡夢中轉譯出慾念或身體及靈魂非自主運動的夢境的消失。塞內克（Sénèque）[XI] 說,「睡眠者的夢境,和

XI. 古羅馬斯多葛學派哲學家（紀元前 4 — 65 年）、劇作家、政治家。成長於羅馬,主要關注為倫理學。

他的一天同樣地騷亂。」[24] 普魯塔克[XII] 引用芝諾（Zénon）[XIII] 提醒道，不再夢到在不老實的活動中獲得快感乃是進步的記號。他也提到有些人，他們在白天的時候有足夠的力氣和激情戰鬥並加以抵抗，但一到晚上，「便不再受到意見及法律的拘束」，不再感到恥辱：在他們內部，不道德的及放蕩的部分甦醒過來。[25]

對於阿特米多爾而言，無論如何，當狀態之夢產生時，它們會採取兩種形式：在大部分的人身上，慾望及憎惡沒有遮蔽地直接顯現；然而，對於那些知道如何詮釋他們自己夢境的人，它們只以記號顯現，因為他們的靈魂對他們「以最為狡詐的方式玩弄了他們」。如此，一位在解夢方面沒有經驗的人，會在夢中看到他所慾求的女人或是他主人的死亡，而那是他所企求的。專家具懷疑心或精明的靈魂則是以某種方式拒絕顯示它所存在的慾望狀態；它求助於狡智，並且，之後他不只看到他所慾求的女人，作夢者看到的，以某種方式而言，乃是指稱她的形象：「一匹馬、一面鏡子、一艘船、海水、母獸、一件女性穿的衣服。」阿特米多爾引用這位科林斯的畫家，他的靈魂無疑是專家型的，它在其夢境中看到他房子的屋頂坍塌下來，以及他自己的斬首；人們可能會想像那是一個未來事件的記號；然而，

那是狀態之夢：這人慾求著其師傅之死 —— 不過後者至今仍然活著，阿特米多爾順手註記道。[26]

　　至於事件之夢，如何在其中辨識哪些是透明的及「具定理性質的」，哪些又是以寓意方式宣告一個和它所展示的不同的事件呢？如果我們把那些顯然呼喚著詮釋的奇特不凡形象放在一邊，那些明白宣告一個事件的形象，很快地便會由現實加以認可；事件很快便會接續著它而發生；定理性質的夢向它所宣告的開放，對於詮釋，不留給它可以著手之處，或是不可或缺的時限。寓意之夢因而很容易獲得辨識，因為在它們之後不會有隨之而來的直接實現：於是，必須掌握它們以進行詮釋。這裡還可以加上，有美德之靈魂 —— 它們沒有狀態之夢，只有事件之夢 —— 大部分的時候，只識得具定理性質之夢的清楚視象。阿特米多爾不需要解釋這個特殊地位：傳統接受諸神會對純淨的靈魂直接地訴說。讓我們回想柏拉圖，他在《共和國篇》

XII.　羅馬時期的希臘作家（約 46 — 125 年），名著為《希臘羅馬名人傳》及道德書寫集。

XIII.　這裡指的很可能是季蒂昂的芝諾（約紀元前 334 年—前 262 年），斯多葛學派的創立者。

中說道：「當他使得靈魂的兩個部分［慾念的及憤怒的部分］得到平息，刺激了安居著智慧的第三部分，並在最後放鬆於休息之中，你知道的，靈魂是在此一狀態下，最能達致真理。」[27] 在夏里東·達弗芙羅底其亞斯（Chariton d'Aphrodisias）[XIV] 的小說中，當卡里霍爾（Callirhoé）接近其考驗的終端，那時她為保全其美德所作的長程戰鬥將會受到報償，她作了一個具有定理性質的夢，它提前預告了小說的結局，對於保護她的女神而言，這同時構成了預兆及許諾：「她看到自己還是敘拉古（Syracuse）的處女，走入阿芙羅黛蒂（Aphrodite）的神殿裡，接著，在回返的路上，看到了查瑞阿斯（Chaeréas），之後，新婚之日，整個城市裝飾著花圈，她本人由父親及母親陪伴著直到未婚夫的家宅。」[28]

根據阿特米多爾所建立於不同類型的夢境、它們的表意方式及主體存有模式間的關係，我們可以建立如下的表格：

		狀態之夢		事件之夢	
		直接	透過記號	具定理性質	寓意性質
在具美德的靈魂中		從未		大多時候	
在一般的靈魂中	專家的		大多時候		大多時候
	非專家的	大多時候			

　　這表格的最末一格——在一般的靈魂中產生的寓意性質的事件之夢——界定了解夢（onirocritique）工作的場域。在這裡，詮釋是有可能的，因為在其中視象並不是透明的，而是運用一個形象去說另一個；在這裡，詮釋是有用的，因為它允許為一個並非立即會發生的事件作準備。

XIV.　以希臘文寫作的羅馬帝國時期小說家，生卒年不詳，但其小說大多被考證為紀元第 1 世紀晚期至第 2 世紀初寫成。

2.

　　寓意性質之夢的解碼乃是透過類比的路徑。阿特米多爾多次地重述這一點：解夢的藝術奠基於相似性的道路之上；它是透過「相似者之間的相貼近」來運作的。[29]

　　此一類比性，阿特米多爾使得它在兩個層面上運作。首先這涉及事件之夢中的形象和它所宣告的未來元素之間，在性質上的可類比性。為了偵測出此一相似性，阿特米多爾運用了不同的手段：性質上的相同性（夢見身體不適，可能意味著健康或境遇上未來的「壞狀況」；夢見爛泥意味著身體之中將會充滿著有毒物質）；字眼的相同（公羊意味著指揮，因為 *krios-kreiōn* 這兩個字詞間的關係）[30]；在象徵方面的親緣性（夢見獅子對於運動員而言乃是勝利的記號；夢見暴風雨乃是將要遭逢不幸的記號）；一種信仰、民俗說法、神話主題的存在（因為阿卡迪的卡利斯托［Callisto l'Arcadienne］[XV]，熊指向女人）[31]；也涉及屬於同一存在的範疇：這是為何結婚與死亡在夢中可互相意指，因為這兩者可以當作是生命的一種標的（*telos*）、結束（客觀的或作為終結）；[32] 實作上的相似性（「夢見與處女結婚，對於病

人而言意味著死亡，因為陪伴著結婚的禮儀，也陪伴著喪禮」)[33]。

另外還有價值上的可類比性。這裡觸及到一大重點，因為解夢的功能便在於決定將要發生的事件是有利的或不利的。在阿特米多爾的文本中，以二元分立的方式，夢境的所指（signifié），其整體領域被劃分為好與壞、吉兆或凶兆、幸運或不幸。於是，問題會是如此：在事件之夢中再現的動作，可否以其自身的價值，宣告將要發生的事件？其中的一般性原理是簡單的。一個預兆吉祥的夢，它所再現的動作本身是好的。但是，如何衡量此一價值？阿特米多爾提供了六個判準。受再現的動作是否合於自然？它是否合於法律？它是否合於風俗習慣？它是否合於技藝原理（technē）——意即合於使得一個行動可以達到其目標的規則與實作？它是否合於時辰（這意味著：這動作是不是在適當的時刻或情況下完成的）？最後，它的名字是什麼（它本身的名字是否便帶有好兆頭）？「有個一般性的原理如

XV. 希臘女神，十分美麗，但因與宙斯私通受罰變成棕熊，最後被送上天空成為大熊星座。

下：所有夢中景象，凡是合於自然、法律、風俗習慣、技藝、命名或時辰的，都帶有吉兆，與此相反的夢境，便是不祥的或不利的。」[34] 無疑地，阿特米多爾立刻便補充說此一規則並不是普遍的，它帶有例外。可能產生的是價值的反轉。某些夢境「由內看是好的」，可能「由外看便是壞的」；夢境中所想像的行動可能是有利的（比如夢到與一位神明晚餐，這本身是正面的），但其所預兆的卻是負面的（如果這位神明是克羅諾斯［Cronos］[XVI]，被其兒子們綑綁，此形象意味著此人將赴監獄）。[35] 有些其他的夢是相反的，「由內部看是壞的」，但「由外部看是好的」：一位奴隸夢見他身處戰場；這是宣告著他的解放，因為一位士兵不可以是奴隸。因此，圍繞著記號及正面或負面的所指，存有一個可能的變化邊際。這裡涉及的不是一個無法被超越的不確定性；而是一個複雜的領域，它要求人們考量夢中形象的所有面向，比如作夢者的情境。

在談論阿特米多爾所實踐的性夢分析之前，此一有點長的繞道閱讀是有必要的，如此才能把握其詮釋機制，以及決定夢中出現的性動作如何在其夢境預卜中得到如何的道德評價。實際上，如果將這文本當作是性動作價值及其

正當性的直接文獻，將是不謹慎的。阿特米多爾並不會說作出這樣或那樣的動作是好的或壞的，道德或不道德的，但他會說如果夢到作了這樣或那樣的動作是好的或壞的，有利的或可怕的。我們由其中可以得出的原理，因而不是作用於這些動作本身，而是作用於其作者身上，或者，毋寧說是在夢境中性動作的實施者所再現的夢境作者，而必須要預卜的是他得到的是吉兆或凶兆。解夢的兩大規則——亦即夢境「談論存有」，並且它是以可類比的方式來談論它——在此以下面的方式運作著：夢境訴說將會成為主體的存有方式特點的事件、幸運與不幸、榮盛或壞運，而它訴說的方式乃是透過與作為夢中性愛景象行動者的主體存有模式的類比關係——好或壞、有利或不利。不要在此一文本中尋找什麼是該作的或不該作的法典；而是一主體倫理學（éthique du sujet）的顯露，而它在阿特米多爾的時代仍然以日常通行的方式存在。

XVI. 希臘的原始古神，代表時間。在神話中祂吞噬了自己的小孩，直到其中一位，即宙斯，逼迫祂將其吐出。

L'analyse

第二節
分析

阿特米多爾對於性夢有四章書寫[36]——而且其上還需要加上許多分散各處的記述。他以區分三種類型的動作來組織其分析：合於法律的動作（*kata nomon*）、相反於法律的動作（*para nomon*），和自然相反的動作（*para phusin*）。此一區分並不是很清楚：其中每一名詞都未受到定義；我們不知道這些受指稱的範疇之間如何相互組構，或者是不是應該將「和自然相反」當作是「相反於法律的」的次分項；某些動作會同時出現在不同項次。我們不預設一個嚴謹的分類可將所有可能的性動作分屬於合法、不合法或反自然的領域。但如果以其細節來追蹤它們，這些歸類卻會使某種可理解性（intelligibité）得以出現。

1.

首先是「合於法律」的動作。由我們事後回顧的觀點來看，這一章節似乎將許多很不相同的事物混在一起：通姦與婚姻、拜訪妓女、求援於家中的奴隸、一位僕人的手淫。我們先片刻地將對此一符合法律所應有的意義放置於一旁。

事實上，這一章有個段落，將分析的發展說明得相當好。阿特米多爾以一般性的規則提出夢中的女人乃是「作夢者會遭遇的活動的形象。因此，不論她是哪一個女人，也不論她是在什麼樣的狀況中，她的活動將會使得作夢者進入此一狀況。」[37] 必須要理解的是，對於阿特米多爾而言，決定夢境的預測意涵的，因此也就是所夢到動作的道德價值的，乃是夢中伙伴的狀態，而不是動作的形式本身。此一狀態，必須以寬廣的意義加以了解：這便是「他者」的社會地位；他是已婚或未婚的、是自由人或是奴隸；他是年輕人或老年人，富有或是貧窮；他的職業、和他相遇之處；他相對於作夢者所具有的地位（妻子、情婦、奴隸、年輕的受保護人，等等）。於是我們得以理解，在其表面的無秩序之下，文本開展的方式：它跟隨著可能伴侶的順序、依據其地位、他們和作夢者的關連、作夢者遇見他們的地方。

文本中所提到的三個首要人物，重製了傳統人們可以接近的三類範疇女人所形成的系列：妻子、情婦、妓女。夢見和自己的妻子發生關係是一個吉兆，因為妻子與手藝和專業之間具有自然的類比關係；在她身上所作的活動是受承認及合法的；由她身上，人們可以獲得利益，就像是

由一個收益豐厚的工作中獲得的一樣;和她往來所得到的快感,宣告的是我們將由職業中得到的利益。在妻子和情婦之間並沒有任何差別。妓女這個案例則有所不同。阿特米多爾所提出的分析相當特別:女人就其自身作為一個可由其中得到快感的事物,具有正向的價值;而這一類的女人——俗話有時稱她們為「女工」(travailleuses)——正是為提供快感而存在的,而「她們投身其中,完全不會拒絕」。然而,經常拜訪這類女人會帶來「一些恥辱」——恥辱之外還有耗費;這無疑會使再現它的夢境所宣告的事件失去一些價值。然而,尤其是賣淫的場所帶入了負面的價值:這裡面有兩個原因,其中一個來自語言方面:如果妓院是由一個意指工坊或商店的詞語(ergastērion)來指稱它——這帶有吉利的意思——,如同墳場,它同樣也被稱為「接待眾人之處」、「眾人共同處所」。另一個則觸及哲學家和醫生在性的倫理學中經常提到的要點之一:精液無用的花費、它受消耗卻不能帶來子嗣,後面這部分卻是妻子可以作到的。因為這兩個原因,逛妓院在夢中可能預兆著死亡。

為了補充妻子-情婦-妓女所構成的古典三部曲,阿特米多爾提到偶遇中的女人。這時夢境所代表的未來,就

如同在它之中呈現的女人在社會上所代表的：她有錢嗎？穿著良好、身上穿戴著珠寶、願意配合？那麼夢境允諾著一些有益的事物。她是年老的、醜陋的、貧窮的，如果她不是自願地獻身，那麼夢境是不吉利的。

同住家人提供另一種性伴侶的範疇，他們是僕人及奴隸。這裡涉及的是直接的擁有：並不會因為可類比性，奴隸們便指向財富；他們是其中完整的一部分。很自然地，在夢中由這類人物身上得到的快感指出，「人們將由其擁有之物中得到快樂，並且，有可能這些財富會變得更大更顯赫」。人們施行著一種權利；享受著他的財富。因而這是吉利的夢，它實現了地位及合法性。當然，這和伴侶的性別無關，不論他是少女或少男，重點是這裡涉及的是一位奴隸。不過，阿特米多爾倒是強調了一個重要的區分：這一點關乎作夢者在性動作中的位置，他是主動的或被動的？將自己置身於奴僕「之下」，在夢中顛倒了社會階序，乃是不吉之兆：這預兆著人們將會受到這些下層人物的傷害，或是得忍受其蔑視。當他確認這裡涉及的並不是反自然的錯失，而是對於社會階序的損害及正確的權力關係的威脅，阿特米多爾順帶註記另有些夢也是負面的，這些夢境包括

作夢者被敵人、他自己的兄弟占有（法理受到破壞）。

接續而來的是關係的群組。吉利的是夢中我們和認識的女人發生關係，而她並未結婚，又是富有的；因為一位獻身的女人，提供的不只是她的身體，還有「與她身體相關的」事物，她穿戴在身上的（衣服、珠寶，以及一般而言所有她擁有的物質財貨）。但如果在夢中相交的女人是已婚的，那便是不吉利的；因為她受其丈夫的管轄；法律禁止人們接近她，並處罰通姦；在此情況下，作夢者應要等待在未來受到同一類的處罰。如果是夢到和男人發生關係呢？如果作夢者是位女人（這是文本中少數提到女人之夢的段落之一），這夢無論如何是吉利的，因為它符合女人的自然及社會角色。反過來，如果是一位男人夢到被另一位男人占有，區分那是吉利或不利的夢的元素仰賴於兩位伴侶間的相對地位：夢到被一位比自己更老和更有錢的男人占有是吉利的（這是獲得禮物的允諾）；如果夢中積極的伴侶是更年輕但更貧窮的，那便是壞預兆的夢——或者他單純只是比自己更窮：那實際上只是耗費的記號。

最後一些符合法律的夢境和手淫有關。這些夢很密切地連繫於奴隸的主題：因為它涉及到我們為自己提供的服

務（手便像是僕人，遵從著器官－主人對它所作的要求），因為這個字意味著「綁在柱子上」以鞭笞奴隸，也等同於進入勃起狀態。一位奴隸夢見他為主人手淫，實際上是註定要挨他鞭子。我們看到「符合法律」涵蓋的範圍之廣；它可以包括夫婦間的性行為、與情婦間的關係、與另一個男人之間主動或被動的關係，或甚至是手淫。

2.

相對地，被阿特米多爾認為是「不符合法律」的領域，根本上乃是由亂倫構成的。[38] 在其中亂倫採取嚴格的意義，即父母和兒女之間發生關係。至於兄弟姐妹之間的亂倫，如果是在一位兄弟和一位姐妹之間，則等同於父親和女兒之間發生關係，但相對地，若是發生於兩位兄弟之間，阿特米多爾似乎猶豫是要把它歸類於合於法律（*kata nomon*）或是相反於法律（*para nomon*）。無論如何，他在這兩項中都談到它。

當一位父親夢見和自己的女兒或兒子發生關係時，實

務上其意義永遠都是不吉利的。比如以立即的生理原由而言：如果孩子仍然幼小——不到五歲或十歲——其損害乃是生理性質的，而且在這樣的動作之後所產生的結果，預告著他的死亡或疾病。如果孩子比較大一點，夢境仍是不好的，因為它在其中搬演了不可能的或有害的關係。由自己的兒子身上得到歡快，在他身上「耗費」精液，這是一個無用的動作：這是徒勞無功的耗費，因為人們自其中得不到任何益處，因而它宣告的是大量的金錢損失。當他已經完全成年，和他結合，這時父親與兒子不能和平共存於同一屋子中，因為兩人都想指揮，這必然是個壞兆頭。只有在一種狀況下，此類的夢境是好的：當父親和兒子一同旅行，於是他和兒子之間有共同的事務要一起執行：然而如果在這樣的夢中，父親處於被動的位置（不論作夢的是兒子或父親），其意義乃是不祥的：階層的秩序、宰制及活動的主軸，在其中被顛倒了。父親對兒子的性「占有」宣告著敵意及衝突。[39] 夢到與女兒結合，對於父親而言，也沒有比較好。或者此一在女兒身上的「耗費」，因為她終歸要出嫁，如此會將父親的精液帶至別人家，預兆著損失大量的金錢。或者在這樣的關係中，如果女兒已經婚嫁，其指出

的是她將要離開丈夫,她會回到娘家,且必須要接濟其需求:只有當父親是貧窮的,而女兒回來時是富有的,於是她能接濟父親的需求,這時夢是吉利的。[40]

以一種看來奇怪的方式,與母親之間的亂倫關係(阿特米多爾只設想兒子與母親之間,從未設想母親與女兒之間的亂倫),經常承載著吉兆。是否要由此結論:根據阿特米多爾在預兆價值和道德價值之間建立關連的原則,母親和兒子間的亂倫並不被認為是根本上必須譴責的?或者應該在其中看到一個例外,是阿特米多爾在其所宣告的一般原則之外,必須預留的?無需質疑阿特米多爾認為母親－兒子之間的亂倫是道德上必須譴責的。但值得注意的是,他經常會給予此事吉利的預兆價值,因為他將母親當作是某種模範,以及大量的社會關係及活動形式的母模。母親是手藝;和她結合因此意味著職業上的成功及昌盛。母親是祖國;作一個與她結合的夢,對於被放逐流亡的人可能預見著他將回到家中,或是他將在政治生活中達致成功。母親也是我們由其中而出的沃土:如果我們在官司之中作了個亂倫的夢,這代表我們將會得到所爭奪的事物;如果我們是種植者,那麼我們將會有好收成。不過,對於病人

而言這卻是凶兆:深深沉入此一母親－大地,意味著我們將會死亡。

3.

在阿特米多爾的作品中,「違反自然」的動作有兩種相續的發展:其中一個關於脫離自然所固定下來的姿勢(此一發展乃是作為亂倫之夢的詮釋的附錄而來);另一個則和關係中的伴侶有關,後者因其「特性」,界定了動作的反自然性格。[41]

就原理而言,阿特米多爾提出自然對每一個物種固定了一種性動作受良好界定的形式,一個自然的姿勢,而且只有一個,動物不能與它脫離:「有一些是由後面包覆女方,像是馬、驢、山羊、牛、鹿及其他的四足動物。其他的首先以嘴部結合,比如蝰蛇、鴿子及伶鼬;母魚收集公魚所送出的精子。」以同樣的方式,人類由自然那邊收受到一個非常明確的交合模式:面對面,男人直躺在女人身上。在這個形式之下,性的交合乃是一個完整的占有:只要她

「服從」並且「合意」,我們便成為「伴侶整個身體」的主人。所有其他的姿勢乃是「沒有節度的發明,因為醉意而導致的放縱及自然的過度」。在這些非自然的關係中,總是存有不完善的社會關係的預兆(壞的關係、敵意),或是由經濟角度而言,宣告不好的狀況(人們不安、人們受到「妨礙」)。

在這些性動作的「種種變化」之間,阿特米多爾對於口部情慾給予特殊對待。他對之作出暴烈的斥責——這種態度在上古是常見的[42]:「可怕的動作」、「道德上的錯誤」,而其夢中再現無法有正向的價值,除非它和作夢者的職業有關(如果他是演說家、笛子的吹奏者或是修辭學教授),作為精子徒勞的排出,這樣的作為在夢中宣告了無用的耗費。與自然不相合的使用,並且在其後會阻礙接吻或共同用餐,它預兆的是分裂、敵意,有時是死亡。

但也有其他使得性關係離開自然的方式:由伴侶的性質著手。阿特米多爾列舉了五個可能性:與神、動物、屍體、自身發生關係,以及最後,兩個女人間的關係。最後兩個範疇被列入脫離自然的動作,這一點比起其他範疇顯得像個難解的謎。與自身的關係,不應被理解為手淫;後

者已被列入「符合法律」的動作。這裡出現問題的，乃是與自身超乎自然的關係，像是性器官插入自己的身體、自己親吻自己的性器官、在口中吸吮自己的性器官。第一種類型的夢宣告貧窮、貧困及苦難；第二種類型允諾著子孫的來臨，如果家中尚無子孫；或者是他們的回歸，如果他們不在；最後一種意味著孩子們會死去、而人們會失去妻子及情婦（因為如果我們可利用自己得到滿足，那麼便不需要女人），或是會落入極端的貧窮。

　　至於女人之間的關係，我們可以提問為何它們會出現於「脫離自然」這個範疇中，而男人之間的關係則分布於其他項次之下（基本上是那些符合法律的動作所形成的範疇）。其理由無疑在於阿特米多爾所牢記的關係形式之中，即插入：透過某種人工的器具，一位女人僭越了男人的角色、濫權地取得他的地位及擁有另一個女人。發生在兩個男人之間，插入因為特別是展現雄風的動作，就其自身而言，它不會是自然的逾越（即使對於兩者之間忍受它的一位，它可能會被當作是恥辱的、舉止不當的）。相對地，在兩位女人之間出現如此的動作，那是不顧及她們自身為何，而是利用了替代物，這和與神或動物發生關係一樣是脫離

自然的。夢見這樣的動作,意味著人們將遇上徒勞無功的活動、將和丈夫分離、或是將成為寡婦。兩個女人之間的關係也可能意指女性「祕密」的傳播或認識。

Le songe et l'acte

第三節
夢境與動作

有兩個特徵必須加以註記，因為它在阿特米多爾對於性夢的整體分析中，都留下了印記。首先，作夢者在其自身的夢境中總是臨在的；為阿特米多爾解碼的性形象，從來不會只形成簡單純粹的幻想，而作夢者只是旁觀者，意即這些事在他眼前發生但獨立於他。他總是參與其中，並且身份是主角；他所看到的，是在性活動中的他自己：在夢見一個行動的主體，和他在夢中看到的動作主體之間，具有準確的重疊。一方面，我們注意到，在他著作的整體中，阿特米多爾很少使得性動作及性快感被當作是受意指或預兆的元素出現；如果夢中的某種形象宣告一個性動作的來臨或快感的喪失，相對而言，那將是例外。[43] 相對地，在這裡所研究的三個章節中，它們是被分析與集中為夢境的組成成份及具預兆力的元素；阿特米多爾只是使它們出現於「符徵」（signifiant）的一方，幾乎從不會出現於「符旨」的一方，只作為形象，而非意義、只作為再現而不是被再現的事件。阿特米多爾的詮釋因而將會位於一條分界線上，它被劃歸在性動作的動作者和作夢者之間，如此，由一個主體到另一個主體；並且，由性動作及主體在夢中再現自我的角色出發，詮釋工作的目標將是解碼作夢者回到

清醒生活時將會發生之事。

　　由第一眼看來，阿特米多爾的占卜術看起來是很規律地在性夢之中解讀出社會性的意義。當然，有時這些夢境宣告著健康方面的起伏——疾病或復原；它們有時是死亡的記號。但是以更大的占比，它們指向的事件比較是事務的成功或不成功、財富的增加或變得貧窮、家庭的興盛或命運逆轉、一個有利或不利的事業、有利的婚嫁或是不利的結盟、爭吵、敵對、講和、公務生涯的良好或不佳的機會、流放、譴責。事件之夢預兆著作夢者在社會生活中的遭遇；在夢中性場景裡的主角，預示著他在家庭、職業、生意及城邦的場景中將會有的角色。

　　關於這一點，首先有兩個理由。第一個完全屬於一般性的層次：它們和阿特米多爾大量使用的語言的一個特徵有關。在希臘文中，實際上在某些詞語的性意味和經濟意味之間，存有一個非常顯著的曖昧性——這在其他許多語言中，也以不同的程度存在著。比如，意指身體的字眼 *sōma*，也指稱錢財及財貨；於是有了下面的可能，即「占有」一個身體和擁有錢財具有可相通的意義。[44] 意指物質的 *ousia*，也同時意指財產，但它也指涉精液及精子：後者的

損失意味著前者的耗費。⁴⁵ blabē 這個詞，指的是損失，它可以和財務上逆轉、金錢的損失有關，也可以指人們成為暴力的受害者，或是成為性動作中被動的客體。⁴⁶ 阿特米多爾也玩弄著和債務相關字眼的多義性：意指人們受迫還清及尋求由其中解放的字眼，也同樣可能意指人們受到性需求的壓迫，而一旦加以滿足，便由其中解放：用來指稱陽具的 anagkaion，則位於這些意涵的十字路口。⁴⁷

另一個理由來自阿特米多爾此一著作的形式及特定用途：這是一本由男人寫的書，主要是寫給男人們讀，以便他們可以過著男人的生活。必須要記得的是，夢的詮釋並不是被當作一件簡單純粹的個人好奇事務；這是個有用的工作，有助於他經營人生，有所準備於將會發生的事件。由於夜晚說出了白天將會發生之事，為了活得像一個男人應有的樣子、作為一家之主、家庭的父親，能夠解碼相關的夢境是件好事。這便是阿特米多爾書中各卷章節的展望：作為一本指南，使得負有責任的男人、家庭的主人可以在日常生活中，依照帶有預兆的記號，知道如何行為舉止。他在這些夢中形象裡努力找回的，因而是此一家庭、經濟、社會生活的組織紐帶。

但這還不是全部,阿特米多爾論述中實踐的詮釋,顯示出性夢本身乃是被感知、提煉、分析為一社會場景;如果它宣告著「吉利與不吉利」於職業、祖產、家庭、從政生涯、地位、友誼及保護的領域,那是因為夢境中所再現的性動作也是由同樣的元素所構成。跟隨阿特米多爾所運用的分析步驟,我們可以清楚地看到,將阿芙羅底其亞(*aphrodisia*)之夢詮釋為成功或不成功、社會面的成就或不幸,預設著在兩個領域之間具有同質性(consubstantialité)。這一點出現在兩個層次:夢中元素被留存當作是分析材料這個層次,以及原理的層次,它允許給予這些元素一個意義(預兆「價值」)。

1.

阿特米多爾留存性夢的哪一些面向,以使其分析成為適當?

首先是人物。就作夢者本人,舉例而言,阿特米多爾並未留存其晚近的或遙遠的過去、也不保留其心情狀態、

或其一般的激情;他留存的是其社會特徵:他所屬年齡階層,他是否作生意、在政治上有無責任、他是否尋求婚嫁子女、他是否受到破產或其周遭人士的威脅,等等。在夢中出現的伴侶也被視為「人物」;阿特米多爾的夢境世界中布滿著沒有身體特徵的個人,並且顯得和作夢者本人沒有多少感情的或個人的關連,他們只以一種社會性側影出現:年輕人、年老者(至少是比作夢者更年輕或更年長)、有錢人或貧窮者;他們帶來了財富或是要求禮物;是令人愉悅的關係或令人感到恥辱的關係;是地位在上適合讓步的人,或是地位在下,可以合法地由他得到利益的人;是家屋裡的人或外面的人;自由人、因為丈夫而有權勢的女人、奴隸或專職的妓女。

至於這些人物及作夢者之間所發生的,阿特米多爾的節制文風非常值得注意。沒有撫摸、複雜的結合方式、沒有幻想場景;只有圍繞著一個根本的形式所產生的一些變化,此一形式即插入。它似乎構成了性作為的本質自身,至少是唯一需要被留存的,以及在分析中產生意義的。更多於具有不同的部分的身體本身、更大於有強大力量的快感,插入的動作顯得像是動作的質地確定者,其變項為姿

勢，軸線為主動性或被動性。阿特米多爾對於其所研究的夢所不斷提出的問題，便是想要知道是誰插入誰。夢的主體（幾乎總是個男人）是主動的或被動的？是他作插入、主宰、得到快感？他是臣服的或被占有的那位？這裡涉及的是和一位兒子或一位父親的關係、或者是和一位母親或奴隸的關係，幾乎不斷重現的問題總是（除非它已暗地裡得到解決）：插入是如何進行的？或者更明確地：在此一插入中，主體的姿勢是什麼？甚至是在「女同性戀」的夢境中，也有此一觀點的提問，而且只提出此一觀點。

然而，此一插入的動作——性活動的核心、再現的原料及夢境的意義焦點——乃是立即地在一個社會性的劇本中受到感知。阿特米多爾將性動作首先當作是高位者和低位者之間的遊戲：插入將伴侶雙方放置於一個主宰和臣服的關係中；一方得到勝利，另一方則是戰敗；它是施行於伴侶其中一方的權利、強加於他者的必要性；它是人們彰顯的地位或是必須接受的條件；它是人們接收的好處或是對一個情境的接受，而其中好處必須留給他人。這便引領至性動作的另一個面向，而阿特米多爾也將它看作是一個「經濟性質」遊戲，包含著耗費與獲利；利益是人們得到的

快感、感覺到的愉悅;耗費則是動作必要的能量、精液此一珍貴生機物質的喪失、隨後而來的疲憊。更多於來自不同可能手勢所有可能的變項、或是陪伴著它們的不同感覺、更多於夢境可能呈現的所有景象,阿特米多爾留待發展其分析的,乃是和插入作為一以宰制－臣服構成的「策略性」遊戲,以及作為以耗費－收益構成的「經濟性」遊戲相關的元素。

就我們的觀點而言,這些元素對我們而言顯得太貧瘠、只是梗概性質、在性愛層面「淡而無味」,但必須要注意到它們事先地飽合了社會性顯著的元素的分析;阿特米多爾的分析使得一些人物出現,他們來自一個社會性場景,並且仍帶有其中所有的特徵;他將它們圍繞著一個根本的動作分布,而此一動作同時處於身體結合的層面,以及具社會性的上下層級層面,還有處於經濟活動的耗費及獲利層面。

2.

由這些如此受到存留,並成為分析中適切的元素出發,

阿特米多爾如何建立性夢中的「價值」呢？就這一點，必須理解的不只是以寓意的方式宣告的事件類型，而且特別是它的「品質」——這是實作分析中的核心基要面向——也就是說，它對於主體而言是吉利的或不吉利的。我們記得方法中的根本原理之一：夢境的預兆品質（受預測的事件有吉利的或不吉利的），有賴於作預兆的形象的價值（在夢境中再現的動作是好或壞的性質）。然而，順著分析及給出的例證，我們可以看到一個阿特米多爾觀點中「價值正面」的性動作並不永遠、也不明確地是受法律所允許、受輿論尊敬、受習俗接受的性動作。當然，這其中有重大的相合：夢見與自己的妻子或自己的情婦發生關係是好的；但這其中有些不協調，而且是重要的。與自己母親亂倫的夢有吉利的價值，乃是其中最令人震驚的例子。這裡必須提問：如何發現這另一種對於性動作定下價值的方式、這些其他的標準，使得可以說在現實中會被譴責的，為何在夢中卻是對於作夢者而言會是「吉利的」？看來似乎有效的是，使得一個被夢見的性動作有其「價值」的，乃是作夢者的性角色和社會角色之間所建立的關係。更精確地，我們可以說阿特米多爾認為一個夢的預兆是「吉利的」及好的，乃是作

夢者和其伴侶施行其性活動時，是符合一個圖式，那便是他和此一伴侶在社會生活中、而不是性生活中所具有的或應有的關係；對於「醒覺」後的社會關係所作的校正調整（ajustement），奠定了夢境中性關係的品質。

夢境中的性活動，如果要是「好的」，必須遵從一個一般性的「異質同構」（isomorphism）原理。繼續以大要梗概的方式談論下去，我們可以補充說此一原理有兩種形式：一是「地位的可類比性」原理，另一個是「經濟面符合」的原理。根據其中第一個原理，一個性動作會是好的，乃是因為作夢的主體在他和伴侶的性活動中所具有的位置，符合他在現實中他與此同一位伴侶（或同一類的伴侶）在現實中會有的位置：如此，與其奴隸（不論其性別）的關係是「主動的」，這便是好的；或是與一位女性或男性賣淫者的關係是主動的；或是與一位年輕且貧窮的少男的關係是主動的；但和比自己更年長及更富有的伴侶，被動則是「好的」，等等。因為此一「異質同構」原理，夢見與母親亂倫才能被賦予如此多的正面價值：我們在其中看見主體相對於母親是處於主動的位置，而她生他養他，他應該反過來像是對待一塊土地、祖國、城邦一般地耕作、尊榮、服務、

維持及豐饒之。不過,要使得性動作在夢中具有正面的價值,它必須遵循一個「符合經濟」的原理;此一活動中的「耗費」與「收益」之間的關係必須適當地解決:不論是就量的層面(為了少量的快感作出許多耗費,這是不好的),或是就方向而言(不要和一些對象作出徒勞無益的耗費,他們並不具有可以歸還它、補償它的地位,或是能以其用處來回報)。便是依據此一原理,夢見與奴隸發生關係是好的:人們由其擁有的財貨中獲利;為了工作的收益所購得的,還多了快感的收益。它也為父親與女兒發生關係的夢賦予多重的意義:根據她已婚與否,父親本身是否為鰥夫,女婿比丈人更有錢或更窮,夢將會意味著嫁妝的花費、由女兒方面得到協助、或是在她離婚之後必須供養她。

我們可以概括地說,這一切說明了阿特米多爾詮釋的引導線索,就性夢的預兆價值而言,含帶著將性夢分析為不同的元素(人物、動作),而它們,就其自有特質而言,乃是社會性的元素;它指出標定性動作價值的某種方式,乃是根據作夢的主體作為其夢中動作主體保持其社會主體的方式。在夢的場景之中,性的主角(他永遠都是作夢者,實務上永遠都是一個男性成人),為了使之是個好夢,應該

保持他作為社會成員的角色（即使動作在現實中可能被譴責）。我們不要忘記，所有阿特米多爾分析的性夢，都被他認為是屬於事件之夢（oneiros）的範疇；因此，它們談到的是「將會發生之事」：而「將會發生」的，並且在夢中被「說出」，乃是作夢者作為活動主體的位置（position）——主動或被動、主宰或受宰制、征服者或被征服、「在上」或「在下」、受益或耗費、得到收益或感受損失、身處有利的地位或遭受損失。性夢說出的是，在插入和被動性、快感及耗費之間的小小劇碼中，主體的存有模式，而這便是宿命為他準備的。

我們也許可以為了鞏固論點，引述《夢之解謎》中的一個段落，它良好地展示，在個人作為性關係中的主動主體的構成者，與他在社會活動場域中使它有其位置者，兩者之間的連通關係。那是書卷中的另一個段落，有段文本專注於夢中身體的不同部分的意義。男性的性器官——它被稱為 anagkaion（「必要」的元素，對它的需要強制了我們，但以它的力量，我們也強制了他人），它在一整個關係和活動的網絡中有其意指作用，而這個網絡也將個人在城邦和世界中的地位固定下來；在其中出現了家庭、財富、言語

的活動、地位、政治生活、自由,以及最後,個人自身的名字。「雄性的器官和父母可以視為類同,因為它持留著生殖的原理;可以視為類同於妻子與情婦,因為它適合於愛的事物;類同於兄弟及所有血親,因為它是整個家族的起始原因;類同於身體的力量及活力,因為它是它們的根源;類同於論述與教育,因在所有事物中,雄性器官乃是比論述更有生發能力的⋯⋯雄性器官也可以類同於獲利和所得,因為它有時緊張,有時放鬆,它可以供應或分泌(⋯⋯)它可以類同於貧窮、奴役、鎖鏈,因為它的名稱為『具強制力的』,它乃是強制的象徵。更進一步,它可類同於高階人士所引發的尊敬:因為我們將命名為『敬畏』及尊敬(⋯⋯)如果它變成了雙重的,這意指著所有在場的事物會是雙重的,除了妻子和情婦之外;在這種情況下,雙重的器官剝奪,因為我們不能同時使用兩個雄性器官。我認識某個人,他是個奴隸,夢見自己有三個陽具:他後來受到解放,但他不是只有一個名字,而是有三個,因為他還為自己加上解放他的兩個人的名字。但這種事只發生一次:然而,不應以稀少的個案作為範例來詮釋夢,而是應以最常出現的夢境作為範例。」[48]

我們看到，雄性器官出現於這些主宰遊戲的十字路口：對於自我的主宰，因為它的要求可能會使我們有被控制的風險，如果我們任由自己受其強制；相對於性伴侶的優越性，因為是透過它才有插入；特權及地位，因為它意指著整個親緣及社會活動場域。

* * *

阿特米多爾這些專注於性夢的章節所提到的景象，在上古是為人熟悉的。在其中看到道德習俗的特徵，有許多其他先前及當代的見證可以證明其存在。這時的世界，其非常強烈的特徵是男性人物所占的中心地位，以及在性關係中對於陽剛角色所給予的重要性。在這個世界中，婚姻也被給予正面的價值，並且被認為是得到性快感最好的框架。在這個世界中，已婚男人可以擁有情婦；也有奴婢任其使用，不論是少男或少女；他也可常去找妓女。最後，在這世界中，男人和男人之間的關係顯得是自然而然的，只是要考慮到年齡及地位上的差別。

我們也可以注意到，有數個法條元素的存在。但必須

承認它們同時是數量不多且相當模糊的：有一些大型的禁制是以強烈的反感形式顯現：口交、女人之間的關係，尤其是當其中的一位僭越地採取男人的角色；對於亂倫非常嚴格的定義，根本上是指長輩和孩子間的關係；對於性動作有一個經典和自然形式的指涉。但在阿特米多爾的文本中，並沒有任何永久及完整的分類，指出什麼是受允許、什麼又是受禁止的動作；也沒有任何事物對於什麼是合於自然，什麼又是「違反自然」，劃出精準區分的明確及永久的分界線。特別重要的是，對於訂定性動作的「品質」而言——至少在夢中以及就它的預兆功能而言，看來並不是這些法條元素扮演最重要及最具決定性的角色。

相對地，透過詮釋的步驟本身，我們可以覺察另一種設想性動作的方式，以及別種進行評價的原理：並不是由動作的形式或多或少符合規律的方面出發，而是由其中的主角出發，考量其存有方式、特定狀態、他與他人的關係，及他相對於他們所占有的位置。主要的問題看來較少關於動作是否符合於一個自然的結構，或是符合於一個正向的規則，而比較在於可將之稱為主體的「活動風格」的事物、他在性活動與其家庭、社會、經濟存在間所建立的關係。

分析的動態及評價的步驟並不是動作來到一個領域，比如性（sexualité）的領域，或是肉身（chair）的領域，之後神聖的、公民的或自然的律法將會在其中刻劃出受允許的形式；它們的動態是由主體作為性的主角來到他施行其活動的其他生活領域；而且，雖不具完全排除性，但也是主要而根本地，性的行為舉止的評價原理，便坐落於這些不同活動形式之間的關係中。

在其中，我們很容易重新看到阿芙羅底其亞道德體驗[XVII]的主要特徵，如同它們出現於古典時期文本中的樣子。阿特米多爾的書，雖然沒有形成一套倫理學，而是利用他同時代感知和評斷性快感的方式來詮釋夢境，這點見證著此一體驗形式的長時間延續和堅實穩固。

如果我們轉向其他的文本，它們的目的便是反思性作為（pratiques sexuelles）本身，並且針對此一主題給予行為舉止的忠告建議及存在的訓令告誡，我們可注意到相對於過去在紀元前四世紀哲學中所形成的嚴峻刻苦學說（doctrines d'austérité），已出現了一些變動。斷裂、根本的改變、一種新快感體驗的出現？肯定不是。然而，改變的感受是鮮明的：對於性的行為舉止，有了更為敏銳的注

意力、更多的擔憂、給予婚姻及其中的要求更大的重要性，對於少男之愛則給予較少的價值。總之，一個更加嚴謹的風格。這是緩慢的演變（évolutions lentes）。但根據那些得以發展、強調及加強的主題，我們可以覺察到另一類型的變動：它涉及道德思想對於主體和其性活動之間關係的界定方式。

XVII. 請參考《性史 第二卷》第一章。

原書註

1. 阿特米多爾（Artémidore），《夢之解謎》（*La Clef des songes*）（A.-J. Festugière 譯），I，2。
2. 同上，I，2；I，64；II，35。
3. 同上，I，79。
4. 同上，I，2；II，9；IV，48；IV，66。
5. 同上，II，66。
6. 同上，I，67；II，9；II，66。
7. 同上，I，31；IV，23；IV，24。
8. 同上，I，2；II，44。
9. 參考 A.-J. Festugière，「法譯本導論」（Introduction à la traduction française），頁9；以及 C. A. Behr，《艾里斯・亞里斯狄德斯與神聖故事》（*Aelius Aristides and Sacred Tales*），頁181起。
10. 阿特米多爾，《夢之解謎》，II，結論。
11. 阿基琉斯・塔提奧斯（Achille Tatius），《勒西佩與克里特封》（*Leucippé et Clitophon*），I，3。
12. 辛奈西歐斯（Synésios），《談夢》（*Sur les songes*），Druon 譯，

15-16。

13. 阿特米多爾,《夢之解謎》,I, 12 及 III, 結論。
14. 同上,IV, 前言。
15. 同上,題獻詞。
16. 同上,III, 結論。
17. 同上,II, 結論。
18. 同上,II, 44。
19. 同上,題獻詞。
20. 同上,II, 結論。
21. 懷特(R. J. White)在其對阿特米多爾著作英文版所作的導論中,強調了經驗論及懷疑論對於阿特米多爾的數個影響痕跡。然而,克塞爾斯(A. H. M. Kessels)卻認為阿特米多爾只是一位實行者,而且他只詮釋日常會遭遇的夢境(「夢之分類的古代系統」,*Mnemosune*, 1969, 頁 391)。
22. 阿特米多爾,《夢之解謎》,I, 1。
23. 同上,I, 1。參考《奧狄塞》(*Odyssée*), XVIII, 7。
24. 塞內克(Sénèque),《路西里烏斯書信集》(*Lettres à Lucilius*), 56, 6。
25. 普魯塔克(Plutarque),《人如何了解他在美德上的進展》(*Quomondo quis suos in virtute sentiat profectus*), 12。
26. 阿特米多爾,《夢之解謎》,IV, 前言。
27. 柏拉圖,《共和國篇》,IX, 572 a-b。
28. 夏里東・達弗芙羅底其亞斯(Chariton d'Aphrodisias),《查

瑞阿斯與卡里霍爾的冒險》(*Les aventures de Chaeréas et de Callirhoé*)，V，5。

29. 阿特米多爾，前引書，II，25。
30. 同上，II，12。參考，A.-J. Festugière 註解，頁 112。
31. 同上，II，12。
32. 同上，II，49 與 65。
33. 同上，II，65。
34. 同上，IV，2。
35. 同上，I，5。
36. 第一部的 77-80 章。
37. 同上，I，78。
38. 同上，I，79-80。
39. 但是要注意到在第 IV 部第 4 章中有個詮釋：夢的主體帶有快感地插入其兒子體內，這是他將活下去的記號；如果是帶著痛苦的感覺，則代表他將死去。阿特米多爾在此個案中註記道，快感的細節決定其意義。
40. 《夢之解謎》，I，78。
41. 同上，I，79-80。
42. 維恩（P. Veyne），「同性戀在羅馬」（L'homosexualité à Rome），《歷史》（*L'Histoire*），1981 年 1 月，頁 78。
43. 和性相關元素在某些數量的夢境中以作為符旨（signifié）的方式出現，比如在第 IV 部第 37、41、46、66 章及第 V 部第 24、44、45、62、65、67、95 章。

44. 同上，II，77。有關於占有（插入）及擁有（獲得）之間的等同關係，也請參考 IV，4。

45. 同上，I，78。

46. 同上，I，78。也請參考 IV，68，夢到成為橋樑意味著將會賣淫：「如果一個女人或一位美少年夢到他們成為橋樑，他們將會賣淫，而且許多人會通過他們之上。」一位富有的男人作同樣的夢，將會進入一種情境，在其中他「受到蔑視，彷彿被人踩在地上」。

47. 同上，I，79；亦參考 I，45。

48. 同上，I，45。

II. La culture de soi

第二章 自我的文化

對於快感有所懷疑、強調其濫用對於身體和靈魂的作用、對於婚姻及婚姻中的義務給予正面的價值、對於少男之愛中的精神意義失去興趣：在紀元第 1、2 世紀的哲學家及醫生的思想中，出現了一整套的嚴厲發展，其見證可見於索拉努斯（Soranus）[I]及艾菲斯的魯夫斯（Rufus d'Ephèse）[II]、莫索尼烏斯（Musonius）[III]或塞內克（Sénèque）、普魯塔克（Plutarque）的文本，也可見於艾皮克特克（Epictète）[IV]或馬克・奧理略（Marc Aurèle）[V]的文本。另外，事實上基督宗教作家對此一道德學說作了大量的借用——不論外顯與否；今天的歷史學家也相互同意，認為在一個其同代人（大多是為了加以責備）將其描寫為不道德及放蕩荒淫的社會，可以看到這些在性方面的嚴厲刻苦的主題，的確有其存在、強大力量及受到加強。讓我們先將這責難是否正當的問題放在一邊：只考慮談論它的文本，以及它在其中的位置，「快感的問題」看來變得更加受到重視，尤其是面對性快感的憂慮、人們和它可能有的關係，以及對於它應有的使用。阿芙羅底其亞的問題化變得更加強烈，而我們應該同時掌握其特有的各種形式及動機。

為了理解此一新的強調，我們可以採取各種解釋。可

以將它和某些道德勸說的努力相連結，而那是政治權力以或多或少權威的模式進行的；這些努力在奧古斯丁擔任元首時特別地明顯及受到強調，在後者的情況中，的確立法方面是保護婚姻、對家庭有利、管制娶妾及譴責通姦，而這又受到一個思想運動的陪伴——這運動也許不是完全人為的——它反對當前的鬆弛，提出回返古代嚴格的道德習俗的必要。但我們也不能停留於此一參照；下面的看法應是不精確的，即在這些措施和理念中，看到之後長達數世紀演變的發端，而那會引導至一個體制，在其中性自由將

I. 生於以弗所的希臘醫生，約於紀元 1 世紀至紀元 2 世紀前後活動，請參考《性史 第二卷》導論譯註 XX。

II. 希臘醫生（約 80 – 150），請參考《性史 第二卷》第一章譯註 X。

III. Gaius Musonius Rufus（約 20/30 – 101）紀元第 1 世紀的斯多葛學派哲學家，在暴君尼祿時期於羅馬教授哲學，後來因此遭到流放。他以作為艾皮克特克的老師聞名，傳世作品有《演講錄》。

IV. 古羅馬斯多葛學派哲學家（50 – 125 或 130）。出身很可能為奴隸之子，而本身也以奴隸的身份被賣至羅馬。

V. 羅馬皇帝（統治期 161 – 180）及斯多葛學派哲學家（生卒年 121 – 180），著名作品為《沉思錄》。

會受到更嚴格的體制性及法律性的限制——不論那是來自公民社會或是宗教。實際上，這些政治上的嘗試太過零散，目標也太受限，它們得到的一般及永久效應太少，不足以解釋一個朝向嚴峻刻苦的傾向，而那個在紀元首兩個世紀的道德思維中如此經常顯現的傾向。另一方面，值得注意的是，除了少數的例外，[1] 此一由道德學家所表達出的邁向嚴峻的意志，卻沒有採取要求公共力量進行介入的形式；在哲學家的作品中找不到立法計畫，對於性行為進行一般性的限制；他們比較是鼓勵那些願意過著和「更大多數人」不同生活的人去過著更嚴格的生活；他們並不尋求可以一致的方式限制所有人的措施或懲罰。尚且，如果我們可以談及一個更受強調的嚴峻性，那不是指更嚴格的禁令被提出了：終究而言，第 1 及第 2 世紀的醫學方面的飲食作息控制機制，一般而言，不會比狄奧克里斯（Dioclès）[VI] 所提的更加嚴格；斯多葛學派所高舉的夫妻忠誠也不會比尼可克萊斯（Nicoclès）[VII] 所實行的更嚴格，後者自傲於除了自己的妻子之外，不曾和任何其他女人發生過關係；普魯塔克在其《愛情對話錄》（*Dialogue sur l'Amour*）中，對於少男方面，比起《法律篇》中的立法者而言，更加寬容。相對

地，在紀元初始世紀的文本中——比起對動作加諸新的禁止——，會令人注意的，乃是必須關注自我的堅持：受要求的是警惕心（vigilance）的模式、幅度、準確性；乃是對身體和靈魂所有的紛亂的擔憂，而它們必須透過一個嚴苛的飲食起居控制加以避開；乃是對自我的尊重的重要性，而這不只是就地位而言，而是作為一理性的存在，能夠支持其快感的剝奪，或是將其使用限制於婚姻或生殖。簡言之——而且只是首度的趨近——此一道德思維中對性嚴厲苛求的增強，其形式並不是採取將界定受禁止動作的法典更加緊縮的形式，而是採取將和自我的關係更加強烈化的形式，並且，透過此一關係，人們被構成其動作的主體。[2] 提問此一更加嚴格的道德的動機，必須同時考量此一形式。

VI. 紀元前 4 世紀在雅典行醫的醫生，曾為雅典人暱稱為「新希波克拉特」。請參考《性史 第二卷》第二章譯註 IV 及相關記述。

VII. Nicoclès（紀元前 395－353），為塞普勒斯島拉米斯國王，其事跡見於演說家依索克拉特以他為主題所寫的兩份講詞，在其中他因婚姻關係的純潔而受到稱讚。

我們可以想到一個經常被人提到的現象，在希臘化及羅馬的世界中，有一種「個人主義」的增長，它將越來越多的位置提供給存在的「私人」面向，個人行為舉止的價值，以及個人對自身的興趣。因而，並不是公眾權威的增強可以解釋此一嚴格的道德，反而比較是政治及社會框架的弱化，而過去個人的人生是在其中發展的：個人比較不那麼緊密嵌入城邦之中，彼此之間更加孤立，更加依賴自身，他們便在哲學中尋找更具個人性質的行為舉止規則。這樣的推理圖式，並非全屬錯誤。但我們可以提問此一個人主義增長的現實，以及會將個人抽離其傳統歸屬的社會及政治程序。一般而言，古代社會仍然是個人和他人貼近生活的社會，在其中，人生乃是「在公眾之中」發展，而且在這樣的社會中，每個人也是身處於一些強大的系統之中，而它們是由在地關係、家族連結、經濟依存，以及擁護和友誼關係所構成。甚且，必須注意到，最偏好行為舉止嚴格性的學說——在其第一排，可以放上斯多葛學派——卻是那些最堅持必須完成對於人類、本國公民及家庭的義務的學說，而且它們也是最有意願地針對隱退生活的實踐，揭發一鬆弛的態度及自我中心的自滿。

人們如此經常地提及此一「個人主義」，並以之解釋不同時代非常多種的現象，關於它，有必要提出一個更一般的問題。在這樣一個範疇下，人們經常把許多完全不同的現實混為一談。應該區分出三種事物：個人主義的態度，其特徵是對於具有獨特性質的個人，給予絕對的價值，並且也根據他所屬的團體以及他所在的機構給予他的獨立程度；對於私人生活的正面評價，也就是指家庭關係、家庭活動的形式及祖宗遺產興趣的領域的重要性受到認可；最後，和自我關係的強度，這裡指的是在一些形式中，人們受召喚將自己當作認知的對象及行動的領域，其目的是要自我轉化、自我修正、自我淨化、自我拯救。這些態度，無疑彼此之間是相關連的；因而有可能個人主義會召來私人生活價值的增強；或是和自我關係獲得的重要性與個人獨特性的頌揚之間是相關連的。然而這些連結既不是持續的，也不是必要的。我們可以找到一些社會或社會團體——其中無疑包括從事軍事的貴族——在其中個人受召喚自我肯定其自身的價值、以及使得他獨特化並超越他人的行動，但這些並不需要他賦予重要性給他的私人生活或他與他自身的關係。也存在一些社會，在其中私人生活被賦予大量

的價值，並受到仔細的保護和組織，私人生活並在其中構成了行為舉止的參照中心，以及評價原則之一——這看來便是 19 世紀西方國家布爾喬亞階級的狀況；然而在其中，個人主義是微弱的，而自我與自我的關係在其中也並未得到發展。最後，也有些社會或團體，在其中與自我的關係受到增強及發展，然而個人主義或私人生活的價值並未、也沒必要受到增強；在紀元起始數個世紀基督宗教的苦行運動中，呈現出極度強化的自我與其自身的關係，但其所採取的形式卻是去除私人生活的價值；當它採取群修主義（cénobitisme）的形式時，在隱士生活的實踐中顯示出對於個人主義的明白拒斥。

在帝國時期[VIII]中表達出來的，於性方面嚴格刻苦的要求，看來並不是一個逐漸增長的個人主義的顯現。它們的脈絡特徵毋寧是呈顯出一個漫長歷史現象的結果，但在這個時刻達到其巔峰：一種我們可以稱之為「自我的文化」（culture de soi）的發展，在其中自我和自我的關係受到增強及正面評價。

※ ※ ※

如要簡短地說明此一「自我的文化」[3]在不同形式下的存在技藝（*technē tou biou*）的特徵，我們可以透過下面的事實，即存在的技藝乃是受主宰於「必須關懷自我」的原理；這個關懷自我（*souci de soi*）的原理奠立了它的必要性、主導了它的發展，並且組織了其中的實踐。但要精確說明的是，人們必須將努力貫注於自身、關懷自身（*heautou epimeleisthai*），實際上在希臘文化中是一個非常古老的主題。它很早便以廣泛傳揚的主題方式出現。贊諾封（Xénophon）曾為塞流士（Cyrus）[IX]描繪一個理想的畫像，後者認為他的人生並不會在其征戰的終點結束；他仍需要──這是最珍貴的──照料他自己：「我們不能責

VIII. 羅馬帝國起止年代一般定為紀元前 27 年（羅馬共和國終止）至 476 年（西羅馬帝國滅亡）。羅馬帝國於紀元 359–476 年間分為東西兩大行省，各自有不同的朝廷及帝位傳承系統。東羅馬帝國持續至 1453 年。

IX. 即塞流士大帝（約紀元前 600–530），波斯帝國創建者、阿契美尼德王朝第一位國王（紀元前 559–529 在位）。亦請參考《性史 第二卷》第一章譯註 XIV 及相關記述。

備眾神沒有實現我們所有的願望」,他回想著他過去的勝利,如此說道;「但是,如果正因為我們曾經完成偉大的事業,我們無法照料自身,且和友人共享歡愉,這是一個我自願說再見的幸福。」[4] 有句為普魯塔克引述的拉卡蒂芒(lacédémonien)[X] 格言說,如果土地上種植的照料是交由黑勞士(hilotes)[XI] 進行,那是因為斯巴達的公民想要「照料他們自己」[5]:這裡指的應是體魄及戰士的鍛練。不過,這個表述還有一個完全不同的使用方式,它出現在《阿爾希比亞德篇》(*Alcibiade*)中,並且構成了對話錄中的一個核心要緊的主題:蘇格拉底向雄心勃勃的年輕人說明,他想負責城邦的事務、當它的顧問、並且和斯巴達的國王或波斯的首領相爭鬥,仍顯得過度自負,因他之前仍未學習對於治理而言必要的事物:他必須先照料自身——而且這要立刻去作,他仍年輕,「到了五十歲就太遲了」。[6] 在《為蘇格拉底辯護》(*Apologie*)中,蘇格拉底在判官們面前,的確將自己呈現為一位關懷自我的大師:神明給他的天命便是提醒世人他們必須關懷的,不是他們的財富、幸福,而是他們自身、他們的靈魂。[7]

然而,此一由蘇格拉底力推的關懷自我的主題,讓後

來的哲學加以重拾（repris），並且將它置放於此一「存在的技藝」的核心，並且宣稱哲學便是這樣的技藝。此一主題，溢出了它原來的框架，並且和其原先的哲學意涵相分離，在其向度和形式上都逐漸地豐盈，形成了一真正的「自我的文化」。關於這字詞，必須理解為自我關懷的原理有了一個相當一般性的意義：無論如何，必須要照料自己的誡命，已成為一個在不同學說中流轉的命令；它也取得了作為一種態度的形式，一種行為方式，滲入了各種生活方式之中；它發展為步驟、實作、要訣，而人們對其進行反思、發展、完善化及教學；它如此地構成了一個社會實踐，產生了相關的個人之間的關係、交換及溝通，有時甚至產生體制；最後它產生了某種認知的模式及一種知識的提煉。

　　在自我關懷影響下發展的生活藝術，就其緩慢的發展而言，帝國時期前兩個世紀可被視為是一個曲線的顛峰：就像某自我文化中的黃金時代，當然我們也理解這現象只

X.　斯巴達的原名，亦請參考《性史 第二卷》第五章譯註 VI。

XI.　斯巴達的國家奴隸制，基本上不會將他們當作商品買賣，地位類似後來的農奴。

與一些數量極受限制的社會團體相關，他們是文化的承載者，而且對他們而言，存在的技藝可以有其意義及現實。

1.

「照料自己」（epimeleia heautou、cura sui）是一個我們在許多哲學學說中都可以找到的指令。我們會在柏拉圖主義者的作品中遇見它：阿爾比努斯（Albinus）[XII] 希望人們展開哲學的探究是由閱讀《阿爾希比亞德篇》開始，「而這是為了轉身及轉身朝向自己」[8] 阿普萊（Apulée）[XIII] 在《蘇格拉底之神》（Dieu de Socrate）最後，提到他訝異於其同代人對於他們自己是如何地疏忽：「人們都想過著更好的生活，他們全都知道，就人生而言，除了靈魂，沒有其他的器官⋯⋯然而他們並不陶冶它（animum suum non colunt）。可是，想要有銳利視力的人，必得照料的功能是觀看的眼睛；如果我們想要敏捷地奔跑，那麼便要照料的功能是奔跑的雙腳⋯⋯對於身體的各部分也是一樣的，每個人要根據他的偏好來進行照料。這一點，每一個人都可不費力地看清

楚；於是我不停地以合法的訝異自問，為何他們不也在理性的協助之下，完善其靈魂（cur non etiam animum suum ratione excolant）。」[9]

對於依比鳩魯學派，《給梅內塞的信》（Lettre à Ménécée）開啟了一個原理，即哲學應該被視為一個自我照料的持續練習。「每一個年輕人，都不應遲於作哲學（philosopher），老人也不應厭倦於哲學。這是因為，沒有人在確保自己靈魂的健康方面，會是過早或過晚的。」[10] 塞內克在他的一封書信之中，提到的便是此一自我照料的依比鳩魯學派主題：「就像一個平靜的天空不會有更鮮亮的清明，而且，由於它被清掃過，它身上的光彩，沒有任何事物可以玷污，相同地，注意自己身體及靈魂（homonis corpus animumque curantis），以各種方式建立自身幸福的結

XII. 活躍於紀元第 2 世紀的柏拉圖主義哲學家，後來成為醫師加里昂的老師；曾將柏拉圖哲學分為邏輯、批判、物理學及倫理學四大部分，並建議由《阿爾希比亞德篇》開始閱讀。

XIII. Apuleius（約 124－170 後），以拉丁文寫作的散文作家，柏拉圖主義哲學家及修辭學家。傳世的著名作品有《變形記》(《金驢》)。

構組織的人,處於一種完美的狀態,並處在其慾望的頂峰,這時他的靈魂沒有激動,身體沒有痛楚。」[11]

照料自己的靈魂,乃是芝諾(Zénon)由一開始便給予弟子們的告誡,後來由莫索尼烏斯(Musonius)於紀元第 1 世紀,在一句格言中加以重複,這句格言並曾為普魯塔克所引用:「想要拯救自己的人,必須過著不斷自我照料的生活。」[12]我們知道努力地自我鍛練此一主題在塞內克作品中所占有的龐大幅度:根據他的想法,為了全心全意專注於此,必須放棄其他事務,如此我們才能使自己為自己空閒下來(sibi vacare)[13]。然而,此一「空閒」有其多種活動的形式,並且要求我們不要浪費時間,不要鬆懈於「自我陶成」、「自我轉化」、「回到自我」。塞內克擁有一整批的字彙來指稱人們應該採取的自我關懷形式,以及人們尋求找回自我的心急(ad se properare)[14]:se formare(自我塑造)[15]、sibi vindicare(自我主張)[16]、se facere(使自己)[17]、se ad studia revocare(回到學習)[18]、sibi applicare(努力於自身)[19]、suum fieri(成為自己的)[20]、in se recedere(退回自身)[21]、ad se recurrere(奔回自身)[22]、secum morari(留在他身邊)[23]。馬克・奧理略也感受到同樣必須照料自己的著急:不論是

書寫或是閱讀，都不應延遲他直接照料自身存有的時間：
「不要再使心思遊移不定了。你不再命定要重讀你的筆記、
羅馬及希臘的古老歷史、或那些你留下來為老年保留的摘
要片段。趕快直達目標：和那些虛幻不實的目標說再見，
如果你想起自己便回來協助自己（*sautōi boēthei ei ti soi meleî sautou*），只要所有這些仍然是可能的。」[24]

此一主題無疑在艾皮克特克的作品中出現了其最高精煉的標記。在他的《交談集》（*Entretiens*）一書中，人類被界定為被賦予自我關懷的存有。這裡便存在著他和其他生物之間根本的差異：動物們為了生活而必需要有的事物是「完全準備好的」，因為自然使得牠們可以為我們所用，但牠們不必照顧自己，我們也不必照顧牠們。[25] 相對地，人必須照看自己：但這不是因為他有什麼缺點，所以他進入有所欠缺的狀態，並使得他因此比動物低等；而是神堅持他可以自由地使用自身；也就是因為此一目的，祂才給予他理性；後者不能理解為一種自然官能缺乏的替代；而是相反地，是一種使得他可以在應有的時刻及以應有方式，利用所有其他的官能；它甚至是一個絕對獨特的，可以為自己服務的官能：因為它能夠「將自己及所有其他的當作

研究的對象。」[26] 在自然已經給予我們的所有事物之上，又加上此一理性，宙斯給了我們照料我們自己的可能性及責任。就是因為人是自由的及理性的——以及自由地作為理性者——人在自然中才是被給予關懷自我的存有。神塑造我們的時候，並不像菲底亞斯（Phidias）[XIV] 塑造其雅典娜，使用了大理石，而她總是將雙手張開，並且張開雙翼作勝利狀。宙斯「不只是創造你，更進一步地將你單獨地交給了你自己」。[27] 自我關懷，對於艾皮克特克而言，乃是一種特權－責任、禮物－義務，它確定了我們的自由，但也強制我們要以自己為我們所有努力的對象。[28]

當哲學家們建議關懷自我，並非意指此一熱忱只保留給那些選擇過著一種和他們相似生活的人；或是這樣的態度只有在人們和他們貼近相處時才是不可或缺的。這是一個對所有的人、在所有的時間及整個人生中都有效的原則。阿普萊指出：我們不知繪畫或彈琴的規則，這不會帶來恥辱及不榮譽；然而「經由理性的協助完善其靈魂」，乃是一個「對所有人都同樣必要的」規則。披林（Pline）[XV] 的案例可以充作具體的例證：他和任何嚴格的學說都保持距離，持續規律地擁有具榮譽的生涯地位，專注於其律師活動及

文學創作，他也完全沒有和俗世分離。然而，在他的一生中，他也不斷地顯示出他有意將自己當作是他所有要照顧的對象中，也許是最重要的。當他仍然很年輕的時候，由於軍事上的職務被送往敘利亞，他第一個關注的事情乃是去接近幼發拉提斯（Euphratès）[XVI]，不只是為了聽講他的教誨，也是為了逐漸和他相熟，「使得自己為他所愛」，並且使自己受惠於一位知道如何與缺點戰鬥但又不攻擊個人的大師的教誨。[29] 更晚之後，當他在羅馬的時候，有時會去羅倫特斯（Laurentes）別墅中休憩，也是為了能照料他自己；「沉緬於閱讀、創作、照料健康」，並且和「他自己及自己的書寫」[30] 對話交談。

因此，照料自己並沒有特定的年齡。「照料自己的靈魂，從來就不會太早或太晚」，依比鳩魯早已如此說道：

XIV. Phidias（約前 480 年 – 前 430 年），公認為最偉大的古典雕刻家。

XV. 這裡指的是羅馬作家及自然史學家老披林（23 – 79）所收養的養子，又稱為小披林（61 – 約 113），羅馬的律師、作家及行政官。。

XVI. 著名的斯多葛學派哲學家（約 35 – 118）。小披林曾師從其學習，並以書信詳細地記述其美德及才能。

「那位說作哲學的時間尚未來到或是已經過去了,類似於那位說幸福的時間尚未來到或是已經過去了。於是,年輕人或老者都要作哲學,因為後者在老去的過程中,相對於好的事物他仍是年輕的,並且感謝曾經發生的事,而前者,雖然年輕,但因為他對未來無所畏懼,他同時是個有資歷的人。」[31] 一生都在學習如何生活,這是塞內克引用的一句格言,它邀請人們將存在轉化為一種持續的練習;即使早點開始是好的,重要的乃是永不鬆懈。[32] 塞內克和普魯塔克對其提出忠告者,實際上已不再是充滿渴望或害羞的青少年,而那是柏拉圖筆下的蘇格拉底或贊諾封鼓勵要照料自我的對象。《論靈魂的平靜》(*De tranquillitate*) 一書的閱讀(在《論智慧的穩定》[*De constantia*] 以及也許《論閒暇》[*De otio*] 之外),想要訴求的對象乃是塞倫努斯(Serenus),一位受他保護的年輕親戚:但他和正在求學中的年輕人毫無相似之處;他是在書寫《論靈魂的平靜》時,由外省來到羅馬,對於他的職業生涯和生活模式仍然感到猶豫;但他已經有了一些哲學歷程:他的困惑基本上是如何將之帶到盡頭。至於路西里烏斯(Licilius),他似乎只比塞內克年輕幾歲。當他由紀元 62 年開始和塞內克密切

通信時，他乃是西西里的財政官（procurateur），塞內克在通信中向他說明他的智慧原則及實踐，敘說他自己的弱點及未完成的戰鬥，有時甚至請求他的協助。而且，他也不會害羞於向他說，到了超過 60 歲的年紀，他本人仍去聆聽梅脫納克斯（Metronax）[XVII] 講學。[33] 普魯塔克在書信中的專論，不只有關於美德及缺點、靈魂的幸福或生命中的惡運的一般考量，也是有關於行為舉止，根據非常明確的情境所作的忠告，而他的通信對象也是成人。

　　成人們為了照料其靈魂所表現出的頑強，他們像是老齡學童，熱切地尋求哲學家教導通往幸福之路，使得路西安（Lucien）[XVIII] 以及許多在他身旁的人感到厭煩。他嘲弄赫蒙丁（Hermotime）在路上默念課文，以便自己不要忘記，但他已相當年長：二十年來，他決心不再和那不幸的人類相廝混，他預估還需要二十多年的時間才能達到完滿幸福。然而（在更遠處他自己指出），他由四十歲開始作哲

XVII. 活躍於紀元第 1 世紀，於拿坡里講學的哲學家。

XVIII. 以希臘文寫作的諷刺作者及修辭學家（約 120 – 180）。目前有許多歸在他名下的著作，經後人考證認為並非其原作。

學。於是,在他下半生的後四十年,他最後終能在一位師傅的指導下照料自己。而他的對話者里西努斯(Lycinus),為了開玩笑假裝發現,對他來說學習哲學的時刻也來到了,因為他也剛到四十歲:「請作為我的拐杖」,他和赫蒙丁說,「以手引導我」。[34] 就像 I. 哈竇(I. Hadot)[XIX] 針對塞內克所說的,所有這些意識引導的工作屬於成人教育(*Erwachsener-ziehung*)。[35]

2.

必須了解此一針對自我的努力,不只要求一般性質的態度、發散的注意力。*Epimeleia* 這字詞指稱的不只是掛心(préoccupation),也包括一整組的事務(occupations):*epimeleia* 可用來指稱一家之長的活動,[36] 關心其臣民的王子的任務、[37] 人們對一位病人或傷者必須作的照護、[38] 或者是人們必須奉獻給神或死者的義務。[39] 針對自己也一樣,*epimeleia* 意味著勞動。

這需要時間。對於此一自我的文化,一個大問題是要

如何在一天的生活中,固定一段適合專注於它的時間。人們採用了許多的解決方法。人們可以在晚上或清晨,保留一些時刻進行靜心內省、檢視將要進行之事、回想一些有益的原則、檢視流逝而過的一天;畢達哥拉斯學派的晨昏自省,也在斯多葛學派中重現,雖然其內容一定有所不同;塞內克[40]、艾皮克特克[41]、馬克‧奧理略[42] 提及這些必須專注於轉向自我的時刻。人們經常也可以中斷其日常活動,進行隱修避靜,而這是莫索尼烏斯和其他人一樣強烈推薦的:[43] 它允許人和自己親密相處、回想過去、把整個過去的生命放在自己眼前,並且透過閱讀,熟悉人們想要由其中獲得啟發的訓誡及範例,並借助簡樸的生活,尋回合於理性的行為舉止的基要原理。在職業生涯的中途或終點,也有可能放下各種活動,借助年齡增長的衰頹中的慾望獲得的平靜,完完全全地專注於哲學工作,就像塞內克,或是史伯理納(Spurrina)[XX],在一愉快的平靜中,[44] 專注於擁

XIX. Ilsetraut Hadot(1928 -)出生於柏林,上古哲學研究者,專精於斯多葛學派及新柏拉圖主義。

XX. Titus Vestricius Spurrina(約 24 - 不早於 105),羅馬參議員、執政官及小披林之重要友人及行為典範。

有自我（possession de soi-même）。

此一時間的內容並非空白：其中布滿了練習、實作任務、多樣的活動。照料自我不是個閒差事。其中有身體的照顧、健康的飲食作息、不過度的體能活動、對各需求最大程度可能的適中滿足。其中有沉思默想、閱讀、重讀讀書筆記或交談時作的筆記、對於我們已知真理的重新回憶，以便使它們更良好地歸於自己。如此馬克・奧理略便提出一個「在自身進行隱修」（anachorèse en soi-même）的例子：這是個長程的工作，要將一般性的原則及合理性的論證重新激化，說服自己不會被激怒，不反抗他人、意外事件或任何事物。[45] 也可以和知己、友人們、指引者或指導者交談；在其中可以加上書信往來，於其中人們呈顯其心情狀態、尋求忠告、給予那有需要忠告者──對於那被稱呼為導師的，這本身也構成有益的鍛練，因為他在其中也為自己重新啟動這些原則：[46] 圍繞著自我對自身的照料，發展出一整批的言語及書寫，而自己對自己所下的功夫與個人和他人的溝通是相互關連的。

這裡我們觸及了此一專注於自我的活動最重要的要點之一：它並不是構成一個在孤獨中進行的鍛練，而是一個

真正具有社會性格的實踐。實際上，它經常採取或多或少體制化的形式；比如新－畢達哥拉斯學派或依比鳩魯主義者的團體，而他們的實作，透過費洛田（Philodème）[XXI] 我們獲得了一些資訊：一個受到公認的層級階序，給予最前行者指導他人的義務（以個別的或集體方式；但也有共同的修煉，使得照料自我之時，人們仍可得到其他人的協助）：此一任務被界定為相互解救（to di'allēlōn sōzesthai）。[47] 艾皮克特克則是在一個很類似於學校的框架中教學；他有許多範疇的學生：有些只是過客型、其他的停留較久，目標是準備成為標準的公民，或是準備承接重要的活動，最後還有一些人，則將自己的目標設定為成為專業哲學家，他們必須以意識引導（direction de conscience）的規則及實作來進行養成。[48] 我們也可看到──特別是在羅馬的貴族圈子裡──實務上會聘請私人顧問，其服務包括在一個家庭或團體中，作為生存的顧問、政治上的啟發者，甚至在交涉中作為中介者：「有些富有的羅馬人發現供養一

XXI. 依比鳩魯學派哲學家（約紀元前110－前40）。

位哲學家有其用處,而有些卓越人士不會認為自處於此一地位是有損其尊嚴的」;他們應給予「其贊助人及其家人道德上的忠告及鼓勵,而他們也會由其贊同中汲取力量」。[49] 狄米泰烏斯(Demetrius)[XXII] 身為特雷西雅・派突斯(Thrasea Paetus)[XXIII] 的靈魂引導者,參與了他自殺的場面安排,以協助後者在其最終時刻能給予其存在最美及最完滿的形式。甚且,這些不同的教授、引導者、顧問和個人親信的功能並不是永遠明白區分的,而且遠非如此:在自我文化的實踐中,這些角色經常是可以互換的,而同一個人物也可以輪替地扮演這些角色。莫索尼烏斯・魯夫斯(Musonius Rufus)[XXIV] 曾經是魯貝里烏斯・普勞突斯(Rubellius Plautus)[XXV] 的政治顧問;他在後者過世後遭放逐,他吸引了訪客及忠實的追隨者圍繞其身邊,主持了某種學校;後來在接近其生命終結時期,在維斯巴席安(Vespasien)[XXVI] 治下的第二次放逐結束之後,他回到羅馬,進行公開教學,並且也成為提突斯(Titus)[XXVII] 周圍人士之一。

不過,此一自我鍛練的社會支撐不局限於學校、教學及靈魂引導專業人士的存在;它很容易地在一整個常見的

人際網絡中找到支持，這包括親屬、友人或恩惠。在自我關懷的修練中，人們尋求另一人的協助，因為在他身上可以推定有引導或忠告的才能，這時人們使用了一個權利；反過來，當他不吝惜地給予他人協助，人們是完成了一個責任，或是當人們得到別人的教導時，懷抱感恩也是種責任。加里昂（Galien）[XXVIII] 有關治癒激情的文本，就此觀點而言，乃是頗具意義的；然而，他並不建議去找一位技術專家，雖然他因其能力和知識而享有名氣；而是單純去找一位聲望良好的人士，因為這樣有機會感受到他不願讓步

XXII. 紀元第1世紀的犬儒學派哲學家。

XXIII. 古羅馬參議員及斯多葛學派哲學家（約10 – 66），因得罪暴君尼祿被判死，選擇自行結束生命。

XXIV. 參見本章譯註 III。

XXV. 羅馬貴族及暴君尼祿的政治對手。

XXVI. 羅馬帝國弗拉維王朝的第一位皇帝，結束尼祿死後的紛亂，在位10年，後世普遍給予正面評價。

XXVII. Titus Caesar Vespasianus（39 – 81），繼承其父維斯巴席安成為皇帝，在位期為紀元79 – 81年。

XXVIII. Claudius Galenus（129 – 216），亦譯為加倫，古羅馬希臘裔醫師及哲學家，繼承體液說並往解剖學發展，學說對後世產生長期的影響。

的坦白。[50] 不過，有時也會發生，自我的照料及他人的協助，乃是融入於一原已存在的關係中，而因為此一緣由，有了新的色彩及更高的溫度。自我的關懷——或是我們用心於他者對自己應有的關懷——此時便顯現為既有社會關係的加強。塞內克對其母親寄上安慰，而那時他本人卻是處於放逐狀態，此舉是為協助她忍受今日的此一惡運，以及之後或許更巨大的不幸。他為塞倫努斯致上長篇的靈魂平靜方法建議，而此君是一位受他保護的、來自外省的年輕親戚。他和路西里烏斯之間的通信深化了兩人之間原已存在的關係，雖然兩人年齡差距不大，而且此段通信慢慢地由精神引領轉變為一段共同的經驗，其中每一名共享者都由此獲得了各自的收益。在第 34 封信中，塞內克可以和路西里烏斯說，「我要宣稱，你是我的作品」，但他立刻加上：「我勉勵的人早已有其成就，而且也回過頭來勉勵我」；就在下一封信中，他提到完美的友誼有其回報，其中的每一位會是另一位永遠的救援，就在第 109 封信中，他談到這一點：「角力者的敏捷性是由練習來維持的；一位伴奏者刺激音樂家的技藝。智者也同樣需要使其美德保持在因為不自滿而要不斷練習的狀態：如此，他本身是具刺激力的，

但他也由另一位那邊接收到刺激。」[51] 對自我的照料因此顯得是本質地連結於一個「靈魂的服務」，其中包括了與他者交換的遊戲，以及一個相互給予恩惠的系統的可能性。

3.

根據一個可以遙遠上溯至希臘文化的傳統，自我的關懷和醫學的思想及實作之間具有密切的關係。此一古老的關連此時有了更大格局。以至於普魯塔克於其《健康的訓誡》(*Préceptes sur la santé*)的卷首可以說，哲學與醫學處理的是「單一及相同的領域」(*mia chōra*)。[52] 它們實際上是共享同一個觀念的組合，而其中核心的元素乃是 *pathos*（痛苦／激情）的概念：這個字可以用於談激情也可用於談論身體的疾病、可以使用於身體的紊亂，也可以用來談靈魂不自主的運動；在此或在彼，它都指涉一種被動的狀態，對於身體那是一種感受的形式，擾亂了體液的平衡或是它們的品質；對於靈魂，則採取一種足以使它不由自主地被席捲的運動形式。由這個共同的概念出發，我們可以建立

一個分析的框架,同時對身體和靈魂的痛楚都有效。於是有如斯多葛學派提出的「疾病分類學」框架,它固定了病痛的發展以及成為慢性的程度:受區分的首先是有可能受病苦的狀態,稱之為 proclivitas,此狀態使人曝露於可能發生的疾病;接下來有感染、紊亂,這在希臘文為 pathos,在拉丁文則為 affectus;接著是疾病(nosēma, morbus),它已經被建立起來並且受到宣告,這時紊亂深植於身體及靈魂中;更嚴重的、持續更久的,aegrotatio 或 arrhōstēma 構成一個生病及體弱狀態;最後是深積的痼疾(kakia, aegrotatio inveterata, vitium malum),已不可能治癒。斯多葛學派也提出一些圖式,標示出不同階段的療癒及其不同的可能形式;如此,塞內克區分出全部及部分治癒的疾病;已經不再受疾病困擾的,或是仍受其擾動的;還有一些人雖已經回復健康,但仍然是脆弱的,因為其體質秉性尚未矯正完成。[53] 這些觀念和圖式可以作為共同的指引,同時運用於身體的醫學及靈魂的治療。它們不只允許運用同類的理論性分析於生理的紊亂與道德的失序,而且也可跟隨同樣的步驟來介入兩者,照料、治療兩者,以及最後將其治癒。

一整個系列的醫學隱喻規律地受到使用,指稱那些照

料靈魂時有必要進行的操作（opérations）：將手術刀放入傷口、打開膿腫、切除、排出那些多餘的部分、施以藥物、開出苦口的、平緩的或增強的良藥。[54] 人們在哲學之中尋求靈魂的改善及完善化，哲學必須確保的教育（paideia）越來越具有醫學色彩。自我養成及自我照護乃是相互關連的。艾皮克特克堅持這一點：他希望他的學校不是被當作一個單純的養成處所，在其中可以獲得對於職業生涯或俗世盛名有用的認知，回家之後並由其中獲益。必須要把它當作是「一所靈魂的診療所」：「與其說它是一所哲學學校，毋寧說它是間診所（iatreion）；當人們由其中離開的時候，不是得到歡愉，而是曾經受苦。」[55] 他對於弟子們如此大力強調：他們對於自己的狀態要有意識，了解到那是種病態的情況；他們不應將自己首先當作一個來到擁有知識的人那裡學習的學童；他們應以病人的身份來呈現自己，彷彿其中有一人是肩膀脫臼、另一人患有膿腫、第三人有瘺管症、另一人有頭痛。他責備他們前來找他，不是為了讓自己得到照料（*therapeuthēsomenoi*），而是為矯正他們的判斷以及改正錯誤（*epanorthō sontes*）。「您想要學習三段論？先治癒您的傷口；停下體液的流動、安頓您的精神吧。」[56]

更有甚者，一位像是加里昂那樣的醫生會認為，他的能力範圍不只在於治癒心智上的重大脫軌（因戀愛引起的瘋狂傳統上劃歸於醫學領域）；也包括照料激情（「不受控的能量、對於理智的反叛」）以及錯誤（它們「生發於錯誤的意見」）；還要加上的是，「全面性地，以一般意義而言，大家稱之為錯誤的事物」。[57] 於是他為一旅伴進行治療，因他過度易怒。或者他也接受周邊熟識者中的一位年輕人的問診：這位年輕人想像自己不會因為激情便大受擾動，即便那是多麼地微小；但他必須承認，他會受到無關緊要的事情所擾動，其程度比其師傅加里昂受大事擾動更加嚴重；他前來尋求其協助。[58]

在此一自我的文化中，醫學方面關懷的升高，看來是轉譯為某種注意身體的形式，它同時是特殊的，也是強烈的。此一注意力與對於體能活力的重視非常地不同，雖然在那個時代，體操、運動和軍事訓練乃是自由人養成完整的一部分。另外，它也是弔詭地乃至部分地銘刻於一種道德之內，在其中死亡、疾病或甚至身體的苦痛並不被認為是真正的惡，並且，與其費心調養身體，不如努力鍛練靈魂。[59]

在此一自我實踐中，有一重點是注意力的焦點，那便

是身體和靈魂的痛苦會互相滙通並且交換其不舒服之處：在此靈魂的壞習慣會帶來身體的苦難，而身體方面的過度，會顯示及維持靈魂的缺點。掛慮的重點特別是激動和混亂的過渡點，並且牢記必須要改正靈魂，如果我們想要身體不會將它席捲而去，也要改善身體，如果我們要靈魂保持對自身完全的主宰。便是此一接觸點，且是作為個人的脆弱點，才是注意力的關注點，於是它轉向於注意痛苦、不安及身體的苦難。當一位成人關懷自我，他需要照料的身體，不再是那得以體操來養成的年輕身體；這身體是脆弱的、受威脅的、受小小的苦痛所侵蝕的，而它反過來威脅了靈魂，但那比較不是透過它過度強烈的要求，而是透過其自身的脆弱。塞內克的書信，提供了許多例證，說明此一有關健康、飲食作息、在身體和靈魂之間所有可能流轉的紛擾及紊亂的注意力。[60] 弗若東（Fronton）和馬克・奧理略之間的書信往來[61]——就不用提艾里斯・亞里斯提德（Aelius Aristide）[XXIX]的《演講錄》（*Discours*），在其中給

XXIX. 羅馬安都南王朝時期的希臘裔演說家及詭辯學派哲學家（約 117－不早於 185）。

予疾病敘事一個完全不同的向度，也給他的經驗一個完全不同的價值——明白地顯示對於身體的關心掛慮在此一自我實踐中的地位，但也顯示了此一掛慮的風格：對於過度的害怕、飲食作息控制中的經濟、對於紊亂的聆聽、對於不適處仔細的注意、對於所有可能紛擾身體，並且由此影響靈魂的元素（季節、氣候、食物、生活模式）都納入考量。

然而，其中也許還有更重要的：透過此一醫學和道德之間（在實務上和理論上）的接近，邀請人肯認自己是位病人或是受到疾病威脅的人。自我實踐含帶著人在自己眼中將自我構成一位不完美的、無知的，遭受到某些苦難的個人，而他或者要受到自己，或者要受到某位有能力的人照料。每個人都應該發現，他是處於有需要的狀態，而且他需要收到藥物及援助。「這便是」，艾皮克特克說，「哲學的出發點：了解到我們作為主宰的部分的狀態（*aisthēsis tou idiou hēgemonikou pōs echei*）。在承認其脆弱之後，人們便不會要它服務於重要的用途。然而，今天無能力吃下最小一口的人，卻是買了一整套專論，並且開始狼吞虎嚥。他們或者要嘔吐或者是消化不良。接連而來的腹痛、傷風、發燒，他其實應該首先反省其能力……」[62] 把自己當作病人

來建立一與自我的關係,尤其因為以下原因而變得必要,因為靈魂的疾病——與身體的疾病不同——並不會以人們感受到的痛苦來宣告其自身;不只是因為它可以長期停留在無感的狀態,並且也是因為它會使得患者變得盲目。普魯塔克轉述道,身體的失序一般可以透過脈搏、膽汁、體溫、痛楚來加以偵測;但最嚴重的身體疾病,則是在其中病人不清楚自己的狀態,它們包括麻木遲鈍、癲癇、中風。在靈魂的疾病中,嚴重之處是它們不會受到注意、或甚至它們可能會被當作是美德(把憤怒當作勇氣、愛的激情當作友誼、嫉妒當作好勝心、怯懦當作謹慎)。然而,醫生們想要的,乃是「或者我們不是病人;或者,當我們生病了,我們不會對此無知」。[63]

4.

在這個既是個人又是社會性質的實踐中,對於自我的認識明顯地占據了一個可觀的地位。戴爾芙神廟的原則(*le principe delphique*)[XXX] 經常被人提起:但只是在其中辨識出

蘇格拉底主題的影響是不足夠的。事實上，一整套自我認識的技藝被發展了出來，其中有其明確的方法要訣、特定形式的檢驗及符碼化的鍛練方式。

a.

首先我們可以非常圖式化地，並且在進行更全面及更系統化的研究之前，先孤立出所謂的「考驗的程序」。它們的角色是使人得以在獲得美德方面有所進展，並且也測量其進展的程度：由此出現普魯塔克及艾皮克特克各自強調的進展性。不過，更要緊的是這些考驗的目的，並不是為了捨棄本身而練習捨棄；它的目的是為了有能力捨棄一些多餘的事物，在自己身上形成至上主權，使自身無需依賴它們的在場或不在場。人們受到的考驗並不是剝奪的各自相承續的階段；它是測量及確認人們有能力獨立於所有並非不可或缺及根本必要的事物之外。它在一段時間之後，將人帶回根本需要的基石，並且同時顯現所有非必要的事物及可以捨棄它們的可能性。在《蘇格拉底的惡魔》(*Démon de Socrate*) 一書中，普魯塔克記述了一個這種類型的考驗，而在對話之中，其價值受到代表新畢達哥拉斯學派主題的

對話者所肯定：人們先以某一運動的激烈進行來打開胃口；接著會被帶到一些擺放著最可口菜餚的桌子前，接著，在靜觀它們之後，要將它們留給僕人們，並且只以奴隸的食物來滿足自己。[64]

禁欲的練習是依比鳩魯學派和斯多葛學派共有的；但此一訓練在彼此之間有不同的意義。在依比鳩魯的傳統中，它涉及的是要顯示出，在最為基本的需要的滿足中，人們可以找到相較於所有多餘事物中所得到的感官享樂，更為飽滿的、更為純粹的、更為穩定的快感；考驗是要標示由此開始其剝奪會使人感到痛苦的門檻。依比鳩魯的飲食作息雖然已十分地簡樸，在某些日子更是只食用一些簡省的份量，以了解他的快感如何地受到削減。[65] 對於斯多葛學派而言，這則涉及為了有一天會面對的剝奪作準備，並且同時發現，到了最後，習慣、大眾意見、教育、對於聲望的

XXX. 根據見證者所說，位於戴爾芙的阿波羅神殿刻有「認識你自己」這句格言。

掛慮、對炫耀的愛好使我們依戀的，都可以輕易地捨棄；在這些斷捨離的考驗中，他們想要顯示，那些不可或缺的事物，我們總是可以使它們在身邊為我們所用，但必須小心注意那些憂心有一天可能受剝奪的思維。塞內克提醒道：「在完全和平的時期，士兵們作演習；沒有敵人在面前，他們仍建立起防禦工事；他們厭煩於無謂的工作，只專注於有必要的工作。你不想要此人在行動熱烈進行的當頭不知所措。在行動之前訓練他吧。」[66] 塞內克提到一個實作練習，而這是他在另一封信中也提到的[67]：這是每個月要作「虛構貧窮」的小型實習，在二或四天內使自己處於「貧困狀態的邊緣」，經歷簡陋的床、粗製的衣服、最不精緻、品質最差的麵包——這不是「遊戲，而是考驗」(non lusus, sed experimentum)。這不是為了品嚐未來的精緻美好才自我剝奪一段時間，而是為了說服自己，最不幸的命運也不會使我們失去最不可或缺的，而只要我們能夠忍受一段時間，我們便永遠能忍受。[68] 我們會熟悉最低限度。這便是塞內克在一封於紀元 62 年農神節（Les Saturnales）[XXXI] 之前不久所寫的一封信中所要作的；羅馬「正流著汗」，而放蕩縱慾「受到正式認可」。塞內克自問是否必須參加慶典活動：如

果不參加並且和一般的態度相決裂是作出克制的證明。然而,不自我孤立乃是以更大的道德力量來參與行事;最好的方式,便是「不要與群眾相混同,作同樣的事,但以另一種方式」。而這「另一種方式」,乃是我們以刻意的練習即早形成的、戒慾的實習,以及貧窮的療程;這樣便能和所有的人一樣地慶祝,但永遠不會落入過度奢華(luxuria);藉由它們,身處豐富繁盛之中,人們仍然能保持疏離的靈魂;「即使富有,我們隱退時也會更平靜,因為我們知道貧窮並不是多麼痛苦。」[69]

b.

在這些實際的考驗旁側,人們也認為接受意識的檢驗(examen de conscience)是重要的。此一習慣乃是畢達哥拉斯學派教誨的一部分,[70] 但也很廣泛地散布開來。早上的檢視看來特別是要作為預想一整天的工作及義務,以便能良好地準備。夜晚的檢視,則是以更模糊的方式來回

XXXI. 古羅馬在冬至前後(12 月 17 – 23 日)慶祝的節日,伴隨民間大量歡樂活動。

憶已過去的一天,對於此一規律性地為許多作者推薦的練習而言,最細膩的描述乃是由塞內克在《論憤怒》(*De ira*)一書中所作的。[71] 他記述了塞提烏斯(Sextius)[XXXII]的實踐,而他是經由巴比里烏斯・發比安努斯(Papirius Fabianus)[XXXIII] 及索提翁(Sotion)[XXXIV] 而認識這位羅馬斯多葛主義者的教誨。他將塞提烏斯的實踐呈現為主要集中於一日之末、總結一天的進步;當他在夜間休息內省時,塞提烏斯向他的靈魂提問:「你治好了什麼缺點;戰勝了什麼惡德;在什麼地方你變得更好?」塞內克本人每個晚上也進行同類型的檢視。陰暗——「當光線退去」——及寂靜——「當他太太不再說話」——乃是其外在的條件。準備一個良好睡眠的掛念,也並非不存在於塞內克的心目中:「有什麼樣的習慣會比檢討一整天的活動更美好呢?在重新檢視行動之後,會跟隨著什麼樣的睡眠呢?當靈魂收到它應有的讚美及責備之後,那會是平靜(*tranquillus*)、深沉(*altus*)及自由(*liber*)。」初步看來,塞內克讓自己接受的檢驗構成了一種小型的司法情景,而以下的表述方式明白地喚起它:「在法官面前出庭」、「推審自己的道德狀態」、「辯護或傳喚自己的訴求」。這些元素似乎指出主體

分裂為二，一位是審判者而另一位是被起訴者。不過，整個步驟也使人想起某種行政檢核，其中涉及的是衡量一個已完成的活動、重新激化其原則並為了未來改正其應用。塞內克所喚出的角色，除了判官之外，也是一位視察員，或是一位檢視其帳目的一家之主。

受使用的文字，有其意義。對於剛流逝的一天，塞內克想對它「作檢視」（動詞 *excutere*，搖晃、拍打、彷彿要使灰塵落下，而這裡使用它來指稱檢視確認，這動作可以找出一個帳目中的錯誤）；他想要「檢視」（inspecter）它；作過的動作、說出的話，他想要「重新衡量它們」（*remetiri*），就好像在一個工作已經完成之後，檢視看看它是否符合原先的預期。在此檢視之中，主體和他自身的關係，並不怎麼是以司法關係形式建立的，就像是一位被起訴者面對著

XXXII. Quintus Sextius，大約活躍於紀元前 50 年的羅馬哲學家，其學說綜合新畢達哥拉斯學派及斯多葛學派。

XXXIII. 古羅馬修辭學家及哲學家，活躍於紀元前 1 世紀前半段。

XXXIV. 希臘新畢達哥拉斯學派哲學家，活躍於紀元前 1 世紀。塞提烏斯所創學園成員，曾經是塞內克的教師。

法官；它的外觀比較像是一場檢視行動，在其中檢視官員想要評價一件工作或一個任務完成得如何，*speculator* 這個詞（人們應是 *speculator sui*〔自我的觀察者〕）便是精準地指稱這個角色。而且，如此進行的檢視，也不會像一場司法程序一樣，針對的是「違反法律」；它不會導致一場有罪判決、或是自我懲罰的決定。塞內克在此給的實例比如和無知的人過度激動的討論，然而，他無論如何，是無法被說服的；或是因為責備而激怒一位想要得到進步的友人。就這些行為舉止而言，塞內克並不滿足，原因在於，這些目的是應該提出的，但實際上要達成它們，使用的手段卻不該是如此；當他有需要時，想要改正友人是好的，但責備如果沒有衡量好，則會傷害他而不是改善他；說服那些無知的人是好的，但是要選擇那些可以被教育的人。檢視的要點並不是要找到自己的罪行，直到其最細微的形式及其最支微末節的根源。如果「我們什麼都不隱藏」、如果「我們什麼都不捨棄」，那是為了能夠記憶，以便未來可以回想起，除了正當的目的，也包括合宜的舉止規則，並以選擇適宜的手段來達成它們。錯誤之所以被檢視再度激化，並不是為了固定一個罪惡或激發一個後悔的感受，而是為

了透過失敗的觀察回想及反省，增強理性的裝備，以確保有智慧的行為舉止。

___ c.

對於這些，還要加上思想對自身的工作；那不應只是一個考驗，衡量人們能作到什麼；它也不應只是對於錯誤相對於行為舉止規則的衡量；它應有的形式是對於再現（représentations）恆常的過濾：對它們加以檢視、查核、揀選。比起一個在規律間隔中進行的練習，它更應是一種針對自己應該恆常持有的態度。為了形容這種態度，艾皮克特克運用了一些隱喻，它們後來在基督宗教的靈修事業中還會有漫長的命運；但那時它們將會有相當不同的價值。他要求，針對自己，採取一個「夜間守望者」的角色和姿態，而他的位置是在城市或宅邸入口守望；[72] 尤有甚者，他建議對自己施行「錢幣檢驗者」、「化驗員」的功能，像是那些作外幣匯對生意的人，如果不能確認它們的價值，他們不會收下任何錢幣。「您看看，當涉及的是錢幣時，我們發明了一套技藝；化驗員們採取各種方法來檢驗錢幣！視覺、觸覺、嗅覺、最後動用到聽覺；他把錢幣丟向地上，

注意它發出的聲音;他還不只要使它發出一次聲音,而是多次進行,使自己的耳朵因而接近音樂家了。」不幸的是,涉及金錢時我們小心翼翼,在涉及靈魂時就疏忽了。然而,哲學的任務——它主要及首要的功能(*ergon*)——便是實施此一檢核(*dokimazein*)[73]。

為了表述此一同時是一般原理又是態度梗概的事物,艾皮克特克引述蘇格拉底,以及那句在《為蘇格拉底辯護》中說出的格言:「一個沒有經過檢視(*anexetastos bios*)的人生是不值得過的。」[74]事實上,蘇格拉底想要使自己及他人通過的檢視,乃是有關於無知、知識、以及對於此一無知的無知。艾皮克特克所談的檢視則完全不同:這是針對再現(*représentation*)所作的檢視,其目標是「使其通過考驗」,將它們彼此「進行區分」(*diakrinein*),以如此的方式避免接受「第一個出現者」。「對於每一個再現,都要能教它停住,並且和它說:『等一下,讓我瞧瞧你是什麼人,從什麼地方來』,就像是夜間的守衛會說:『拿出你的證件給我看。』你會堅持再現應有的特質表徵再來接受它嗎?」[75]不過,應該仔細說明的是,查核的重點並不是再現的來源或是它的對象,而是對它應否有所贊同。當一個再現來到

心智之前，要作的區辨工作，所謂的 diakrisis，乃是要在它身上運用著名的斯多葛典律（canon stoïcien），而這標注出哪些是操之在我，哪些不操之在我；這其中的第一群，由於不在我們能掌控的範圍，我們不能接待它們，我們拒絕它們，把它們當作是不能成為「慾求」或「厭惡」、「趨向」或「排斥」的對象。查核的是能否通過權力的考驗及自由的保障：一種為自己確保我們永遠不會連結於不受我們掌控的事物的方式。持續地警惕於其再現，或是檢驗標示如同確認錢幣是否為真，這並不是去提問來到面前的理念的深沉根源（就像後來基督宗教的靈修事業所作的）；這不是試圖解碼再現表面之下的隱含意義；這是去測定自我和受再現者之間的關係，並只接受在自我關係中那些可依賴主體自由及理性選擇者。

5.

這些自我實踐雖然呈現其各自的不同，但有一共同的目標，它的特點可以由一項完全具一般性的原則來形容，

那便是回歸自我——*epistrophē eis heauton*。[76] 這個表述方式外表上看起來具有柏拉圖主義的風貌，但在大部分的時間裡，它所覆蓋的意義彼此明顯地不同。它首先需要被理解為活動的調整：這並不是說要完全停止其他形式的日常事務，完全地且排除其他以專注於自己；而是說在活動中，必須記得主要的目的乃是要在自我之中，在自我和自我的關係中尋找。這個回歸含帶著目光的轉移：它不應分散於無所事事的好奇之中，不論那是日常生活中的騷動，或是他人的人生（普魯塔克寫了一本專著，探討此一事務過多的狀態［*polupragmosunē*］），或是想要發現自然的祕密，但它們卻是最遠離人生及其中的重要事物（塞內克引述狄米泰烏斯，他強調自然只封閉無用的祕密，並將人有必要認識的放在他可及的範圍之內及目光之下）。但是此一回歸自我（*conversio ad se*）也是一個歷程；透過這個歷程，人可脫離各種依賴及奴役，最後回到像是可躲避暴風的港口、或是像城垛般具有保護力的自我：「它堅守著一個難以進攻的位置，這擺脫了未來事物的靈魂，便躲在她自己製造的城堡中防衛自己；射向它的箭總是落在它的下方。命運並未擁有大眾意見歸給它的長手臂；它沒辦法掌握任何人，除

了那些依戀它的人之外。讓我們向前跳躍,越遠越好,遠離它吧。」[77]

此一和自我的關係,將自我構成回歸的端點,以及所有自我實踐的最終客體,仍屬於一個自我主宰的倫理。不過,為了形容它,人們不只會提到一種對抗的形式,說有一個戰勝難以征服力量的勝利、以及有能力施行於這些力量上無可質疑的宰制。此一關係經常以一司法模式中的擁有(possesion)來作思考:人們「屬於自我」、人們是「自己的」(塞內克經常使用 suum fieri [成為自己的], suum esse [屬於自己] 這些表達方式);[78] 人們只屬於自己,人們是 sui juris(自有權力);人們在自己身上行使的權力是沒有限制及威脅的;人們擁有 potestas sui(對自己的權力)。[79] 然而,透過此一比較屬於政治及司法的形式,與自我的關係被界定為一個具體的關係,它允許人能享用自我,彷彿它是個可以擁有及放在眼前的事物。如果回歸自我乃是將關注焦點離開外在事物、對野心的掛念、對未來的擔憂,於是我們可以回望過去,回憶它們、自在地將它們在眼前舒展,並且和它保持一個沒有其他事物可以前來打擾的關係:「這是吾人生命中唯一神聖不受侵犯的部分,它逃離所有

的人性偶然、不受命運的主宰、貧窮、恐懼及疾病的侵襲也不會擾動它；它不會受到干擾及劫持；它擁有的是持恆及泰然。」[80] 在此一擁有中形成的自我體驗並不單純是一個受主宰的力量、或是在一個隨時準備反叛的力量之上實施了至上的主權；它乃是一種我們在自己身上取得的快感。一個最後能達致自我的人，對其自身而言，乃是一個歡愉的對象。我們不只滿足於我們自身之所是，並且接受自我限制於其中，而且我們因自身而「感到歡愉」。[81] 對於這樣的快樂，塞內克一般使用的詞語是 *gaudium*（愉悅）或 *laetitia*（幸福），這樣的一種狀態並未伴隨也不會跟隨著任何身體及靈魂的困擾；它的定義是不受任何獨立於我們之外的事物所挑動，而這些事物因為獨立於我們之外也脫離我們掌握；它是生自我們也生於我們之中。[82] 它的特性是沒有不同程度也沒有改變，而是一次便「全體被給出」，當它一旦被給出，便不會有任何外部事件可以動搖它。[83] 關於這一點，這樣的一種歡愉可以點對點地和一種被稱為 *voluptas* 的感官享樂對立起來；這個詞語所指的快感，其來源在於我們之外，而其對象並不是我們可以確保的：因而這種快感本身是不牢靠的，充滿了可能失去它的恐懼，而我們因為慾望的力

量而趨向它,但這慾望可能被滿足也可能不被滿足。對於這一類狂烈的、不確定的及暫時的快感,達致自我(l'accès à soi)可以用另一種形式的歡愉將其取代,那是我們在自己身上獲得的平靜且永久的快樂。「Disce gaudere,學習歡愉」,塞內克對路西里烏斯這麼說;「我希望你永遠不缺乏歡快喜悅。我希望它在你住處增長。它之所以增長,其條件是它在你自身之中……它永遠不會消停,只要你知道去哪裡獲得它……將你的目光轉向真正的善;要因為你自己的基底(de tuo)而達到幸福。此一基底,它是什麼呢?那便是你自己及你最好的那部分。」[84]

* * *

便是在此一自我的文化框架下,包括其中的主題及實踐,在紀元最初的數世紀中,發展出對於快感的道德反思;觀察必須就此一方向進行,才能理解足以影響此一道德的轉化。第一眼初看時,會認為是更明白標示的嚴厲、更進一步的刻苦、更嚴謹的要求,實際上不應詮釋為禁制的加強;可被禁止的領域並沒有擴大,人們也沒有尋求組織更

威權和更有效的禁制系統。改變的比較是個人應要如何將自己建立為道德主體的方式。自我文化的發展所產生的效果並不是往禁絕慾望方面的加強，而是涉及道德主體性的構成性元素的某些變動。這是和傳統的自我主宰的倫理之間的斷裂？當然不是，但存有位移、微小變動及著重點的不同。

性快感作為倫理實質（substance éthique）[xxxv] 也仍然一直被歸類於一種力量——必須為反抗此一力量而奮鬥，而主體也必須如此地確保它的主宰地位；但在此一由暴力、過度、反叛及戰鬥構成的遊戲中，重點逐漸地、主動地移動到個人的脆弱、他的弱點、他逃避、脫離、他在避難處獲得保護及遮蔽的必要性。性的道德仍然持續地要求個人臣服於某一種生活的藝術，此一藝術界定了存在的美學及倫理；但此一藝術參照的，越來越是自然或理性的普遍原理，而所有的人，不論地位如何，都應以同樣的方式，服從於它們。至於必須在自我身上完成的工作，其定義也透過自我的文化，發生了一些變化調整：透過禁慾及自我主宰所構成的必要的修練術（askēsis），在其中，自我認識所占的地位越形重要：一系列良好界定的，由自我考驗、

自我檢驗、自我控制工作所構成的系列練習，將真理的問題——我們是誰、我們作了什麼及我們有能力作什麼的真相——放置於道德主體的形構中心。最後，此一提煉最後的完成點仍然也持續是由個人對自身的主權所界定的；然而，此一主權得到了擴展，成為一種與自我關係的經驗，其形式不只是宰制，也包括一種沒有慾望或紛擾的愉悅。

在此我們仍離另一種性快感的體驗很遠，在其中，行為必須服從於一普遍的律則形式，而慾望的解碼將是達到淨化的存在不可或缺的條件。不過，我們已經可以看到罪惡的問題如何開始糾纏著古老的力量主題，而律則的問題如何開始折曲（infléchir）藝術和技藝（technē）的主題，而且真理的問題及自我認識的原理又如何發展於苦行鍛練的實踐中。但在此之前，必須要作的是追尋在何種脈絡之中，又是為了什麼樣的理由，自我的文化得以發展，並且明確地是在我們方才看到的形式之中。

XXXV. 在《性史 第二卷》導論第三節中，傅柯對此一術語的界定是「個人是以自己的哪一個部分來構成其道德行為的主要材質」。

原書註

1. 狄安・德・普魯士（Dion de Pruse）便曾思考某些必須採取的措施，以使美德可以得到統治地位（《演講錄》[Discours VII]），不過其脈絡是因為貧窮造成的問題。

2. A. J. Voelcke,《希臘哲學中與他人之間的關係，由亞里斯多德到潘內提烏斯》(Les Rapports avec autrui dans la philosophie grecque, d'Aristotr à Panétius)，頁 183-189。

3. 關於此一主題，必須參考 P. 哈寶的書《精神鍛練與上古哲學》(Excercices spirituels et philosophie antique)。

4. 贊諾封,《塞流士的教育》(Cyropédie)，VII，5。

5. 普魯塔克,《斯巴達諺語集》(Apophthegmata laconica)，217 a。

6. 柏拉圖,《阿爾希比亞德篇》(Alcibiade)，127 d-e。

7. 柏拉圖,《為蘇格拉底辯護》(Apologie de Socrate)，29 d-e。

8. 阿爾比努斯（Albinus），轉引自 A.-J. Festugière,《希臘哲學研究》(Etudes de philosophie grecque)，1971，頁 536。

9. 阿普萊（Apulée）,《論蘇格拉底之神》(Du dieu de Socrate)，XXI，167-168。

10. 依比鳩魯,《給梅內塞的信》(Lettre à Ménécée)，122。

11. 塞內克，《路西里烏斯書信集》(Lettres à Lucilius)，66，45。

12. 莫索尼烏斯・魯夫斯（Musonius Rufus），《斷簡》(Fragments)（Hense 版），36；轉引自普魯塔克，《論憤怒》(De ira)，453 d。

13. 塞內克，《路西里烏斯書信集》，17，5；《論生命之短暫》(De la brièveté de la vie)，7，5。

14. 塞內克，《路西里烏斯書信集》，35，4。

15. 塞內克，《論生命之短暫》，24，1。

16. 塞內克，《路西里烏斯書信集》，1，1。

17. 同上，13-1；《論幸福人生》(De la vie heureuse)，24，4。

18. 塞內克，《論靈魂之平靜》(De la tranquilité de l'âme)，3，6。

19. 塞內克，同上，24，2。

20. 塞內克，《路西里烏斯書信集》，75，118。

21. 塞內克，《論靈魂之平靜》，17，3；《路西里烏斯書信集》，74，29。

22. 塞內克，《論生命之短暫》，18，1。

23. 塞內克，《路西里烏斯書信集》，2，1。

24. 馬克・奧理略（Marc Aurèle），《沉思錄》(Pensées)，III，14。

25. 艾皮克特克（Epictète），《交談集》(Entretiens)，I，16，1-3。

26. 同上，I，1，4。

27. 同上，II，8，18-23。

28. 參考 M. Spanneut，「艾皮克特克」(Epiktet)，收錄於《古代和基督教的真正字典》(Reallexikon für Antike und Christentum)。

29. 披林（Pline），《書信集》(Lettres)，I，10。

30. 同上，I，9。

31. 依比鳩魯，《給梅內塞的信》，122。

32. 關於此一主題，參照比如塞內克，《路西里烏斯書信集》，82，76；90，44-45；《論智慧的穩定》(De constantia)，IX，13。

33. 塞內克，《路西里烏斯書信集》，76，1-4。參考 A. Grilli，《希臘羅馬世界中的靜觀生活問題》(Il problema della vita contemplativa nel mondo greco-romano)，頁 217-280。

34. 路西安（Lucien），《赫蒙丁》(Hermotime)，1-2。

35. I. Hadot，《塞內克與希臘 - 羅馬靈魂指引傳統》(Seneca und die griechisch-römische Tradition der Seelenleitung)，1969，頁 160。

36. 贊諾封，《家政學》，V，1。

37. 狄安・德・普魯士，《演講錄》，III，55。

38. 普魯塔克，《國王與指揮官們的語錄》(Regum et imperatorum apophthegmata)，197 d。

39. 柏拉圖，《法律篇》，717 e。

40. 塞內克，《論憤怒》(De ira)，III。

41. 艾皮克特克，《交談集》，II，21 起；III，10，1-5。

42. 馬克・奧理略，《沉思錄》，IV，3；XII，19。

43. 莫索尼烏斯・魯夫斯，《斷簡》(Fragments)（Hense 版），60。

44. 披林，《書信集》，III，1。

45. 馬克・奧理略，《沉思錄》，IV，3。

46. 參考塞內克，《路西里烏斯書信集》，7，99 及 109。

47. 費洛田（Philodème），《作品集》(Œuvres)（Olivieri 版），斷簡

36，頁 17。

48. 有關此學派的訓練術，參考 B. L. Hijmans,《鍛練術，艾皮克特克斯的教育系統筆記》(*Askēsis, Notes on Eipctetus' Educational System*)，頁 41-46。

49. F. H. Sandbach,《斯多葛主義者》(*The Stoics*)，頁 144；亦請參考 J. H. Liebeschütz,《羅馬宗教中的連續及變化》(*Continuity and Change in Roman Religion*)，頁 112-113。

50. 加里昂（Galien）,《論靈魂之激情及其錯誤》(*Traité des passions de l'âme et de ses erreurs*)，III, 6-10。

51. 塞內克,《路西里烏斯書信集》, 109, 2。關於塞內克的人際關係及其作為指引者的活動，參考 P. Grimal,《塞內克或帝國的意識》(*Sénèque ou la conscience de l'Empire*)，頁 393-410。

52. 普魯塔克,《維持良好健康的忠告》(*De tuenda sanitate praecepta*)，122 e。

53. 參考希塞羅（Cicéron）,《圖斯克蘭對話錄》(*Tusculanes*)，IV, 10；塞內克,《路西里烏斯書信集》, 75, 9-15。關於這一點，請參照 I. Hadot,《塞內克與希臘－羅馬靈魂指引傳統》，伯林，1969，第 2 部，第 2 章。

54. 有關身體的治療和靈魂的醫學之間的比較，可參考的例子比如塞內克,《路西里烏斯書信集》, 64, 8。

55. 艾皮克特克,《交談集》, III, 23, 30 與 III, 21, 20-24；亦請參考塞內克針對一位經常去聽某位哲學家的課的人所說：「他回去時或者是心靈更健全或者是更能恢復健康」(*Aut sanior domum redeat, aut sanabilior*)（《路西里烏斯書信集》, 108, 4）。

56. 艾皮克特克,《交談集》, II, 21, 12-22；亦請參考 II, 15, 15-20。

57. 加里昂,《論靈魂激情之治療》, I, 1。

58. 同上，IV，16 及 VI，28。

59. 艾皮克特克，《交談集》，I，9，12-17；I，22，10-12；《手冊》（Manuel），41。

60. 塞內克，《路西里烏斯書信集》，55，57，78。

61. 馬克・奧理略，《書信集》(Lettres)，VI，6。

62. 艾皮克特克，《交談集》；亦請參考 II，11，1。

63. 普魯塔克，《身體疾病和靈魂疾病那一個比較嚴重》(Plutarch, Animine an corporis affectiones sint pejores)，501 a。

64. 普魯塔克，《蘇格拉底的惡魔》(Démon de Socrate)，585 a。

65. 塞內克在《路西里烏斯書信集》(18，9) 引述了此一依比鳩魯學派的作法。

66. 塞內克前引書，18，6。

67. 同上，20，11。

68. 也可參看塞內克，《安慰赫爾維亞》(Consolation à Helvia)，12，3。

69. 塞內克，《路西里烏斯書信集》，18，1-8；參照第 17 信，5：「如果沒有素樸生活的實踐，智慧的學習並不能達致解脫的效果。然而，素樸生活乃是一種自願的貧困。」

70. 戴奧真尼・萊爾斯 (Diogène Laërce)，《哲學家傳記》(Vies des Philosophes)，VIII，1，27。波菲爾 (Porphyre)，《畢達哥拉斯傳》(Vie de Pythagore)，40。

71. 塞內克，《論憤怒》(De ira)，III，36。

72. 艾皮克特克，《交談集》，III，12，15。

73. 同上，I，20，7-11；亦請參考 III，3，1-13。

74. 柏拉圖,《為蘇格拉底辯護》,38 a。

75. 艾皮克特克,《交談集》,III,12,15。

76. *Epistrophē eis heauton* 及 *epistrephein eis heauton* 這樣的表達方式可見於艾皮克特克,《交談集》,I,4,18；III,16,15；III,22,39；III,23,37；III,24-106；《手冊》(*Manuel*),41。

77. 塞內克,《路西里烏斯書信集》,82,5。

78. 塞內克,《論生命之短暫》,II,4；《論靈魂的平靜》,XI,2；《路西里烏斯書信集》,62,1；75,18。

79. 塞內克,《論生命之短暫》,V,3(*sui juris*);《路西里烏斯書信集》,75,8(*in se habere potsetatem*);35,5(*facultas sui*)。

80. 塞內克,《論生命之短暫》,X,4 及 XV,5。

81. 塞內克,《路西里烏斯書信集》,13,1；亦請參考艾皮克特克,《交談集》,II,18；馬克·奧理略,《沉思錄》,VI,16。

82. 塞內克,《路西里烏斯書信集》,72,4。

83. 同上,72。亦請參考《論幸福人生》,III,4。

84. 《路西里烏斯書信集》,23,3-6。亦請參考 124,24。針對感官愉悅的批評:《論幸福人生》,XI,1-2。

III. Soi et les autres

第三章 自我與他人

對於此一自我文化的發展,以及這時在快感倫理學中出現的路線改變,由歷史學家們的研究成果,可以提出數種可能動機。其中有兩種似乎是重要的:婚姻實踐中發生變化以及政治遊戲的規則產生調整。在這簡短的一章中,我將限制我自己於重拾這兩個主題的一些元素,它是借用於先前的歷史研究成果,由此我將草擬一個有關整體假設的提案。婚姻及配偶所具有的新的重要性,某種政治角色的重新分配,難道沒有在此一過去主要是男性的道德中激發出一個有關自我關係的新問題化嗎?它們有可能引發的,不是一種自我封閉,而是一種反思自我的新方式,而那是有關自我和妻子、和他人、和公眾及政治活動的關係,以及另一種思考自身作為快感主體的方式。自我文化不是這些社會變動的必然「後果」;它也不是它們在意識型態中的表達。相對於它們,它是在存在的新風格學形式之下,形成了一個具原創性的回應。

Le rôle matrimonial

第一節
婚姻的角色

在希臘化時代[I]文明或羅馬文明中,很難根據不同的地域及不同的社會階層,將婚姻實踐的真實擴展說明清楚。然而,史學家們仍可辨識出——在文獻許可的範圍內——某些轉變,它們或者涉及體制上的形式、或者涉及夫婦間關係的組織、或者涉及可以針對它們而給予的道德意義及價值。

首先就體制的角度而言。婚姻是個私人的動作,隸屬於家族、它的權威、它所實行的並且認可為屬於它所有的規則,而在希臘或是羅馬,它都不會需要公權力的介入。在希臘,它作為實踐,「目的在確保家庭(oikos)[II]的永久性」,其中有兩個根本的並與生命攸關的動作為它留下標記,當中一個是父親將過去一直以來掌有的守護權轉移給丈夫,另一個則是將妻子實際地交與他的配偶。[1]它構成了一個「私人的讓渡,介於兩位家長之間,一位是女孩的父親,另一位則是潛在的家長,即她未來的丈夫」;此一私人的事務,「與政治和社會的組織無關」。[2]同樣地,羅馬的婚姻,克魯克(J. A. Crook)[III]及維恩(P. Veyne)[IV]提醒道,「它原只是個『來自相關人士的意圖』的事實狀態,並

且『受到一個典禮所標記』,並且引領出『權力相關的效果』,但它並不因此是個法律行為」。[3]

在希臘化世界裡,婚姻逐漸在公共場域中取得地位。如此一來,它溢出了家庭的框架,但其效果是弔詭的,因為家庭的權威得到「公開的」認可,但也相對地受到限制。瓦汀(Cl. Vatin)[V]認為在希臘化世界中,此一演變乃是受支持於援引宗教儀式的助益,而後者的角色是作為私人行為和公共體制之間的某種中介;總結這些轉化,而我們可以觀察到它們在紀元前2至第1世紀之間所產生的結果,

I. 希臘化時代一般指由亞歷山大大帝之死(紀元前323年)至羅馬共和國征服希臘本土(紀元前146年)止,亦可延伸至紀元前30年最後的繼業者王朝托勒密王國滅亡為止。19世紀後西方史學界認為當時古希臘文明主宰整個地中海東部地區,故稱此地這段時期為希臘化時代。

II. 除了由家中各成員構成的同住家人之外,這字眼也包括家宅及祖產等較物質的層面。請參考《性史 第二卷》第三章第二節中的相關記述及解釋。

III. John Anthony Crook(1921-2007),劍橋大學古代史教授,並在古羅馬法律及生活研究方面享有權威地位。

IV. Paul Veyne(1930-2022),法國古羅馬史學專家。請參考《性史 第二卷》譯註X。

V. Cluade Vatin,法國考古及古史學者(1927-2008)。

他寫道:「很清楚地,婚姻從此之後脫離了家庭體制的框架,亞歷山德里的宗教婚姻(marriage religieux alexandrin)也許只是上古私人婚姻的遺跡,但它也是個公共的體制:不論它是受到一位公務員或一位祭司的認可,永遠都是整個城市在認可此一婚姻。」對照亞歷山德里城市中收集的資料與鄉村社會收集的資料,他補充道:「雖然不無變種,不論是在地方(chōra)或是在首都中,我們都可以看到一個演變的現象,即快速地由私人體制轉變為公眾體制。」[4]

在羅馬,我們可以觀察到大體是同一類型的演變,即使它採取的路徑不同,即使,甚至到了更晚之後,婚姻持續在根本上仍然是一個「私人的典禮、歡慶」。[5] 一整套的立法措施逐漸標誌出公共權威對於婚姻體制的掌控。著名的「通姦罪」(de adulteriis)立法便是這些現象的顯現之一。這些顯現因以下的狀況而更為有趣:因為通姦罪受罰的,包括和另一男人私通的已婚女性、與一位已婚女性私通的男人(但不包括一位已婚男性與一位未婚女性私通),如此一來此一立法並未對事實的評價提出任何新的事物。它一五一十地重拾了倫理評價的傳統綱領;它只是把原先保留給家族權威的懲罰轉移給公共權力。

此一婚姻的逐漸「公共化」，伴隨著許多其他的轉化，而「公共化」同時是其效果、中介和工具。在文獻得以判斷的限度之內，婚姻或規律的同居的實踐，在最重要的一個人口階層中，已變得普遍化，或至少傳播開來。就其古老的形式而言，婚姻之所以有其利益或是存在的理由，只是因為，作為一個私人的動作，它承載著權利方面或至少地位方面的效力：一個姓氏的傳遞、繼承人的建立、組織結盟的系統、財富的連結。只有對於那些在這些領域想要發展出策略的人，它才有意義。再度如同維恩所說：「在諸神異教的社會裡，並不是所有的人都會結婚，遠非如此……當人們結婚時，婚姻回應著一個私人的目標：將祖產傳承給後代，而不是傳給家族中的其他成員、或是友人的兒子；或是回應社會集團（caste）的政治：延續公民中的社會集團。」[6] 重拾包斯威爾的詞語，這裡涉及的聯姻是，「對於上層社會而言，大部分是王朝性的、政治性的及經濟性的」。[7] 至於貧困的階級，對於他們的婚姻，雖然所餘的資料不多，但我們可以順著潘莫羅依（S. B. Pomeroy）[VI] 的假

VI. Sarah B. Pomeroy（1938- ），美國上古歷史及文明研究學者。

設，說有兩個相互矛盾的因素在作用，而這兩者都與婚姻的經濟作用有關：對於自由但貧窮的人而言，妻子及小孩可成為有用的人力；但在另一方面，「有一個經濟水平，在它之下，一個男人無法期待能供養妻子和子女。」[8]

這些主導聯姻的經濟－政治方面的迫切需要（使它在某些狀況下是必要的，某些狀況下是有用的）應會失去其一部分的重要性，那是當特權階級的地位及財富變得需要依賴，比較更是和君王的接近、公共或軍事「職業生涯」、「生意」上的成功，而不單純只是不同家族團體間的聯姻。當它不再如此承擔多種策略，婚姻變得比較「自由」：自由於妻子的選擇、自由於結婚與否的決定以及個人如此作的理由。在比較不受到厚待的階級中，婚姻——超乎使它成為可貴的經濟因素——成為一種連結的形式，而其價值在於它建立及保持強力的個人關係，含帶著生活的分享、相互的協助、道德面的支持。無論如何，墓碑銘文的研究顯示出，在那些不是貴族的群體中，結合的相對高頻率及穩定性；[9] 人們也找到奴隸之間結婚的見證。[10] 無論我們對於婚姻實踐的廣泛程度給予什麼樣的回答，可以看到的是它應是變得比較容易達成；使得它變得「有利」的門檻已經下降了。

接下來的演變是，婚姻變得比較像是兩個人之間自由合意的結合，而其中的不平等變少但沒有完全消失。看來明顯的是在希臘化時代的世界裡，即使考量到許多的地域差異，女性的地位在獨立性方面，相對於古典時期——尤其是相對於雅典的狀況——乃是有所增進的。此一相對的變動首先來自於男性-公民喪失了一部分的政治重要性；這也和女性的角色有了正面的增強有關——她在經濟上的角色及她在司法上的獨立性。根據某些史學家，文獻顯示，妻子父親的介入，在婚姻中變得越來越不具決定性。「父親作為體制的守衛者，通常是由他將女兒在婚姻中給出去。但有一些合約單純只是介於一個男人和一個女人之間，相互合意分享人生。一位結婚的少女反抗父親的權威，自我決定的狀況開始變得受到肯定。根據雅典、羅馬和埃及的法律，父親有權違反其女兒的意志解除婚約。然而，更晚之後，在羅馬治下的埃及，根據埃及的法律，父親對於一位已婚女兒的權威受到司法決定的挑戰，因為女性的意志乃是一個具決定性的因素。如果她想要停留於婚姻之中，她是可以做到的。」[11] 婚姻越來越單純像是兩位配偶之間相互合意的契約，而他們是以個人的身份參與其中。由父親

將女兒莊嚴地給予她的丈夫的典禮（*ekdosis*），「傾向於消失」；而陪伴它的根本上是財務性質的傳統合約，也只有在書面婚禮中才單獨存留；那時它會有與個人相關的但書補足。不只女人收到她的嫁妝，而且她越來越能在婚姻中自由地使用它，某些合約還預先聲明如果發生離婚，則嫁妝會返還給她，並且她們還能重新得到她們應有的遺產部分。

至於婚姻合約為丈夫設立的義務，瓦汀展現出在希臘化時期的埃及有意味深長的演變。在一些紀元前第4或第3世紀的文獻中，女性的承諾意味著她服從於其丈夫，在夜間或白天禁止外出，除非得到後者的同意、排除和任何其他的男人發生性關係、不得使家庭破產、不得使其丈夫喪失榮譽，丈夫則必須供養妻子、不可取妾在家、不可虐待妻子以及不能有私生子在外生養。更晚之後，受研究後的合約顯示，丈夫這方的義務變得嚴格許多。明白地記載了他必須滿足妻子的需要；同時也明白記載他不能有情婦，或是嬖倖，或是有另一所宅第（在其中他可以供養小妾）。如同瓦汀所指出的，在這一類的合約中，「特別針對丈夫的性自由；妻子由此開始就像丈夫一樣，享有獨占的權利」。如此發展的婚姻合約，使得丈夫與妻子進入一責任與義務

的系統，它的確不是平等的，但卻是分享的。此一分享並不是以對於家庭的尊重為名義，而配偶中每一位就像是它在婚姻中的某種代表，是為了夫婦所形成的一對配偶，以它的穩定性和它的內部調節為目標。[12]

這樣的義務，受到明白的肯定、召喚並且揭露，在夫婦間，存有比以往更加嚴密的夫妻生活形式。這樣的訓誡不能在合約中表述，如果它不是已經符合新的態度；但在此同時，它也會在配偶中的每一方有其份量，其份量之重以至於它們在其生活之中銘記得比之前更為清楚。瓦汀寫道，相互合意的婚姻，其體制化使得：「產生了存在由夫婦配偶形成的共同體，而此一現實，由夫婦的對偶所構成，具有一個比起其中任一組成元素更高的價值。」[13] 維恩針對羅馬社會所指出的，也是個可類比的演變：「在共和國之下，夫婦中的每一位有其特定的角色要扮演，一旦此一角色達成，夫婦間的感情關係便是盡其所能的發展⋯⋯婚姻的運作本身被視為建立於良好的相互理解及心的律則。由此生出了一新的理念：由家屋中的男主人和女主人形成的一對配偶。」[14]

於是，此一婚姻實踐演變中的弔詭乃是多重的。它在

公共權威方面尋求其擔保；但它在私人生活中成為一件越來越重要的事情。它脫離了使它具有價值的經濟及社會目標；但它同時變得更加普遍。對於夫妻它變得更加具限制性，但同時激發對它越來越有利的態度，彷彿它要求越多，就越具有吸引力。婚姻作為一種實踐變得更加普遍，作為體制變得更具公共性，作為存在的模式，變得更為私人化，聯結配偶的力量更加強大，於是能更有效地將夫婦孤立於由其他社會關係所形成的場域。

　　要精確地量測此一現象的發展幅度顯然是困難的。可以獲得的文獻乃是關於某些特別受到重視的地理區域；它也只能說明人口中的某些階層。如要將它當作是一個普遍且大量發展的運動，將會是大膽的猜測，即使各種指標有其不完整及分散的特質，它們指出的方向仍是相當集中的。無論如何，如果我們相信紀元初始世紀的其他文本，婚姻對於男人們——因為我們能運用的只是他們的見證——看來是成為一更加重要、更加強烈、更加困難也更加具問題性的體驗聚焦點。關於婚姻，不能只是理解為一個對家庭或城邦有用的體制，或只是個在良好的家宅管理的框架和規則中開展的家庭活動，而是要理解婚姻「狀態」為一生活

形式、分享的存在、個人的連結、以及在此一關係中伴侶各自的位置。我們之前已經看到，過去的婚姻生活，依其古老的綱要，並沒有在配偶之間排除親近性和感情。但是在贊諾封所提出的理想狀態中，這些感情是直接地連結於（這並未排除其嚴肅或強烈）丈夫地位的實行及他被給予的權威；依斯修馬克（Ischomaque）[VII]對於他年輕的妻子，態度上有點帶著父權，但他是耐心地教導她應該要做的事；只要她實際上良好地扮演她作為家宅女主人的角色，他便對於她具有終生不渝的尊重及感情。在帝國時期的文獻中，我們可以找到婚姻體驗不同且更為複雜的見證：對於一種有關「婚姻榮譽」（honneur conjugal）的倫理學的尋求，良好地顯示於以下的反思：那是相關於丈夫的角色、使他羈絆於其妻子的連結的性質和形式、一個同時介於自然兼具地位性質的優越性、和甚至可以成為需要及依賴的感情之間的遊戲。

我們可以提及披林在他某些信件中，提出他自己作為「婚姻中的個人」的形式，並將它與另一個好丈夫依斯修馬

VII. 出現於贊諾封《家政學》中的人物，請參考《性史 第二卷》第三章。

克的畫像相比較。如此,在他寫給他妻子的短信中,他哀嘆她不在身邊,而這時,他不只是在其他信件中的那個男人,將妻子當作是對於他的文學成就和議會成功的一個柔順仰慕者;這是個強烈依戀其妻子的男人,他對她有如此激烈的生理慾求,使得自己無法不日夜地尋找她,即使她並不在場:「您永不會知道我有多想念您;首先是因為我的愛,接下來是因為我們沒有分開的習慣。這是為何在夜裡,有一大部分時間我是醒著的,懷想您的形象;為何在大白天,在我有習慣去看您的時候,我的雙腳會自行走向您的寓所;這是為何,最後我回到您空蕩蕩的房間,哀痛悲傷,彷彿人們對我關上了門。只有一個時候,我不再受此苦刑:那就是我去廣場上,沉浸在我朋友的法律案件之中。您可以想像一下我的生活,這時我必須在工作中尋找休息,在煩惱及掛念中找到安慰。」[15] 這信中的許多表達方式值得為人記憶。一種個人化的夫妻關係的特性,強烈且充滿感情,獨立於婚姻中的地位及權威,以及家宅中的責任之外,在此明白地顯現;愛情在此與照料相區別,後者是存在習慣上的分享,即使這兩者都以合法方式使得妻子的在場變得珍貴,而她的不在則使人痛苦。另一方面,披林突出了傳

統認可與愛之激情有關的符號：夜間縈迴不去的形象、不由自主的來與往、尋找失落的事物；這些傳統上隸屬於古典且負面的激情圖表的行為舉止，在此以正面的方式呈現；或者毋寧說，丈夫的痛苦、他之受到激情的動態所席捲、他受到慾望及悲傷主宰的事實，在此都被當作是夫妻情誼的正面擔保。最後，在婚姻生活及公共活動之間，披林提出一個共同的原理，它將家宅的治理及對他人的權威連結在一起，但那是個由取代及補償構成的複雜遊戲：當他不能在家中找到由妻子提供給他的幸福時，他便全身投入公共事務；但正因為他的傷痛是如此地強烈，他會在此一外在人生的憂煩中，找到他私人悲傷的安慰。

在許多其他文本中，我們也可看到夫妻間的關係脫離了聯姻的功能、丈夫由其地位而得到的權威、對於家宅合理的管理，呈顯為一個獨特的關係，有其力量、問題、困難、義務、益處及特有的樂趣。人們可以引用披林的其他書信，並且在路西安或是塔席德（Tacite）[VIII] 的作品中找出

VIII. Publius 或 Gaius Cornelius Tacitus，也譯作塔吉突士（約 55 年－117 年），羅馬帝國執政官、演說家、元老院成員，也是著名的史學家與文體家，他的最主要的著作有《歷史》和《編年史》等等。

跡象；我們也可以參照書寫夫妻愛情的詩句，而它可由史塔西（Stace）[IX]提供例證：婚姻狀態在其中看來像是兩個命運融合於一永誌不渝的激情之中，而丈夫在其中承認其愛的屈服：「維娜斯將我們結合於花樣年華；在垂暮之年，也是維娜斯為我們保留了她的偏愛。妳的律法會發現我歡悅而柔順（*libens et docilis*）；我不會打破一個我覺得每日更加緊迫的連結……這土地使我為妳而生（*creavit me tibi*）；它將我和妳的命運永遠地連鎖在一起。」[16]

　　顯然應該不是在這樣的文本中尋找帝國時期婚姻生活的真實樣貌。它們所彰顯的誠懇並不代表他們是見證。這些文本是以刻意加強的方式宣告一種夫妻對待的理想。必須要把它們當作是一個情境的反射，而不是一種要求的表述，並且也就是以此名目，它們才是真實的一部分。它們顯示出，婚姻以作為一種生活模式受到提問，其中的價值並不是排除性的，或甚至也許根本上不是連結於家宅（*oikos*）的運作，而是與兩位伴侶間的關係模式有關；它們也顯示出，在這樣的連結中，男人有必要調節其行為舉止，但不只是出於他在家中的地位、特權及功能，也必須出於一個相對於其妻子的「關係角色」（*rôle relationnel*）；它們最後顯示

此一角色不只是一種具治理性質的養成、教育、指導功能，也存在於一複雜的遊戲之中，由情感的相互性和相互間的依賴所構成。如果說，對於在婚姻中的良好行為，其道德反思過去的確曾長期尋求其原則於「同住家人」的分析及其內在的必要性，我們便理解到有一些新類型的問題出現了，而這涉及到界定人可以在婚姻生活中將自我形構為一個道德主體的方式。

IX. Publius Papinius Statius（約 45-96），以拉丁文寫作的詩人。

Le jeu politique

第二節
政治的遊戲

由紀元前 3 世紀起，城邦國家作為一個自主政治單位的衰弱，乃是一個眾所周知的事實。人們在其中經常看到政治生活的普遍後撤這個主題，而公共活動在過去對於公民而言，曾經構成一個真正的職業；人們在其中辨識出傳統宰制階級沒落的原因；而其結果，人們乃是在一封閉於自我（repli sur soi）的運動中來尋求，透過它，過去的特權團體將此一實際的權威喪失，轉化為自願的隱退，對於個人的存在及私人生活給予越來越多的價值。「城邦國家的崩塌乃是不可避免的。以一種普遍的方式，人們自覺受世界性權力宰制，而他們不能控制它或甚至改變它……偶然主宰著……希臘化時期的哲學根本上是一些逃避的哲學（philosophies de l'évasion），而此一逃避的主要手段，便是陶冶個人的自主性（cultiver l'autonomie）。」[17]

如果城邦－國家──在它們存在之處──自從紀元前第 3 世紀，的確曾經喪失它們一部分的自主權，如果把希臘化時期及羅馬時期政治結構所形成的領域中的根本變化化約為這個現象，則顯然是要被質疑的；而如果要在其間尋找在道德反思中及自我實踐中所能產生的變化的根本解釋原理，那也是不適當的。事實上，對於這一點，必須參

照一些史學家的研究成果,他們可以接受展開城邦國家偉大的懷舊形象的研究,而 19 世紀曾仔細地加以描述。希臘化時期王國的組織及接續而來的羅馬帝國,不能只以負面的角度來分析,將之視為公共生活的衰弱,或是將它視為權力受一些越來越遙遠的國家單位沒收。必須要強調的是,反而是地方的政治活動並沒有因為這些巨大的整體結構的建立及增強而受到窒息;城邦中的生活,包括其中的體制規則、爭奪重點、鬥爭,並未在它所在的框架擴展後便消失,或是因為一種王權式的權力發展後產生的後座力而消失。一個過度廣大的世界,在其中,它的構成性政治共同體可能會喪失,面對它所產生的焦慮恐慌,很有可能是一種我們在事後歸屬於希臘－羅馬世界人們的感情。希臘化時期的希臘人毋須逃離「沒有城邦的大帝國世界」,其良好原因便是「希臘化時期的世界便是一個城邦的世界」;當他批判哲學在城邦體系崩潰之後,形成了一個「保護風暴的庇護所」這個想法時,桑德巴赫(F. H. Sandbach)[X] 提醒我們注意,首先在過去,「城邦國家也從未給予安全」,接著它們也持續構成社會組織的首要及正常形式,「即使在軍事權力已過渡給大型王國之後」。[18]

與其將之思考為因為中央集權的帝國主義，使得政治活動減少或取消，毋寧要將之思考為一複雜的空間的組織：比起小型的城邦－國家而言，這是更加廣大、更少的不連續性、更不自我封閉的空間，相對紀元前第3世紀的危機之後，人們不停組織的威權及官僚帝國而言，它也是更加柔軟、更加分化、更不嚴格地階序分明的空間。在這空間中，權力的集中處所是多元的，活動、緊張、衝突數量龐大，而它們也在許多向度上發展，其中的平衡乃是透過多樣的妥協而取得。無論如何，以下是個事實，即希臘化時期的王朝遠非尋求取消、控制或甚至完全地重新組織地方政權，而是要利用它們作為中間人及中轉站，以收受慣常的貢賦或是特殊的稅收，或是為裝備軍隊而需提供的事物。[19]以下也是一個事實，即一般而言，羅馬的帝國主義也是朝向這一類的解決方案發展，而不是進行直接的行政統治；城市化的政策乃是一個相當持續的路線，其效果是在帝國這一更廣大的框架中，刺激城市中的政治生活。[20]如果說

X.　　Francis Henry Sandbach（1903-1991），英國劍橋大學古典學教授，三一學院研究員。

狄翁・卡西烏斯（Dion Cassius）[XI]放在梅先（Mécène）[XII]口中的論述，是他實際可以忠告奧古斯丁並受到他同意跟隨的政策，但那卻是與時代不符的話語，但它的確也代表紀元首二個世紀某些重大的帝國治理傾向：「尋求協助與同盟」、確保那些有權力的主要公民的平靜、說服「我們所領導的人們，我們不會將他們當作奴隸對待」，而是會和他們分享利益及權威，使他們相信「他們只是構成一個偉大的城邦」。[21]

那麼，我們能夠談論傳統貴族的沒落，他們在政治上受到剝奪，以及由此而來的自我封閉嗎？這轉化的確有其經濟及政治因素：反對者的去除及財富的沒收扮演了它們的角色。另外也有穩定性方面的因素：在家產中地產所占的重要性，[22]或說在這樣的社會中，財富、影響力、聲望、權威及權力都是相連在一起的。但是對於道德反思的新強調而言，最重要及最具決定性的現象，並不是關連於傳統的統治階級的消失，而是我們可觀察到的，在權力施行條件上的變化。這些變化首先關於人員徵募，因為這裡涉及的是面對一個既複雜又遼闊的行政系統；梅先可能會這樣對奧古斯丁說，必須要依據治理的必要性增加參議員和騎

士的數量,而且儘量地增加;[23] 況且,我們知道事實上這些團體在紀元首起數世紀是有相當可感程度地增加,即使他們和整體的人口相比,也只是構成非常小的一部分。[24] 政治上的變動也影響了在政治遊戲中他們所要扮演的角色,以及他們所占據的位置:相對於皇帝、他的親近圈子、他的顧問以及直接的代表;內在於一個階層秩序,在其中競爭強烈地以不同於一個鬥爭性社會(société agonistique)中的模式進行;那是以依賴且經常是直接地依賴君王喜愛的可召回的任命形式進行;而且幾乎總是一個介於中間的位置,對於在上位的權力必須傳遞或執行其命令,對於在下的個人或團體又要能得到他們的服從。羅馬政府所需要的,乃是如同席門(Syme)[XIII] 所說的「經理型貴族」(managerial aristocracy),那是個提供服務的貴族階級,而「為了統治

XI. 史學家(約155-240),曾擔任羅馬帝國高階官位,包括執政官,書寫有關希臘、羅馬及猶太人的歷史。

XII. Caius Maecenas(約紀元前70至紀元前8年),羅馬政治人物及奧古斯丁皇帝的近臣。因為將其財富用於支持文藝而留名後世。

XIII. Sir Ronald Syme(1903-1989),紐西蘭出生後移民英國的歷史學家和古典學家。

及管理世界」，它將提供受需要的不同範疇執行者——「軍隊中的軍官、財政方面的財務官、外省的執政官」。[25]

如果我們想要理解這些精英對於此一個人倫理、日常行為、私人生活及快感的道德的興趣，那麼要談的其實不太會是頹廢、挫折及陰鬱的退隱；毋寧是要在其中看到對於一種新反思方式的尋求，而反思的對象是和其地位、職責、活動、義務間應有的關係。古代的倫理含帶著對自己的權力和對他人的權力之間具有非常緊密的組構關係，並且應該要參照一個和其地位相稱的生命美學，政治遊戲的新規範則使得界定我們是誰、我們能做什麼及我們被期待完成什麼之間的關係變得更加困難；將自己建構為其自身行動的倫理主體變得更加問題化。

麥克穆蘭（R. MacMullen）[XIV] 曾經強調羅馬社會的兩個根本特質：生存的公共性及非常強大的「垂直差異」，而在這個世界裡非常少數的富人和巨大數量的窮人之間的差距不停地擴大。[26] 在兩個特質的交集處，我們理解對於地位的差異、它們的階層秩序、它們可見的記號、它們仔細且張揚的場面布置為何被賦予這樣的重要性。[27] 我們可以假設，新的政治生活狀態改變了地位、職位、權力和責任之

間的關係，由這個時刻開始，有可能產生了兩個相互對立的現象。自從帝國時期的初始，我們實際上便能觀察到它們——包括其對立本身。一方面，越來越強調所有可以使個人得以固定其身份於其地位，以及所有可以用最明白可見的方式彰顯它的元素們；人們尋求和自身的地位盡可能地相符，而其方式是透過一整批的記號及標誌，其中包括身體的姿態、衣服、住所、表示慷慨及大度的手勢、花費消耗的行為舉止，等等。透過這些行為，人們自我肯定其高人一等的優越性，麥克穆蘭顯示出它們在羅馬貴族中是如何地常見，而且它們可以被誇大到何等地步。不過，在極端的對立面，人們也發現一個確立了「我們是什麼」於一個和自我的關係之中的態度：這涉及到將自我構成為並承認為自身行動的主體，而這不是透過一個符號體系，標誌出我們對於他人的權力，而是透過一種關係，它盡可能地獨立於地位及外在的形式，因為它是在我們對自己所施行的主權中來完成的。對於政治遊戲的新形式，針對介於出

XIV.　Ramsay MacMullen（1928-2022），耶魯大學歷史及古典學教授，主要研究領域為羅馬社會史及基督教文明。

身及職位、權力與義務、任務與權利、特權與從屬之間，將自我思考為一活動主體的困難，人們能作出的回應或者是透過強化所有彰顯地位的符號，或者是追尋一個和自我相調合的關係。

這兩個態度經常被感知與描述為嚴格地針鋒相對。比如塞內克說道：「且讓我們尋找一個不會逐日毀壞的事物，而且也沒有任何事物可以成為其障礙。那這是什麼呢？那便是靈魂，我指的是一個正直、善良及偉大的靈魂。我們只能如此命名它：這是一位神，但它暫居於必死的軀體中。此一靈魂可以落入一位羅馬騎士的身軀之中，就像是一位被解放者，或是一位奴隸身上。一位羅馬騎士、一位受解放者、一位奴隸，那是什麼？由驕傲及不義之中生出的名字。由最寒磣的住宅出發，我們可以彈入天空。那麼，站起來吧。」[28] 艾皮克特克為他自己宣稱的，也是這樣的一種存有方式，他將它對立於一個虛構或真實的對話者的態度：「你所愛的，乃是居住在大理石建造的宮殿裡、監看著奴隸及顧客對你提供的服務、穿著吸引目光的外衣、擁有許多獵犬、琴師樂手及悲劇演員。那麼，我會偶然地和你爭奪這些嗎？或是你偶然地會在意判斷？在意你自己的理

性?」²⁹

對於希臘化及羅馬時代,回歸自我的主題或必須放在自我之上的注意力,它們所具有的重要性經常被詮釋為一相對的選項,而其對立面是公共活動或是政治責任。的確我們會在某些哲學潮流中看到離開公共事務、以及它們所引發的紛擾及激情的忠告。然而,真正的劃分線並不在於參與和戒除之間;自我的文化也不是對立於積極的人生來提出其特有的價值及實踐。它更尋求的是界定一個和自我之間關係的原理,它允許將形式和條件固定下來,在其中,政治行動、政治事務的參與、職務的施行將是可能的或不可能的、可以接受的或是必要的。在希臘化及羅馬世界政治層面產生的重要轉化,可能會帶來一些內縮封閉的行為;但以更重要及更根本的方式,它們引發了政治活動的問題化。以下是其特點的簡短說明。

1.

一種相對化。在新的政治遊戲中,政治權力施行的相

對化以兩種方式進行。一方面,即使因為出身,人們被設定承受職位,卻不會認同其地位到理所當然加以接受的程度;無論如何,如果有許多理由,而且是最好的理由,推動人們朝向公共及政治的生活,但正是因為這些原因且作為個人意願行為的後果,這樣才是好的。普魯塔克寫給門內馬克(Ménémaque)的專論,就這個觀點而言,便具有這方面的特點:他譴責將政治當作偶一為之的活動;但他拒絕使它成為像是地位的一種必要且自然的結果。他說,不應該將政治活動當作某種休閒(scholē),因為沒有其他事可做,也因為環境狀況是有利的,才投入其中,而只要出現了困難,便加以放棄。[30] 政治是一種「生命」及「實踐」(bios kai praxis)。[31] 對於它,我們應該只因自由及有意的選擇才投入其中:普魯塔克在此運用了斯多葛主義的技術性名詞 proairesis(道德選擇、意志);此一選擇並且應該建立於判斷及理性之上(krisis kai logos);[32] 政治活動的施行的確是一種「生命」,意味著個人的及持續的承諾;但是它的基礎,在於個人及政治活動之間的連結,而構成個人作為一個政治參與者的,並不是——或不只是——他的地位;而是在為他的出身和地位界定的一般框架中,屬於其

個人的一個行動。

不過,我們也可以用另一個意義來談相對化。除了君王本人,人們施行權力時,乃是在一個網絡之中,而人們占據的位置是接合點的位置。以某一種方式來說,我們總是同時是統治者及被統治者。亞里斯多德在《政治學》[33] 也提到這個遊戲,但其形式是更替或輪轉:我們一時間是統治者,一時間是被統治者。相對地,因為我們同時是其中之一,透過一個送出及接受命令的遊戲、對所做決定的控制及要求,亞里斯提德(Aristide)在其中看到良好治理的原理本身。[34] 塞內克在《自然問題》(*Questions naturelles*)第四卷的前言中,提到羅馬高等官員的此一「中間地位」情境:他提醒路西里烏斯,他將在西西里施行的權力,並不是一個至高無上的權威(*imperium*),而是一個被委派為代表的行政權力(*procuratio*),而他不應超過其界限。根據他的看法,在此條件下才能行使此一職位而獲得樂趣(*delectare*)並善用其所存餘的休閒。[35] 普魯塔克呈現出此一情境中的相互性;就他為其提出忠告的年輕貴族而言,即使他是其周邊人士中最優秀的,他仍是要和「領導者們」(*hēgēmones*)——也就是要和羅馬人——有其關係。普魯

塔克批評那些為了在其自身的城邦裡更穩定擁有權力者，展現出對帝國政府代表者卑躬屈膝的態度；他建議門內馬克相對於他們完成必要的責任，並且和他們建立有用的友誼，但絕不屈辱自己的祖國，不會就所有的事務都要求得到許可。[36] 任何施行權力者便置身於一個複雜的關係場域，並在其中占據一個中繼點；[37] 他的地位將它放置於此處，但卻不是此一地位定下了須遵循的規則及必須留意的界線。

2.

政治活動與道德行動者。這是希臘政治思想中最持續的主題之一，即一個城邦的領導者如果不是具有美德的，那麼這城邦也不會幸福及受到良好治理；相反地，城邦中的良好組織及有智慧的法律，對於行政官員和公民的正當行為，乃是具決定性的因素。治理者的美德，在帝國時期的一整套的政治思想中，一直是被視為是必要的，但其理由有些許不同。並不是作為整體的表達或和諧的效果，此一美德才成為不可或缺的；而是因為，在治理此一困難的

藝術中，身處如此多的陷阱，治理者需要以其自身的理性作為指引：只有當他知道如何引導自己，他才能引導他人。狄安‧德‧普魯士（Dion de Pruse）[XV]說，一個男人，他遵守法律及公平性，比起普通的士兵更加勇敢，比起那些被迫作工作的人更加勤勉，拒絕各式各樣的奢華（我們可以看到：這裡涉及的美德是所有人共享的美德，只是當我們想要指揮時，便必須將它提升一個更高的程度），這樣人身上有個精靈（*daimōn*），而它不只是有益於他，也是有益於他人。[38] 治理他人的合理性（rationalité）和治理自己的合理性是一致的。這便是普魯塔克在《為無經驗的君王所寫》（*Traité au prince sans expérience*）中解釋的：如果我們自己沒有得到治理，我們便不知道如何治理。那麼，是誰來引領治理者？法律，這是當然；然而，不應將它理解為成文書寫的法律，而比較是應將其理解為理性，邏各斯（*logos*），它安居在治理者的靈魂中，而且永遠不應放棄他。[39]

過去城邦的政治結構及它具有的法律，顯然失去了它

XV. 希臘演說家及第二詭辯派人物（約 40-120）。

們的重要性,雖然沒有消失,在這樣的一個政治空間中,具決定性的元素越來越關連於人們的決定、他們使用其權威的方式、他們在平衡及妥協的遊戲中顯現出的智慧,那麼自我治理的藝術顯示為一個具決定力量的政治因素。我們知道皇帝的美德問題、他們的私生活及他知道如何主宰其激情的方式所獲得的重要性:人們在其中看到他們知道如何對於其政治權力的使用自行設置限度的保證。但此一原理對任何一位應進行治理的人物都是有效的:他應該專注於自身、引導他自己的靈魂、建立他自己的價值觀(*ēthos*)。

我們可以在馬克・奧理略的作品中找到政治權力最清楚的表達,它一方面具有專業的形式,可以和地位相分開,另一方面,它要求對於個人美德具高度注意的實踐。關於安都南(Antonin)皇帝 [XVI],在他所描繪的兩幅畫像中最簡短的一幅中,他提醒說皇帝曾收到三個教訓:不要將自我等同於我們所扮演的角色(「注意別把自己當作凱撒,把自己浸透在其中」);實踐美德時,要以其最一般的形式為之(使自己保持於「簡單、單純、誠實、嚴肅、自然、與正義為友、敬神、友善、有感情、堅定地完成責任」);最後一

則是牢記哲學的訓誡，如同必須尊敬諸神的訓誡、協助人們並且了解生命是如何地短暫。[40] 在其《沉思錄》的卷首，馬克‧奧理略使用更多細節來描繪安都南的另一張畫像，而它具有給他自己生活規則的價值，他顯現出這些原則也同時是如何地規範他行使權力的方式。避免無用的光采四射、虛榮的滿足、衝動及暴力、避開所有可能成為受指控和懷疑的事物、擺脫諂媚者並接近有智慧及正直的顧問，安都南展現出他如何拒絕成為「凱撒式」的人物。透過其關於節制的練習（不論那是有關於食物、衣著、睡眠、少男）、透過其對於生活便利方面永遠適度的取用、透過靈魂中激動的缺席及平和、透過陶冶友誼關係，並使其中沒有易變及激情，他自我養成於一個「自我滿足卻不失去其平靜的藝術」。便是在這些條件之中，他對於皇帝責任的施行可以顯現為一種嚴肅職業的實踐，而這要求許多工作：仔細地檢視事務、從不放棄任何未完成的項目、不會承諾無用的耗費、良好地計算其事業並加以堅持。一整群這些自我對於自我的鍛鍊就完成這些任務是必要的，而如果人們不

XVI. 羅馬皇帝（86-161），統治期為138-161年。五賢君之一。

以彰顯的方式自我認同於權力的標記,那麼它們會完成得更好。

艾皮克特克也給出他這邊引導有權責者——地位相對高者——於其任務施行的原則。一方面他必須完成其義務,並且不考量自身的生活或個人利益:「你受到任命,職位位於帝國的一座城市,而且那不是個平凡的位子;你是終生的參議員。你難道不知道這樣的一位人物應該只能給家中事務少量的時間,幾乎從來不在家而是在外指揮或服從、擔任行政官、作軍事行動或擔任法官?」[41] 但如果行政官必須將私人生活及將他綑綁於私人生活的事物放在一旁,那麼是他作為理性之人所具有的美德,才能作為他在治理他人時的指引及指導原則。「用棍棒打一隻驢」,艾皮克特克向一位城市的視察員解釋道,「並不是治理人群的方式。治理我們自己,像是在於我們之內的有理性存有,顯示出什麼是有用的,而我們會加以跟隨。向我們顯示什麼是有害的,我們會擺脫它。努力地使我們成為你個人的狂熱模仿者……作這個,完全不要作那個,不然的話我會將你丟進監獄:這不是我們治理有理性的存有的方式。毋寧要這麼作:作得像是宙斯命令你所作的,不然你會感到痛苦、損

害。什麼樣的損害？不是別的，就是沒完成你的責任。」[42] 建立及應該決定治理者和被治理者之間具體形式的，乃是理性存有的模式，而不是地位方面的資格。

政治勞動如此一般的模型化（modélisation）——不論是涉及皇帝或是一個施行任何責任的人——良好地顯示，這些活動形式如何地脫離地位，呈顯為一種必須達成的職責；然而，還有一個並非更不重要的要點，即此一職務並不是以治理他人技藝的特有律則出發而作界定，彷彿這裡涉及一個含帶其特有能力及技術的「專業」。它的施行乃是出發於「個人後撤於自身」，也就是說出發於他在一個自己針對自己的鍛練的倫理工作中和自己所建立的關係。普魯塔克與尚未養成的君王說：一但他掌握權力，治理者應應該「給他靈魂正直的指導」，並且適當地調整其價值觀（ēthos）。[43]

3.

政治活動與個人的命運。個人際遇的不穩定性——或

者過多的成功吸引眾神的嫉妒、或者是人們喜歡收回他們暫時給予的寵愛——顯然是一個傳統的沉思主題。在帝國紀元初始的世紀裡，對於政治活動的反思中，此一權力施行中內含的不穩定性連結於兩個主題。一方面，人們看到它與我們相對於他人所產生的依賴。足以解釋此一脆弱性的，倒不是好運與惡運之間的循環，而是我們被置放於塞內克所謂的 *potentia aliena*（外部潛力）或 *vis potentioris*（更強大的權力）之下。[44] 在權力的複雜網絡中，我們從來不是單獨面對敵人；到處我們都曝露於影響、陰謀、冷落。如要處於安全之中，必須要注意「不冒犯任何人。某些時候，應該要畏懼的是人民。有些時候，是那些在參議院裡有影響力之人⋯⋯有些時候，則是那些由人民收到權威以在人民本身之上施行權力的個人。要使得所有這些人都成為朋友非常地困難；但要不使他們成為敵人則相當困難。」介於君王、參議院和人民之間，而他們會在不同時間給予或收回寵信，權力的施行隸屬於一個不穩定的形勢：「你曾施行過高級的職務：和塞揚（Séjan）[XVII] 的相比，它們有那麼重大、那麼超過期待、那麼不受限制嗎？就在參議院成為他的送葬隊的那天，人民把他撕碎。對於這個地位優越的人，

曾受眾神與人們給滿各種可能寵愛，現在只留下一些殘骸，足以掛在劊子手的釘耙上。」[45]

　　對於這些逆轉及它們可能引發的憂慮，首先必須事先準備，在自己身上事先定下我們內心野心的界限：「不待命運女神隨意地打斷我們，必須要在宿命的那一刻來到的多時之前，便自行停止前進。」[46] 當機會到來，便需要脫離這些活動，特別是當它們困擾及阻止我們照料自己。如果惡運突然降臨，如果我們被拔除職位或流放──這無疑是普魯塔克對同一位門內馬克所作的忠告，數年前他曾建議他將政治當作是「自由選擇」[47]──那麼我們是終究脫離了對統治者的服從、過度昂貴的儀禮、必須要提供的服務、必須完成的使命、需要給付的稅金。[48] 路西里烏斯雖然未曾受到威脅，塞內克仍告誡他逐漸地，在良好的時刻，由其任務中解放出來，就像是依比鳩魯要求的，以便可以全然地照料自己。[49]

XVII. Lucius Aelius Sejanus，以 Séjan 之名聞名後世（紀元前 20－紀元後 31），曾任羅馬精英軍團首領，提貝（Tibère）帝時期被公認為最具影響力的羅馬公民。

針對政治活動必須要有的根本態度，乃在於必須將它回歸於我們之所是的一般原理，包括我們不是我們所據有的地位高低、我們要施行的任務、我們所處的位置——在他人之上或之下。我們之所是的，而且必須要將它當作是個最後的目標，乃是一個原理，就它在每個人身上的顯現而言是獨特的，但就它在所有人身上覆蓋的而言是普遍的、而且就它在個人之間建立起的共同體連結而言又是集體的；至少對斯多葛學派而言，那便是人類的理性作為一種存在我們之內的神聖原理。然而，此一神明，「客居於必死之身」，可以在羅馬的騎士之中找到，也可以在一位被解放者或一位奴隸身上找到。由和自我關係的角度而言，社會及政治上的身份認同並不是以作為一存有模式的本真印記在作用；它們乃是外在的記號，且是人造的及沒有基礎的；作為一位羅馬的騎士，一位受解放者、一位奴隸？那是持有一個來自驕傲及不正義的名姓。[50]「就他的道德而言，每個人都是他的工藝師；就其職業而言，是命運在處置。」[51]因此，依著此一律則，人們施行其職業，或是脫離它。

我們可以看到：認為道德反思之中，政治活動主要是以避免或參與這樣的簡單二選一來思考，將不是適當的。

的確這問題經常是以類似的角度提出。然而，此一選項本身即來自一個更加一般的問題化：它相關於人們如何將自己形構為道德主體於一社會、公民及政治活動所構成的整體之中；它相關於這些活動的方式如何受決定，而這些活動是必要的或是非強制性的、自然的或規約的、永久的或臨時的、無條件的或只是在某些條件下受到推薦；它也相關於人們施行它們時必須建立的規則，以及相關於個人如何自我治理的方式，才能在他人之間取得位置、彰顯權威的合法部分、以及一般性地身處於由指揮及臣服構成的複雜及動態的遊戲之中。退隱及活躍之間的選擇問題的確是被重複地提出來。但它被提出的角度，以及人們如此經常對它提供的回應，良好顯示這不是涉及將政治活動的一般性衰弱簡單單純地轉譯於一自我封閉的道德。它涉及的是提煉出一個倫理，此倫理允許將自我構成為一個道德主體，而此主體乃是相對於，可採取不同形式的，以及人們可採取的不同距離的這些社會的、公民的及政治的活動。

* * *

透過這些婚姻實踐或政治遊戲中的變化，我們可以看到傳統的自我主宰的倫理在其中受肯定的條件是如何地受到轉化。過去的倫理含帶著在我們對自己施行的優越性和我們在同住家人的框架中，或是最後我們在一個競爭性的社會場域中施行的優越性之間，具有一個緊密的連結；而且我們對自己施行的優越性，此一實踐保證了我們可以、且應該在另兩個面向上有節制的及合理的使用。

然而，我們從此之後所身處的世界，這些關係不能再以同樣的方式互動：在家宅及妻子身上施行的優越性必須包括某些形式的相互性和平等性；至於人們透過它尋求顯示及確保其對他人的優越性的競爭性遊戲，它必須被整合於一個更加廣大及複雜的權力關係的領域之中。於是，對於自我主宰作為一根本的倫理核心，「自我治理」（héautocratisme）的一般形式便需要重新結構。並不是它消失了；而是它必須讓位給婚姻生活中，某種介於不平等和相互性之間的平衡；而在社會、公民及政治生活中，它必須進行對自我的權力和對他人權力之間的某種分離。在希臘化時期「自我本身」（soi-même）的問題被賦予如此巨大的重要性，以及自我文化的發展，和它在帝國時期初期

達到巔峰，顯示出此一重新提煉一自我主宰（maîtrise de soi）文化的努力。過去曾和此三個主宰（針對自我、對家宅及針對他人）間的密切相關如此直接相連的快感的使用方面的反思，在此一提煉過程中也受到調整變動。這是公開限制及禁制的增加？伴隨著私人生活的價值提升而來的個人主義式的自我封閉？應該思考的，毋寧是主體的危機或更好的說法是主體化的危機：思考個人在將自己建立為其行為舉止的道德主體時所遭遇的困難、思考在自我鍛練之中找出可以允許他臣服於規則，以及使其存在有其目的之事物所作的努力。

原書註

1. J. P. Broudehoux,《克萊蒙・達列桑德里作品中的婚姻及家庭》(*Mariage et famille chez Clément d'Alexandrie*),頁 16-17。

2. 瓦汀(Cl. Vatin),《希臘化時代婚姻及已婚婦女狀態研究》(*Recherches sur le mariage et la condition de la femme mariée à l'époque hellénistique*),頁 4。

3. 克魯克(J. A. Crook),《羅馬的法律與生活》(*Law and Life of Rome*),頁 99 起。維恩(P. Veyne),「愛在羅馬」(L'amour à Rome),《經濟、社會、文明研究年鑑》(*Annales E. S. C.*),1978,1,頁 39-40。

4. 瓦汀,前引書,頁 177-178。

5. 維恩,前引文。

6. 同上。

7. 包斯威爾(J. Boswell),《基督教信仰、社會容忍與同性戀》(*Christianity, Social Tolerance, and Homosexuality*),頁 62。

8. 潘莫羅依(S. B. Pomeroy),《女神、妓女、妻子與奴隸》(*Goddesses, Whores, Wives and Slaves*),1975,頁 133。

9. 同上,頁 209。

10. 維恩，前引文，頁 40；潘莫羅依，前引書，頁 193。

11. 潘莫羅依，前引書，頁 129。

12. 瓦汀，前引書，頁 203-206。

13. 同上，頁 274。

14. 維恩，「愛在羅馬」，《經濟、社會、文明研究年鑑》，1978，1。

15. 披林，《書信集》，VII，5。

16. 史塔西，《西爾維詩集》，III，3，v. 23-26 及 106-107。

17. J. Ferguson,《古代世界的道德價值》(*Moral Values in the Ancient World*)，頁 135-137。

18. 桑德巴赫（F. H. Sandbach），《斯多葛主義者》(*Stoics*)，頁 23。

19. M. Rostovtzeff,《希臘化世界的社會及經濟歷史》(*The Social and Economic History of the Hellenistic World*)，II，頁 1305-1306。

20. J. Gagé,《羅馬的社會階級》(*Les Classes sociales à Rome*)，頁 155 起。

21. 狄翁・卡西烏斯（Dion Cassius），《羅馬史》(*Histoire romaine*)，LII，19。

22. 麥克穆蘭（R. MacMullen），《羅馬的社會關係》(*Roman Social Relations*)，頁 125-126。

23. 狄翁・卡西烏斯，《羅馬史》，LII，19。

24. C. G. Starr,《羅馬帝國》(*The Roman Empire*)，頁 64。

25. 席門（R. Syme），《羅馬研究論文集》(*Roman Papers*)，II，頁 1576。

26. 麥克穆蘭，前引書，頁 93。

27. 同上，頁 110，引述參照塞內克，《書信集》，31，11；艾皮克特克，《交談集》，III，14，11；IV，6，4。

28. 塞內克，《路西里烏斯書信集》，31，11；47，16。《善行》(Des bienfaits)，III，18。

29. 艾皮克特克，《交談集》，III，7，37-39。

30. 普魯塔克，《對國家治理的告誡》(Precepta gerendae reipublicae)，798 c-d。

31. 同上，823 c。

32. 同上，798 c-d。

33. 亞里斯多德，《政治學》，I，12，1259 b。

34. 亞里斯提德（Aristide），《讚頌羅馬》(Eloge de Rome)，29-39。

35. 塞內克，《自然問題》(Questions naturelles)，IV，前言。

36. 普魯塔克，《對國家治理的告誡》，814 c。

37. 參照普魯塔克回應的段落，在其中他說必須知道如何將一些細部的工作交待給下屬（811 a-813 a）

38. 狄安・德・普魯士（Dion de Pruse），《演講錄》(Discours)，III。

39. 普魯塔克，《致一位未受教育的統治者》(Ad principem ineruditum)，780 c-d。

40. 馬克・奧理略，《沉思錄》，VI，30。

41. 艾皮克特克，《交談集》，III，24，3。

42. 同上，III，7，33-36。

43. 普魯塔克，《致一位未受教育的統治者》，780 b。

44. 塞內克，《路西里烏斯書信集》，14，4，3。

45. 塞內克，《論靈魂之平靜》，XI，11。

46. 同上，X，7。

47. 一般認為有關放逐的專論所訴說的對象相同於《致一位未受教育的統治者》。

48. 普魯塔克，《論放逐》（*De l'exil*），602 c-e。

49. 塞內克，《路西里烏斯書信集》，22，1-12。

50. 同上，31，11。

51. 同上，47，15。

IV. Le corps

第四章 身體

人們經常強調,在弗拉維王朝(Flaviens)[1]及安都南王朝(Antonins)[II]的時代,對於醫學相關的事物的喜愛是如何地強烈及廣泛。醫學充份地被承認為一具有公共利益的實作。[1]它也被認可為一個文化的高程度形式,與修辭學和哲學相隣近。鮑爾梭克(Bowersock)[III]提醒注意,陪伴第二詭辯學派同時發展有一醫學風潮,而且許多重要的演說家都曾經有過醫學養成,或是曾顯示出對此領域的興趣。[2]至於哲學和醫學之間是非常接近的,此見解早已建立良久,即使兩者之間的分野界線所在產生了學說間的問題,也激起了專業能力之間的競爭關係。在其《有關健康的告誡》(*Préceptes de santé*)一書卷首,普魯塔克即作出了對於此一辯論的回響:他說,醫生有了錯誤,當他宣稱可以捨棄哲學,而人們也犯錯,當他們責備哲學逾越自己的邊界,照顧起健康及相關的飲食作息控制。普魯塔克的結論是,必須考量到醫學不論是就用辭的雅致考究、超群卓越以及能使人得到的滿足而言,並沒有任何不及自由技藝(arts libéraux, *eleutherai technai*)之處;對於學習它的人,它使得他可以接近一個具有偉大重要性的知識,因為它與拯救及健康有關。[3]

就此一角度而言,醫學不只是被簡單地設想為一個在

疾病的狀況中，運用藥物或手術介入的技術。在一整套有其邊界的知識及規則的形式下，它也界定了一種生活的形式、一種經過反思的，和自我、和自己的身體、和食物、醒覺、睡眠、和各種活動以及和環境之間的關係。在飲食作息控制形式之下，醫學提出一套有主動意志及合理化的行為舉止結構。當時討論的要點之一，觸及這樣的一種裝備有醫藥知識的生活，它有多大程度以及是有什麼樣的形式，是應該顯示出依賴於醫生的權威。後者有時控制了其顧客的生活，君臨其所有直到最小的細節，也是受人批評的對象，就如同哲學家在靈魂指導（direction d'âme）中的情況。而塞爾斯（Celse）[IV]，如此地堅信飲食作息控制醫

I. 指的是由紀元 69 — 96 年之間，羅馬由維斯巴席安皇帝及他的兩位兒子繼承所形成的王朝。

II. 指的是由紀元 96 — 192 年間的羅馬皇帝帝系，前五位皆由養子繼承，被稱為為五賢君，包括之前文中的提到的安都南皇帝（138-161）及哲學家皇帝馬克・奧理略。

III. Glen Warren Bowersock（1936-），古希臘、羅馬及近東史學家，曾經擔任哈佛大學古典學系主任。

IV. Aulus Cornelius Celsus（紀元前 25 — 50 年），古羅馬醫學家。他留下的著作《論醫學》（De Medicina）對羅馬世界有關保健、藥學、外科及相關領域提供了一些最好的第一手資訊。

學的高度合理價值,也不希望人們在健康良好的狀況下去看醫生並臣服於其權威。[4]飲食作息控制的文獻,其目標便在於確保此一自主性。為了避免過度經常去看醫生——一方面這不是總是可能的,另一方面,也不適合如此——人們自己就應裝備有醫學方面的知識,並且可以持續地加以使用。這便是阿瑞提(Arétée)[V]所給的建議:在年輕時即應取得足夠的知識,以便在之後的人生之中,於一般的情況下,能成為自己的健康顧問:「對於所有人有用甚至是必要的是,在教育的事項中不只理解其他科學,也理解醫學,並且聽從此一技藝的訓誡,這樣一來,我們對於我們自己而言,便是經常是一個老練完善的健康顧問;因為不論是日或夜,沒有一刻我們不會感受到對於醫學的需要;如此,不論我們是在散步、坐下、塗油或是在沐浴、飲或食、睡或醒,簡言之,不論我們在作什麼,在此一生之中,以及和它有關的所有日常事務之中,我們都有需要良好的忠告,使我們能良好地利用這一生,並且不會有麻煩發生:而且,總是針對所有這些細節去問醫生,不但是令人疲倦,也是不可能的。」[5]在這裡,我們可以輕易地辨認出自我實踐(pratique de soi)中的根本原理之一:即裝備好,以便

隨手可用，一個「可用來救援的論述」，它是我們很早便學得，時常背誦並且規律地默想。醫學的邏各斯（logos）便是如此，在每一個時刻，都指點什麼是生活中的良好飲食作息控制。

一個合於理性的存在，其開展過程不能沒有一個「和健康有關的作為」（pratique de santé）—— hugieinē pragmateia 或 technē——，而這構成了日常生活中某種恆常持續的甲冑，使人知道在每一個時刻要作什麼及如何作它。它含帶著某種對於世界的醫學性認知，或是至少是就人們在其中生存的空間及狀況而言是如此。環境中的元素被感知為健康方面或者正面或者負面效果的攜帶者；在個人及其周遭，人們預設有一整個交涉的組織結構，它會使得特定的體質、特定的事件、特定的事物變化，造成身體中的致病效果；而反過來，將會因為特定的狀況，而有利或不利於身體某些脆弱的組成。周邊人事物持續的及細部的問

V. 古羅馬第 1-2 世紀醫生，其臨床觀察以希臘文寫成，一直到 19 世紀仍作為參考。

題化;這些周邊人事物相對於身體會有差異化的價值,以及身體相對於其所處環境的脆弱化。作為例證,我們可以援引安提羅斯(Antyllos)[VI]對於一座屋舍的不同部分在醫學效果上作為不同「變項」的分析,包括它的建築設計、朝向及內部格局。每一個元素都有著不同的保健及治療的效果;一座房屋,乃是由一系列的隔間構成,對於有可能產生的疾病,它們可能是有害或有益的。位於平路面的房間對於急症、咯血及頭痛是有益的;位於高處的房間則對流鼻涕有益;向南的房間,那是好的,但例外則是有需要冷卻的人;朝向西是不好的房間,早上時如此因為房間令人憂傷,晚上時如此,因為會引發頭痛;以石灰塗白,房間會過度明亮,如果漆上顏色,對於那些有熱狂譫妄者會帶來惡夢;以石頭為材料的牆面會太冷,磚造的牆相對較好。[6]

不同的時刻——以單日、季節及年紀而論——在同樣的觀點之下,也是承載著多樣的醫療效果。一個仔細的飲食作息控制應要精準地定訂在日曆表和對自己應有的照料之間的關係。以下是阿泰內(Athénée)[VII]對於如何面對冬季所作的囑咐:在城裡和在家裡一樣,要找到受覆蓋及溫

暖的地方；要穿著厚重的衣服，「在呼吸時，要把衣服的一部分放在嘴吧之前。」至於食物，要選擇的是「可以使得身體各部分增溫並溶解因為寒冷而變得液體凝固不動或變厚者。飲用蜂蜜水、加蜜的酒、陳年及散發香氣的白葡萄酒，一般說來，便是含有可以吸引所有濕氣的物質；但飲料的量要減少；乾性的食物要容易消化、完全發酵、高熟度、純度高及加入茴香及阿米芹。就蔬菜方面，適合吃白菜、蘆筍、大蔥、柔軟及煮過的洋蔥及冬蘿蔔；魚類要吃岩間魚，它內部容易為身體吸收；肉類方面適合吃家禽，不然便是山羊羔及乳豬；醬料部分，材料為梨子、芥末、芝麻葉、魚醬及醋。可進行相當激烈的體能活動、需要憋氣、用力的摩擦，尤其是那些我們在火堆旁邊為自己所作的。洗熱水澡是好的，可以在泳池中或浴缸中進行，等等。」[7]夏天的飲食作息控制也是同樣地精細。

　　此一對於環境、地方及時刻的關注，召喚著一個對於

VI.　古羅馬希臘裔外科醫生，活躍於第 2 世紀。
VII.　活躍於紀元第 1 世紀的希臘－羅馬醫生，創立以氣（pneuma）為核心的學派。

自我的持續關注，包括我們所是狀態及所作的動作。主要以城市居民，特別是那些以研究為職志者（*litterarum cupidi*）為訴求對象，他們被視為是特別的脆弱的一個範疇，塞爾斯告誡他們要保持高度警覺：如果消化良好，必須要早早起床；如果消化不良，那麼就休息，但如果仍必須早起，那麼就再回去睡回籠覺；如果完全沒有消化，那麼就保持完全的休息，並且不要從事「工作、體能活動、辦理事務」。早上我們即可知道自己是健康良好的，「如果尿液首先是清澈，後來轉為偏紅：第一個指標說明消化正在進行，第二個則指出它已完成。」當我們一整天都專注處理事務時，仍然需要保留一些時間照料身體（*curatio corporis*）。我們必須進行的活動有「高聲朗讀、練習武器、球類、跑步、散步；最後這一項最好是在一個不平整的地面上進行，因為上昇及下降，在身體上印壓了不同的運動，這樣是最有益處的，除非虛弱狀態已達到極端。在開闊大氣中散步比在柱廊下更有益於健康；如果頭部可以忍受，在陽光下進行會比在影子下進行更好；在陰影下的話，牆壁及葉子的陰影會比屋頂下更好；走直線會比曲線更好」；「體能活動之後最好塗油，並且是在陽光下或是在火堆前進行；或者

是接著沐浴，澡堂的高度要盡可能地高、照明良好並且空間寬敞。」[8]

　　一般而言，所有這些和保健法有關的主題，相對於古典時期[VIII]，有很值得注意的延續性；我們明白地看到，其普遍的主題仍是相同的：它們最多是受到發展、有更多細節且更加細膩；它們提出一個更加緊密的生活框架，對於願意遵照它們的人也要求對於身體更為持續且審慎周到的關注。在塞內克的書信集、或是馬克・奧理略與弗若東（Fronton）之間的通信，可以看到他們提及其日常生活時，見證了此種注意自我及身體的模式。這比較是在加強，遠不是徹底的改變；是掛念的增加，而不是身體失去價值；人們關注元素層級（échelle）的改變，而不是另一種自我感知為生理個人的方式。

VIII. 這裡傅柯指的應是圍繞著紀元前第 5 至 4 世紀的希臘文化時期，為《性史 第二卷》第二章主要討論的時期。古希臘上古史一般分為高古時期、古典時期及希臘化時期，其中古典時期起止是由波西戰爭中的撒拉敏（Salamine）海戰勝利（紀元前 480 年）開始至亞歷山大大帝逝世（紀元前 323 年）為止，普遍認為是希臘文化的黃金時期。

就是在這樣的一種受對身體、健康、環境及周邊狀態的掛念所強烈標記整體框架中，醫學提出性快感的問題：有關於它們的性質和機轉、有關於它們對有機體的正面或負面的價值、以及應將其置於何種飲食作息控制之下的問題。[9]

> # Galien

第一節
加里昂

1.

加里昂（Galien）有關阿芙羅底其亞的分析，其脈絡是一個古老的主題群組，有關於死亡、不死及再生；對他而言，就像對於一整套哲學傳統而言一樣，性別的必要性、不同性別之間的相互強烈吸引以及生殖的可能性，乃是根植於無法達成永恆的缺陷。這便是他在其醫學專著《論身體各部分的用處》（De l'utilité des parties）一書中所給出的一般性解釋。[10] 自然在製作其作品時，遭遇了一個障礙，而它就像是個內在於其任務的不可相容性。它的掛念，它所要努力達成的（espoudase），乃是完成一個不死的作品；然而，它所使用來製作此一作品的材料並不允許達成這個目標；它不能以一個「不會腐化的」材料來組成動脈、神經、骨骼、肌肉。加里昂在造物者的作品（dēmiourgēma）核心標誌出一個內在的限度，而它就像是一個「失敗」，來自計畫目標中的不死能力及所使用的材料的可腐化性質間，不可避免的不相符。建立自然秩序的邏各斯有點像是城邦建造者所處的情境：他可以將人群聚集成立一共同體；但此一社群將會消失——因此也成為他的損失——如果他不能

找到方法,使得此一城邦在其首一批公民死亡之後仍然存在。要克服此一根本的困難,有一個手段是必要的。加里昂所使用的辭彙,同時是堅持的,也是有意義的。這裡涉及的是找到一個救援、經營一個處理方式(*boētheia*)、發現一套程序(*technē*)、使用一個誘餌(*delear*),以確保物種獲得拯救及保護。簡言之,必須有個巧妙的事物(*sophisma*)。[11] 為了完滿達成其作品的邏輯結果,造物者為了形成有生命的存有並且給他們自我繁殖的手段,有必要完成一個狡計:這是個邏各斯的狡計,它主管著世界,並能克服此世界以之為材料事物之不可避免可腐化性。

此一狡智利用了三個元素。首先是器官,它被授與所有的動物,其功能乃是授孕。接著是得到快感的能力,它是非凡的「而且非常地強烈」。最後是靈魂,想要使用這些器官的慾望(*epithumia*)──令人驚訝且無法以言說形容(*arrhēton*)的慾望。性的「詭辯」因而不只是單純地存在於一微妙的解剖布置及仔細安排的機轉:它也存在於它們與一種快感和慾望的結合,而其獨特的力量乃是「超越言詞之外」。為了克服其計畫和其材料的必要性之間的不相容性質,自然必須放置有生命之存有於身體與靈魂之中的,乃

第四章:身體 | 179

是一個力量的原理，一個非凡的 *dunamis*（力量、潛能、能力）。

因而這是造物者所運用原理中的智慧，它良好地認識構成其作品的實質，也因此知曉其限度，它發明了此一刺激的機轉——慾望的「刺棒」（aiguillon）（在此，加里昂重拾了傳統的意象，過去人們以此暗喻慾望無法控制的暴烈）。[12] 於是，就在此一刺棒的刺激效果之下，即使那些有生者中無能力理解自然智慧目標的——因為它們是年輕的、不可理喻的（*aphrona*）、沒有理性的（*aloga*）——實際上，也實現了此一目標。[13] 透過它們的強烈程度，阿芙羅底其亞為著一個理由服務著，但實踐它的人們，甚至不需要認識它。

2.

加里昂作品中的性動作生理學，印記著一些可以在先前傳統中找到的基礎特徵。

首先是這些動作（actes）在男性方和在女性方面之間具有同形現象（*isomorphisme*）。加里昂用兩性的性器官在

解剖上是相同的原理來支持這一點：「將女性的器官翻到外面來，並將男性的器官翻轉及折回內部，您會發現兩者相當類似。」[14] 他預設了女性和男性一樣也會射精，差別是此一體液的生產在女性這方比較不那麼完美也不那麼整全：這解釋了為何它在胚胎的形成過程中，角色比較不重要。

在加里昂的作品中，可以再度找到傳統的射精解釋模型，那是個到達極點後溢出的過程：穿過身體、使其動搖並使其耗竭。不過，他作分析時使用的生理學術語，值得被保留下來。它有雙重的效果，一是以非常緊密的方式連結了性動作的機轉與有機體整體；同時又將之形成了為一涉入個人健康的過程，甚至，也和個人的生命有緊密的關係。雖然是將它塞入一個持續且高密度的生理組合之中，它也使有機體承擔了高度的潛在危險。

這點很明白地出現於可被稱為慾望和快感的「生理學化」（physilogisation）之中。《論身體各部分的用處》第 14 卷第 9 章提出下面的問題：「為何使用生殖器官時會伴隨著非常強烈的愉悅感？」一開始，加里昂拒斥慾望的暴烈和其強度單純只是因為創造神的意志才會與性動作連結在一起，以作為推動人邁向此的動機。加里昂並不否定造物者力量

使得此一帶動我們的激烈狀態得以產生：他要說的是它並不是被外加在靈魂之上，像是個補充物，而是說它的確是作為一個後果被貫注在身體的機轉之中。慾望和快感乃是解剖組織及生理過程的直接效果。最終因（cause finale）——那即是持續的生殖——受到追求，乃是透過一個物質因及有機的安排：「如果此一慾望，如果此一愉悅在動物身上存在，那不只是因為人類的創造之神想要使得牠們在色慾方面有暴烈的慾望，或是將其完成連上激烈的愉悅；而是因為祂們布置了物質及器官以得到這些結果。」[15] 慾望並不是單純的靈魂動態，快感也不是增添而上的補償。它們是壓力及突然的排出所產生的效果。在此一機轉中，加里昂看到數個快感的因素。首先有某一種體液的累積，其性質是在它聚集之處會激發強烈的感覺。「它所產生的效果，類似於皮下聚集了一片帶有辛辣性質的體液，其運動會帶來令人舒服的挑逗感及搔癢感。」[16] 同時也要納入考量的是身體下半部特別強大的熱力，特別是在右半部，因為和肝的接近及由此處出發的各種導管。此一熱力的不平衡解釋了為什麼男生大多是在子宮的右方形成，而女生多是在左方。[17] 它也解釋為何身體右方的部分經常比較是強烈快感的所在。

無論如何，自然給予此位置的器官特別的感受力——這感受力比皮膚更高了許多，雖然功能是相同的。最後，由加里昂稱之為「周列腺」（parastate）腺體分泌，更為穩定液體，構成了另一個形成快感的因素：此一體液，包裹著性動作中相關的身體部分，使得它們更為柔軟，並且激旺它們所感受到的快感。存有一整群解剖學上的布局以及一整套的生理學規劃，它們使得快感與其過度的強勁（huperochē tēs hēdonēs）銘刻於身體與其特定的機轉之中，而對於這一點身體是無法不如此反應的：它是無能為力的（amēchanos）。[18]

但如果快感的形成是如此明白地有其根植之處，而且相關部位也很明顯，但性動作因為它所運用的元素及產生的結果，事實上也涵攝了整個身體。和希波克拉特學派寫作《論生殖》（De generatione）一書的作者不同，加里昂並不認為精液的形成來自血液的激盪；他的想法也與亞里斯多德不同，他並不認為精液來自消化的最後階段。他認為這是來自兩種元素的會合：一方面，那是血液在蜿蜒曲折的精液相關管道中「燉煮」的結果（此一長時間的煉製過程逐漸給了它顏色及稠密度）；另一方面，還有「氣」（pneuma）的存在，後者使得性器官膨脹起來，而想要狂

暴地排出於身體之外的也是它，最後它在射精的那一刻於精液之中渲洩而出。然而，此一「氣」，乃是在腦部的複雜迷宮中形成的。當性動作形成，並使精液及氣外洩，激動的是身體的大型機轉，而在其中，每一個元素都是相互連結的（就像是在一個合唱團之中）。接著，「由於性興奮的過度，精液整體被排出，這時是睪丸吸引覆於其上的血管中所有的含精液體；然而，此一液體在其中只有微小的量，與血相混呈顯粉紅色」，這些血管「激烈地被具有更大能量作行動的睪丸吸取此一液體後，便也吸引處於在它們之上的血管、而後者也如此對待之後的血管、而後者又如此地對待其附近的血管；這個運動直到運行到身體所有各部分才會停止。」而且，如果此一耗費持續進行，身體不只會失去其含精液體；而是「動物的所有各部分都會損耗其生命氣息（souffle vital）。」[19]

3.

由此，我們可以理解在加里昂的思想中，在性動作和

癲癇和痙攣之間建立了關係群組：親緣、可類比性和因果關係。

性動作因其機轉，乃是隸屬於痙攣（convulsions）的大家族的一員，這一點由《受感染之處》(Des lieux affectés)這本專著給出理論。[20] 加里昂在書中分析痙攣就其過程和任何意志性運動是具有同樣的性質；其差異在於神經施作於肌肉上的牽引，其原理並不來自意志，而是來自某種乾燥狀態（它使得神經緊張，就如同一條被留在陽光之下的繩索）、或是飽漲狀態（因而將神經膨漲及縮短，並且過度地牽引肌肉）。性動作特有的抽緊（spasme）乃是屬於後面這一類的機轉。

在此一痙攣的大家族之中，加里昂特別在癲癇和性動作之間辨識出有可類比之處。對他而言，癲癇是因為腦部的堵塞而產生的，這時腦部充滿了一種濃稠的體液：因為如此，氣所在的腦室中延伸出的管道也被堵塞。氣因為這樣的堆積受到拘禁，它尋求逃逸，正如同它和精液一同在睪丸中聚積時一樣，會努力想要脫離。此一企圖便是神經及肌肉激動的起源，而這是我們可以由不同比例，在癲癇發作時或在阿芙羅底其亞完成時觀察到的。

最後，在阿芙羅底其亞和癲癇的發作之間存有可由一方向或另一方向建立的因果關係。癲癇造成的痙攣可能造成性器官方面的抽緊：「嚴重的癲癇」，加里昂在《論身體各部分的用處》這部專著中說，以及被稱為失精症（gonorrhée）的病症，可以教導我們此一類型有助於色慾動作的抽緊是如何有助於精液的排出。實際上，在嚴重的癲癇中，整個身體及生殖器官部分都處於暴烈的抽緊狀態，發生了精液的排出。」[21] 相反地，在不適合的時刻，享用性的快感，會誘發出神經的逐漸乾燥及越來越大的緊張，引發痙攣類型的病症。

在加里昂所建立的理論大架構中，於各自不同的時刻，阿芙羅底其亞相關事物顯得位處於三個層次。首先，它們被強力地根植於造物者的神意之中：它們是被構思及放置於此一特定位置，在此創造者的智慧可以援助其力量，以便超越這些力量在死亡中所遭遇的極限。另一方面，它們也被放置一個與身體之間複雜與持續的關連性的組合之中，而這一方面是透過其程序在解剖上的精確位置，另一方面則是透過氣（pneuma）的全整性經濟，而這確保了身體的

統一。最後，它們也身處於一個巨大的疾病家族領域之中，並在其中與某一類病症集合保持著類比與因果的關係。在加里昂的分析中，可以看到一條完美可見的線索，由生殖的宇宙論一直連到痙攣排出的病理學；由阿芙羅底其亞在自然中的基礎，他將分析帶領至致危的機轉，構成它的內在性質，並且使它們和可怕的疾病相接近。

Sont-ils bons, sont-ils mauvais ?

第二節
它們是好的、它們是壞的？

醫學思想中針對性快感的此一曖昧性,並不是專屬於加里昂的,雖然在他的作品中,這一點比在別處更加清晰可見。它標記了紀元第 1、2 世紀留存至今的醫學文本。更進一步,這是雙價性(Ambivalence)更勝曖昧性:因為這裡的確是涉及兩種相對立的評價,它們在此相會。

就正面評價這方而言,首先是精子、精液 —— 珍貴的物質,自然為了在身體裡布置它,採取了非常多的仔細謹慎:它含納了生命中最有力量的事物、它傳遞生命、並且允許它逃離死亡;在雄性之中它找到它整全的力量及最高的完美。它也給了雄性其優越地位。它有貢獻於「健康、身體及靈魂的活力、生殖」[22]。雄性的優越性,便是作為可產生精液的動物。對於動作也給予正面評價,為了這動作,兩性的構造上被這麼仔細地給予組織布局。性的結合乃是自然之事;它不能被當作是壞事。艾菲斯的魯夫斯(Rufus d'Ephèse)[IX] 說性關係是個自然的動作,因而它本身不可能是有害的,這時他轉譯了一個廣受接受的意見。[23]

IX. 古希臘醫生(約 80-150),加里昂曾對其大量引用,但其著作已大多佚失。

但這裡被接受的，以某種方式而言，乃是它的可能性、它的原理。可一旦它發生了，就它的動作開展，以及以一種被視為內在於它的方式，它會被當作是危險的。它是危險的，因為那是此一珍貴物質的散失，雖然其聚積便是激發如此：它使得精子所集結的生命力量散逸離去。它是危險的，也是因為其動作展開使它和疾病相隣近。阿瑞提（Arétée）有個意味深長的說法：他說，性的動作具有癲癇的「象徵」（*sumbola*）。[24] 凱里烏斯·奧瑞里安努斯（Caelius Aurelianus）[X] 將性的動作和癲癇發作進行每一個階段的比較；他在其中發現精確的同樣階段：「肌肉顫動、喘氣、暴汗、翻白眼、顏面先是潮紅、接著蒼白及最後全身癱軟。」[25] 這便是性快感的弔詭：自然給了它高度重要的功能、它們要傳遞但也因此要喪失的物質有其價值——也就是如此它與邪惡有關連。紀元第1、2世紀的醫生們並不是首先、也不是唯一提出此雙重價值者。然而，圍繞著它，他們描繪了一整套的病理學，比起過去能找到的更加受發展、複雜及系統化。

1.

性活動本身的病理學建構圍繞著兩個元素，人們通常透過它們來說明性動作的危險：緊張中的不自主暴烈、產生耗盡效果的無限度耗費。

一方面，有種疾病是持續的興奮，它使得動作受到抑制，因為它無限期延長了興奮的機轉。在這一類疾病的男性版本中——不論它被稱為性慾亢進（satyriasis）或是陰莖持續勃起症（priapisme）——所有準備性動作的及射精機準都已齊備（緊張、激動、發熱），而不論有無精液的排出，都以持續的方式保持著：這是個永遠無法解決的長期性興奮。患者處於一種持續的痙攣狀態，高度發作，並且與癲癇非常接近。阿瑞提的描述可以充作範例，以見證此一奇異病症被感知的方式，在其中性動作是在某種方式之下自行其事，沒有時間限制或任何節制；它的痙攣及癲癇特質在其中赤裸地展現。「這是一種使得陰莖勃起的疾

X. 曾生活於 5 世紀的羅馬醫生。

病……這種疾病是一種無法滿足的交媾慾望,而即使激情受到滿足了,也無法使它受節制;因為勃起持續著,即使有多次的性高潮;所有的神經都進入痙攣狀態,肌腱、腹股溝及會陰鬆弛;性器官灼熱且痛楚。」此一持續狀態會穿插著高度發作的情況:這時患者不會有「羞恥心或在其話語及行動中有任何克制;……他們嘔吐、嘴巴覆蓋著泡沫,就像是發情中的公山羊;他們也散發著氣味」;他們的心智落入瘋狂,只有當發作期結束後,他們才能回到一般的常識。[26] 對於性慾亢進,加里昂在《受感染之處》書中,則給出一個素樸許多的描述:「陰莖持續勃起症是整個陰莖都增大,不論是就長度或直徑而言,但並沒有色慾方面的興奮、或是自然體熱的增加,如同仰睡的人會發生的。我們可以更簡潔地說,這是陰莖持續的增大。」[27] 加里昂認為,此種疾病的原因要由勃起的機轉出發來作理解;因而要由「動脈開口的放大」或是「神經中生產出氣」來尋找。此類的疾病會出現於「有許多精液」的人身上,當他們違反其習慣,「戒除交媾」(或至少他們沒有找到方法「在其多種日常事務中找到方法發散其血液」),另一類好發患者則在進行戒慾的鍛練時,有了性快感的想像,而這是在看過某些表演

或因為有些回憶而產生的效果。

女性的性慾亢進有時也會被提及。索拉努斯（Soranus）[XI]曾在女性身上見過類似的症狀；它的形式是「生殖器官的搔癢」。得到此症的女人會因為「強大的衝動」而傾向交歡，「內在不再有任何羞恥心」。[28] 但在女性這方，最能代表由性器官的緊張所引發的疾病，無疑是歇斯底里。加里昂描寫此病症的方式，無論如何，顯示出他拒絕在其中看到子宮的位移；使得某些人會相信那是乾燥的器官為了尋找它所不足的潮氣，於是往橫膈膜的方向上升，對他來說，或者是因為經血受到保留不出、或者精液如此：管道的阻塞造成其擴張，以及因此而來的縮短；子宮因此受到牽引；但並不是此一進程本身造成了所有其他的症狀；它們全都是來自於體液的滯留，而這來自月經中斷，或者來自女性中斷了性關係：這是為何人們可以在寡婦身上觀察到歇斯底里，「特別是在成為寡婦之前，她們和男人之間的關係規律良好、有生殖力又是有意願如此，而後來她被剝奪了所

XI. 活躍於第 2 世紀的希臘－羅馬醫生。他以《婦科疾病》一書受後世重視。

有這些。」[29]

此病理學的另一主軸乃是由無限度的耗費所構成。希臘人稱之為 gonorrhée，而拉丁人稱之為 seminis effusio。加里昂如此界定它：「非意願性的精液流出」，或者「用更清楚的話說，精液經常沒有意識地流出，而且不伴隨著陰莖的勃起」。性慾亢進影響的是陽具，失精症則影響精液相關管道，麻痺其「留滯的官能」。[30] 阿瑞提在《慢性病徵兆》（Signes des maladies chroniques）一書中對它進行長篇的描述，認為它是生機原理的耗竭，並且帶有整體衰弱、提早老化及身體的女性化這三種效果。「得到這病的年輕人，其身體慣常帶有破敗及衰老的印記；他們變得鬆弛、無力、失去勇氣、麻木、愚昧、消沉、駝背、什麼都無能從事、皮膚蒼白、女性化、沒有胃口、沒有熱力、四肢沉重、腿部無力、極度虛弱，簡言之，接近全身癱瘓。在許多患者身上此一疾病會導致麻痺癱瘓；既然實際上自然的再生原理及生命的根源被弱化，那麼神經的力量怎能不受影響？這是因為，帶來生機的精子使得我們具有男子氣概、勇敢、充滿了火氣、多毛髮、強壯結實、使得我們聲音低沉、並且以有魄力的方式思考與行動：這便是到達青春期的男人。

相反地，那些身上缺乏此一有生機的體液者則帶著皺紋、虛弱、聲音尖細、長不出鬍鬚、少毛髮並且狀似女人。」[31] 患了失精症，那便是男子氣概、生命的原理由性器官流洩而出。這是為何傳統會針對它強調這些特徵。這是一個令人羞恥的病症：無疑是因為它經常是因過量的性行為而產生；但也因為它自身產生出失去男子氣概的外貌。這是一個最後會導致死亡的疾病；塞爾斯（Celse）說在短時間裡，它會使得患者因為衰竭而死。[32] 最後，這個疾病不只是對於個人會產生危險，根據阿瑞提，也會對子孫們如此。[33]

2.

在它們自身的病理學的範圍之外，在紀元首兩個世紀的醫學中，性動作被放置在一個複雜的致病性因子的十字路口上。一方面，性動作就其開展及適當的完成而言，有可能受到一整群的多種因素所影響：其中包括個人的體質、氣候、一天之內的時刻、人們所取用的食物，它的品質和數量。這些性動作是如此地脆弱，稍微一有偏差、或是任

何的疾病,即可能加以干擾。就像加里昂所說的,如要取用性快感,整個人要處於一種精確的中庸狀態,各種可能的有機體變化的某種零程度狀況:「注意不要太多或太少」,避免「疲勞、消化不良,以及所有可能對人的健康造成不良影響的狀態。」[34]

如果說阿芙羅底其亞形成一個如此脆弱和不穩定的活動,反過來,它們對於整個有機體形成可觀且非常廣泛影響。如果人們因為時刻、或因為適度分寸方面有所偏差,性快感可能產生的痛苦、不適與疾病,其清單實際上乃是開放的。「這不是困難的事,加里昂說,要承認性關係是令胸部、肺、頭及神經疲憊的。」[35]魯夫斯提供了一個圖表,其中並列了性關係受濫用時的後果,包括消化不良、視力及聽力的衰退、感覺器官普遍的變弱、喪失記憶;痙攣性質的顫動、特定部位的疼痛、岔氣;口瘡、牙痛、喉嚨發炎、喀血、膀胱及腎臟的疾病。[36]加里昂就歇斯底里的解釋遭到反對,因為反對者無法相信,如此多量、廣泛及暴烈的症狀有可能是因為微小數量的體液受到留滯及改變,而它之所以停留於身體之中,是因為性關係中止所產生。對於這一點,加里昂的回應是將腐壞的精液的有害力量和自

然中可以觀察到的劇烈毒液相比較:「被某些有毒的蜘蛛咬到之後,整個身體生起病來,雖然只是很小量的毒液由一個非常微小的開口進入身體。」蠍子所產生的效果更加令人驚奇,因為最劇烈的症狀立刻發生;然而,「當牠刺人時,所投出的事物或者是非常微量或少到幾乎是不存在的,刺針甚至看來沒有刺入」;海中的電鰩也是一個例子,「小量物質便可產生大的變化」,而其效果可來自簡單的接觸。加里昂結論說,「如果我們可以接受施用毒劑便足以主宰一個人,而且是奪去我們身體的生機,那麼污濁的、被滯留的及腐化的精液產生有害的症狀,並使得身體容易遭受疾病,並不會令人驚訝。」[37]器官、體液及性動作構成了一個收受平面並且非常敏感於所有可以擾亂有機體的事物,它們同時也是一個非常強而有力的、活躍的集中點,可以透過整個身體引發一個長系列的多樣性症狀。

3.

性活動身處於治療的原理之中,正如同它會帶來病理

的後果。它的雙重價值在於,對於某些案例而言,它有可能產生治癒效果,對於其他的案例而言,它則有可能引發疾病;然而,要決定它會導致哪一種效果,卻不總是容易的:這與個人體質有關、也和特定環境狀況有關,並且也連結到身體的暫時狀況。人們一般接受希波克拉特的教訓說:「和粘液有關的疾病,性交是很好療法」;魯夫斯評論道,「有許多因為疾病而消瘦的人,以此一作為來作為恢復手段。某些人由此獲得順暢的呼吸,雖然之前它受到阻礙,別的人恢復了食慾,其他人則反過來不再有夢遺。」[38] 對於精液的排出,他也認為它對靈魂有正面的效益,當後者受到紛擾,並且有必要和身體一樣,清洩充塞它的事物:性交可以驅散僵固的念頭並且軟化暴烈的憤怒;這是為何對於解決憂鬱症及陰鬱孤僻沒有其他如此明顯有效的解方。加里昂也賦予性關係許多療效,不論是就靈魂或是就身體而言:「此一動作使得靈魂傾向平靜;實際上,它使得憂鬱和暴怒的人回到一個比較有理性的狀態,並使得戀愛中的人過度而無節制的熱情得以減弱,即使這男人是和另一位女人發生關係;更進一步,當交媾時是在下而凶猛的動物,在交媾後會變得柔和」;至於它們在身體上的實效,加里昂

看到其作用的一個證據在於，當少男開始有性行為之後，他會變得「多毛、高大、有男子氣慨」，而他之前是「無毛、矮小及陰柔的」。[39]

但加里昂也強調性關係也可能產生相反的效應，而這是根據主體自身的狀況而定：「對於那些本身力量即不多的人，性交會使其柔弱達到頂點，至於那些力量是完整的，以及因為粘液而生病的人，他們並不會因此而變得虛弱」；在那時刻「它加熱了虛弱的人，但之後便使得他們可觀地冷却了下來」；或者，某些人，「由其年輕時期起，在性交後便變得虛弱，而其他的一些，則不作交合便會頭腦沉重，變得焦慮和發燒、失去胃口並且消化較為不好。」[40]加里昂也提到對於某些體質的人，精液的排出會引發疾病或不適，雖然留滯精液是有害的：「某些人有大量且高溫的精液，他們一直關注要將其排出的需要；然而，在排出之後，在此狀況中的人，在胃的管口卻感到委靡，而全身也感到耗竭、虛弱及乾燥；他們變得清瘦、眼窩下凹，而如果因為在性交之後有了這些意外，他們戒除了性行為，他們會感受到頭部及胃的管口不適，並且會嘔吐，他們沒有因為禁慾而得到任何重大的好處。」[41]

圍繞著有益及有害的效果，針對某些明確的問題，發展出了數個辯論。比如，有關於夢遺的問題，魯夫斯轉述了某一派的意見，認為這些在睡眠中遺失的精子「是比較不痛苦的」；但就他本人而言，他反對此一想法，認為「夢遺使得身體放鬆得更厲害，而它在睡眠中已經放鬆」。[42] 加里昂在那些因為有害的效果而戒除性交的人身上，看不到因為夢遺而產生任何痛苦的減輕。[43] 更重要的無疑是有關於兒童的痙攣，以及它們在青春期的消失。因為射精和肌肉抽緊之間的親近關係，人們經常接受，患有痙攣的少男會在第一次性行為之後痊癒；魯夫斯便持著這樣的主張，認為在進入青春期之後，性動作會使得癲癇及頭痛中止。[44] 以治療這些肌肉緊張為名義，有些醫生建議將這些兒童最早的性行為年齡提早。阿瑞提批評這個方法，因為它逾越了自然本身所設定的適時體質，而且它產生或延長了自然想要避免的疾病；給出這種囑咐的醫生「無疑是不知道自然凡事皆有其時，它自己即會施以治療，而方法是產生適當的變化；這是為何，對於每個年齡，它準備了對於精子、鬍鬚及頭髮有必要的分泌。由原理開始，哪一位醫生有能力產生這樣的變化？以這樣的方式，我們將比較會是撞上我們

想要避開的暗礁,因為我們曾觀察到,因為過早投入交媾,而受到此一病痛攻擊的懲罰。」[45] 如果,痙攣在青春期事實上是消失了,那也不是因為從事了性快感活動,而是因為平衡及體液的整體改變。

4.

然而,更重要的無疑是給予戒慾正面效應的傾向。我們曾看到,的確有醫生指出禁慾所產生的紛亂效果,但他們一般來說是觀察到,在習於經常有性關係的主體身上,如果加以中斷,則會產生和突然大改飲食作息方式相類似的結果;這是加里昂在《受感染之處》一書中提到的一個個案,個案中的男人,因為中斷了之前所有的習慣,也棄絕了性活動;[46] 這一點也可以在其精液品質受到影響,而必須排出的主體身上觀察到。加里昂看到,受到此一喪失所擾的男人變得「麻木及懶惰」,另一些則變得「無理由地易怒且沮喪」;這些觀察使得他得以設下一原理,即「精夜的留滯對於強壯及年輕的個人是有害的,也不利於精液自然便

很豐盛且以不完全完美的體液形成者、過著有些閒散生活者、以及過去時常性交但突然禁慾者。」[47] 於是，完全的戒除任何性關係對於有機體是有害的，這一點並不被視為一個可以在任何人身上觀察到一般事實，而毋寧是來自某些特殊給定的後果，而那或者與有機體的狀態有關、或者與生活習慣有關。就它本身而言，而且沒有其他考量的話，留滯精液實體於身體中的戒慾並沒被當作是個不好之事。

　　精液被公認為對於男人而言，具有高度生機價值，這一點使得運動員們長期以來將嚴格的禁慾視為具有正面效益。以下的例證仍然經常受到引用，加里昂有位病人決定遵從此一模範，戒除所有的性活動，但並沒有想清楚他至今過的生活完全不同，因而此戒慾的效果將不能與其相互比擬。阿瑞提曾經描寫精液此一「促進生機的體液」的有益效應──它使人具有男子氣概、勇敢、滿懷熱情、強壯結實，它使得聲音低沉，並且有行動魄力──他提出的原理是，一位有節制的男人，「持守其精子」，並因而變得「強壯結實、有勇氣、大膽，以至於不怕將其力氣與最凶猛的動物相較量」。他提醒說以運動員或動物為例，如果他們保留其精子，便會更加強壯有力；如此「那些天生便是

最強的人，因為不節制（akrasia）會變得比那較弱的人更弱；而最弱的人透過節制（enkrateia），會變得比最強的人（kreittones）更強」。[48]

相對地，禁慾的價值在女人這端便比較不易受到承認，因為她們被視為在社會層面上和生理層面上，都是註定要結婚及生育。然而，索拉努斯在其《婦科疾病專著》（Traité des maladies des femmes）中談及一段那時代似乎是重要的討論的不同論點，主題是維持處女狀態的優缺點。其批評者強調有些疾病來自不會流動的體液，以及戒慾並不能真正消除慾望。維持處女狀態的支持者相反地則強調，女性因而可以避免生育的危險，並且因為不識得其中的快感所以不知其慾望，並且在她身上保持著由精子保留的力量。索拉努斯自己則承認維持處女狀態可能有其不便，但他尤其是在那些被「關閉在神殿中」生活，以及失去「有用的體能練習」之中看到這一點。一般而論，他認為持續長久的童貞狀態，對於兩性而言，都是有益健康的。[49] 在他眼中，兩性的接近，因而並沒有來自個人健康的自然正當性；只有維持人類物種的義務使得此一作為成為必要；「自然共同的律則」要求如此，而不是個人有益健康的飲食作息控制。

當然，戒除性事並未被視為一種義務，或是性動作本身被呈現為邪惡。然而，我們可以明白地看到，在紀元前 4 世紀已經明白地在醫學及哲學思想受到表述的主題，其發展產生了一些波折：對於性活動效應的曖昧性加以堅持、其在整個有機體產生的公認關連受到擴展、其本身的脆弱性和致病能力受到強調、對於戒慾行為給予正面評價，而且這一點對於兩性而言是一致的。性愛作為的危險過去是就其非意願性的暴烈及無考量的耗費而受到感知；現在它們比較是被描述為一種人類身體一般性的及運作上的脆弱的效果。

　　在此狀況下，我們理解與阿芙羅底其亞相關的作息控制在個人生活中可以獲得的重要性。就這一點而言，魯夫斯有一個值得注意的表達，它把性愛作為中的危險與自我關懷的根本原理以非常外顯的方式連結在一起：「那些投入性關係中的人，尤其是那些在投入其中時沒有許多管控的人，應該要以一種比其他人更加嚴格的方式照料他們自己，將自己的身體置於最佳可能的狀況之中，以期待他們感受到此一關係中最少的有害效應（*hē ek tōn aphrodisiōn blabē*）。」⁵⁰

Le régime des plaisirs

第三節
快感的飲食作息控制

性動作因而必須被放置於一個極度仔細小心的飲食作息控制體制（régime）。但此一飲食作息控制體制和一個禁制系統可能作的非常地不同，後者尋求的是界定諸作為「自然的」、合法的及可接受的形式。值得注意的是，在這些飲食作息控制體制中，並沒有任何地方提到人們可以作的性動作類型，而自然又勸阻了那一些。比如說，魯夫斯曾附帶地提到和少男的關係；他也提到伴侶之間可以採取的姿勢：但很快便將危險以數量的方式加以轉譯；它們要求花費的力氣比別的更大。[51] 另一個值得注意的地方是，這些飲食作息控制體制的性格比較是「讓步性」多於「規範性」。魯夫斯是在提及性活動的致病效果——如果它們被以誇張的及不合適的方式進行——之後，才提出他的飲食作息控制體制，並且先說明就原理而言，這些動作「在所有關係之下，並不是絕對地有害，只要我們考量動作的時機是否適當、應在其中設定的分寸以及完成它的人的體質狀態」。[52] 加里昂也是用限制性的方式表示，他希望人「不完全禁止人們實行性關係」。[53] 最後這些控制體制是有關於周邊狀態的，它要求決定最少地干擾性活動，並且也能最少地影響整體的平衡。有四個變項受到維持：適合生殖的時刻、主體的年齡、

進行的時刻（季節或一天中的時辰）、個人的體質。

1.

阿芙羅底其亞的飲食作息控制與生殖。有個完全是傳統的主題說，如果不採取某些數量的謹慎措施，我們不能得到一個美好的後代 —— *euteknia*。受孕時的失序會印記於後代身上。不只是因為後代們形似於其父母；而是因為他們會帶著使他們出生的動作的印記。我們記得亞里斯多德和柏拉圖的推薦之事。[54] 以生殖為目的之性動作，要求許多細心的準備，這是一個在帝國時期醫學性飲食作息控制中規律出現的原則。它們首先要求長程的準備；這裡涉及是將預定要生殖的身心狀態作出一般性的適當調整，或是在個人身上保留一些品質，而其精子將能有所浸潤，胚胎也能被其標記；必須要將自我形構為我們想要的孩子的預先形象。阿泰內（Athénée）的一段話，曾為歐里巴斯（Oribase）[XII] 引述，對於這一點表述得非常清楚：想要生

XII. 約生於 325 年至 403 年的羅馬醫生，曾為朱利安皇帝御醫，並為其編纂大量古代醫學文獻。請參考《性史 第二卷》第二章。

小孩的人必須要使靈魂及身體處於有可能的最佳狀態；換句話說，靈魂必須平靜，而且完全沒有伴隨著疲勞或其他病痛而來的痛苦、或是掛念；身體必須是健康的，並且沒有因任何關係而有損害。[55] 也必須進行一個更親密的準備：禁慾一段時間，使得精液可以聚積、集中、得到力量，而衝動會使得它得到應有的活力（過度頻繁的性關係會阻止精液達致其精煉所需程度，以擁有完全的力量）；建議進行一個相當嚴格的飲食保健法：不食用過度灼熱或過度潮濕的食物，以一頓簡單的「輕食午餐為色慾動作的必要興奮作準備，而它也不應受到過度豐盛的食物阻礙」；不能有消化不良、不能酒醉；總之，身體要受到整體淨化，以便達致性功能所需的平靜；這如同「農夫在去掉所有雜草之後才播種」。[56] 索拉努斯給出這些忠告，但他不相信那些規定要等到滿月時，才能有好的生殖的人；核心要緊的是選擇「個人完全健康的時刻」，而這同時是為了生理上的原因（由身體中升起的有害體液可能會阻止精子在子宮內壁著床），以及道德方面的原因（胚胎會沉浸於其生育者的狀態中）。

當然，在女性的月經周期中有個時刻會比其他更加有利。根據一個已經非常古老的隱喻，而且它後來在基督教

信仰時期仍會有其長期的發展命運,「並不是每一個季節都適合播種,同樣地,也不是所有的時刻都適合透過交合將精子投射於子宮之中」。[57] 索拉努斯將這個適當的時刻設置於月經結束之後。他的論證,建立於以胃口為基礎所作的隱喻,而且這並不是他的獨創:[58] 子宮是饑渴的,它有時以血裝填自己(正常時候),有時則用精子(而這便是受孕)。性的動作,如果要成為具有生殖力,應要在一個有利的時刻發生,就像是進食的節奏。不能在月經來潮之前,「因為就像裝滿食物的胃部會排斥對它產生過度負擔的任何食物,將它們吐出或拒絕,而滿溢著血液的子宮也是相同的。」也不能在月經來的當下,因為它就像是自然的嘔吐,而精液也有被帶著離開的風險。而當經血完全流完時也不行:此時子宮已乾燥及冷卻,不再處於適合接受精子的狀態。有利的時刻,乃是當「經血正準備停止」,這時子宮仍然是帶血的,並滲入熱力,「並且因為這個原因鼓脹著胃口,可以接納精液。」[59] 此一淨化排放後於身體之中產生的胃口,在女性身上顯現為傾向於性關係的慾望。[60]

但這並不是全部。性的動作本身,為了使受孕能在良好的狀態下發生,而子孫能擁有所有可能的品質,應要小

心謹慎地施行。索拉努斯對這一點沒有給出許多詳細的說明。他只是簡單地指出這需要明智及冷靜，避免所有的失序、酒醉，這些是胚胎可能沉浸在其中的，因為它某種程度是其鏡子及見證：「為了使得胎兒沒有受到外來酒醉所得視象而影響的不快心智」，因而需要「女性在行房時不能是醉酒的。小孩經常和父母親有大量的相似，而這不只是在身體方面，也包括心智方面：如果想要胎兒不像似一位醉酒且譫妄的人，完美的平靜是必要的。」[61] 最後，在懷孕期間，性關係應是極度地節制：在初期的時候，應該完全禁絕，因為性交「會在全身印下動態，而子宮及其周邊比起所有身體其他區域更需要休息：如同胃部，當它被搖動時，便會將內含的事物排拒出來。」[62] 不過，某些有如加里昂的醫生，則認為在懷孕期應該將其恢復，並以節制方式施行：「懷孕婦女不適合完全戒絕，也不適合持續地回到原狀；因為過著禁慾生活的女性，分娩會變得更為困難，至於那些經常行房的婦女，則生出虛弱的小孩；甚至有可能流產。」[63]

於是存有著一整套阿芙羅底其亞的治理，其原則及道理乃在於後代的培養。並不是說有個義務，規定只有為了

生孩子才能行房：如果說較有可能授孕的條件被仔細地訂定下來，那不是為了由它訂立合法動作的限度，而是作為一種針對那些操心其後代的人所作的有益勸告。如果這是一個重要的關懷，那麼生殖者可能是以責任的形式來面對它；這也是個義務，因為擁有一個具最佳條件的後代，對於他們自己而言也是有用的。這些圍繞著生殖的義務界定了一整套的可能錯誤，而它們同時也是過失。它們的數量是如此地重多，相關的因素是如此地繁多，以至於非常少數的生殖者能夠成功，靠的只是大自然的能耐才能補償這些缺失，並且避開災難。這是為何加里昂一方面正當化必須多方小心謹慎，但另一方面事實上無論如何，有許多生育的過程算是順利：「生我們的父親及以乳房養育我們的母親，很少良好地作為，而且在生殖的動作中經常犯下過失；男男女女在這樣的一種酒足飯飽狀態下交合，他們都已不知自己身在何處。於是在一有生機時，受孕的果實便已敗壞。是否還要提到有些孕婦，她們因為懶惰，疏忽於適度地體能活動、大吃特吃、自棄於憤怒及飲酒之中、過度地沐浴、對於性愛動作也作出一些不合時宜的使用（*akairiōn aphrodisiōn*）。雖然如此，自然仍抵抗了如此眾多的失序，

而且治好最多的數量。」農民在田裡播種時小心謹慎;然而,重拾蘇格拉底的自我關懷主題,加里昂指出,人類卻「不太在乎自己」,不論是在自己的人生中,或是就關懷其後代而言。[64]

2.

主體的年齡。阿芙羅底其亞的使用,不應延長到太晚、也不應太早開始。當我們已年長,實現性關係是危險的:它們會耗竭一個無法重新恢復其被取走的生機原理的身體。[65] 但當人們過度年輕,它們也造成損害。它們會阻斷生長,擾亂青春期記號的發展 —— 這是身體中精力要素發展的結果。「比起過早及過度地使用性關係,沒有其他事物能如此地阻礙靈魂及身體的進展。」[66] 加里昂說:「許多年輕人因為性關係被絕症侵擾,原因是在自然所規範的時間之前,便強力想要加以逾越。」[67] 如何是此一「規範的時間」?是青春期記號的出現或確認嗎?所有的醫生都同意,對於男孩子而言,這時間大約是 14 歲。但他們所有人也都

同意，進入阿芙羅底其亞不應如此早地發生。我們找不到明確的指示，應該在幾歲開始性關係。無論如何，應該有數年的時間身體只是形成精液，但不應加以排出。於是，為了確保青少年的自我禁慾，有必要為此發展出特定的飲食作息控制。醫生們符合傳統地開處要他們大量運動的生活藥方。比如阿泰內如此說：「既然精液的製造是在此一年齡（14歲）開始，而年輕人有非常強烈的慾念，刺激他們傾向性關係，體能活動應該要非常多，以便其靈魂和身體快速地疲倦，而他們便得以在慾望一開始出現時便將其壓制。」[68]

對於女孩子而言，問題稍有不同。早婚的習俗無疑推使人接受首次的性關係及生育可以在月經規律開始之後即進行。[69] 索拉努斯便是持此一意見，他建議決定結婚年齡應以生理發展為判準，而不是女孩自身的情感；因為教育的關係，後者可以比身體更早覺醒；在女性的身體還沒有達到為此功能必要的成熟之前，「在成為一個新人的根苗之前便播種」，有其危險；因此，在月經自發來潮之前，她最好保持處子之身。[70] 別的醫生則構想一個晚許多的日期。如此，艾菲斯的魯夫斯（Rufus d'Ephèse）推估 18 歲之前懷孕

對於母親和小孩都不利。他提醒說，這個年齡是受赫希歐德（Hésiode）[XIII]自從長久之前即加以推薦的：他也提醒說此一年齡——在某些人眼中是相當晚的——在古代的時候，並不造成後面可能有的不便：那時女性和男性一樣，都過著勤勞積極的生活；過度的食物、閒散無事在未婚少女生活裡帶來了混亂，使得會協助經血流出的性關係變得是合適的。魯夫斯提出的解決方案，因而是相對較晚的結婚年齡（大約18歲），而且甚至就在其達到青春期之前，就以一整套陪伴其生活的飲食作息控制為她們作準備：在童年時期，女孩子可以和男孩子混合相伴，到了要將他們分開的年紀時，此時的飲食作息控制要非常仔細：不能吃紅肉、不能吃過度營養的菜餚、不飲酒或只能取用極少的量、要作長程的散步、以及體能活動。必須要記得，閒散無事「對她們而言是最有害之事」，而「比較好的是利用體能活動使她們在運動中發熱，並且將身體的習慣加溫，但要注意其方式是使她們保持作為女性，而不是得到一種陽剛的性格。」參與合唱團在其中唱歌跳舞，對於魯夫斯而言，相符於最佳的體能活動：「合唱團不只是發明來崇敬眾神的，也是著眼於健康。」[71]

3.

「**有利的時刻**」。性愛動作的好時機（ kairos ）引發許多討論。對於較大格局的時間，人們相當容易接受傳統的時間表：冬季與春季是最好的季節；某些人接受秋天，另一些人則加以排斥；一般而言，人們認為夏天應該盡可能戒除。[72] 一日之內的時刻則發自許多不同的考量。除了普魯塔克於《餐桌談話》（ Propos de table ）其中一篇提到的宗教動機之外，[73] 適當時刻的問題相連於體能活動、用餐及消化。在性關係之前最好不要有太劇烈的體能活動，它們會將身體所需的資源導向其他部分；相反地，在行房之後，有助於恢復的沐浴及按摩擦身是受到推薦的。在用餐前取用阿芙羅底其亞是不好的，那時人們餓著肚子，因為這種狀態下的動作不會使人疲勞，但會使人喪失力量。[74] 然而，就另一方面而言，必須要避免豐盛的餐食及過度的飲用。消化的時刻總是有害的：「這是為何夜晚中間的交合是迷

XIII.　古希臘詩人，一般認為他活躍於紀元前 750 至 650 年之間，大約是荷馬的同時代人。

惑人的,因為這時食物尚未消化;在清晨的性交也相同,因為可能在胃裡尚存有消化不完全的食物,而所有的多餘之物尚未由尿液或糞便排出。」[75] 於是乎到了最後,只有在一頓有節制的餐飲及在睡眠之前——或者便是午後的休息時——對於性關係可說是最佳時刻;根據魯夫斯,自然本身指出了它對此一時刻的偏好,給予身體最大的興奮。另外,如果我們想要小孩,男人必須「在良好的飲食之後,才進行交合,而女人則不需跟隨那麼使人強壯的飲食作息」;實際上,有需要「一位給予、另一位接收」。[76] 加里昂的意見相同:他建議的是即將就寢的時刻,並且在「吃頓紮實但不會產生妨礙的飯後」;如此食物足以維持及增強身體,而睡眠允許恢復疲勞;另一方面,這是對於孕育小孩來說的最佳時刻,「因為女人在睡眠時最能保留精液」;最後,自然為了表示了它對此一時刻的偏愛,引發了慾望。[77]

4.

個人的體質。就一般性原則而言,魯夫斯認為善於交

合的體質為「多少是溫熱及潮濕的」；相反地，性活動對於冷及乾的體質則是不利的。為了維持或是恢復在阿芙羅底其亞中所需的溫熱潮濕，必須遵從一整套既繁複又持續的飲食作息控制，其中包括適當的體能活動以及合宜的食物。圍繞著性活動，以及為了保持它可能破壞的平衡，人們必須強迫自己過著某一種模式的生活。飲用淡紅酒、吃爐火烤的麥麩麵包（對於準備或調節而言，它的濕度是有用的）；肉類方面食用公山羊、羔羊、母雞、雉雞、山鶉、鵝、鴨的肉；魚類方面食用章魚及軟體動物；也要吃蘿蔔、蠶豆、四季豆及鷹嘴豆（因為它們帶來熱能），也要食用葡萄（因為它們帶來潮濕）。至於需要運用的活動，則是用行走或騎馬散步、跑步，但不要太快或太慢；不要作太劇烈的體能活動、像是擲標槍那樣的指手劃腳（這會把營養成份引導到身體的其他部分）、沐浴的水不宜過熱、不要作加熱及冷却；不要作太激烈的工作；也要避免所有會產生身體疲勞的事物──憤怒、過度的強烈的喜悅、痛楚。[78]

Le travail de l'âme

第四節
對於靈魂的鍛練

對於性快感所提出的相關飲食作息控制，看來似乎整個都集中在身體之上：它的狀態、平衡、疾病、一般或過渡性的健康狀態，而這些便像是決定行為舉止的主要變項。定訂身體的律則的，以某種方式而言，便是身體。然而，靈魂也有它扮演的角色，而且醫生使它介入其中：這是因為，它不停地會將身體帶離到超過其特定機轉和根本需要的境地；它促使人選擇不適當的時刻、在有問題的狀況下行為、違反天然的體質。如果說人類有需要作飲食作息控制，並且此一體制是要很仔細地考量到所有生理學的元素，其理由來自於他們傾向於偏離正途，而這乃是因為他們的想像、激情及愛情的後果。甚至在女孩及男孩身上建立性關係的適當年齡也變得模糊：教育及習慣會使得慾望在不適合的時刻出現。[79]

有理性的靈魂因而要扮演雙重的角色：它必須要為身體訂定一個飲食作息控制體制，而那是實際地根據其性質、緊張、狀態，其所處的周遭環境而決定的；但是它之所以能正確地為身體訂定此一體制，其條件是要在靈魂自己身上進行一整套的鍛練：消除錯誤、減少想像、主宰會使其無法認知身體節制律則的慾望。阿泰內——在他的作品中，

斯多葛學派的影響是明顯可感的——以非常清楚明白的方式界定此一靈魂在自身所下的苦工,乃為一良好的軀體之飲食作息控制的條件:「成人所需的是一個完整的飲食作息控制,同時針對靈魂及身體……盡力使其衝動(hormai)平靜下來,並設法使得我們的慾望(prothumiai)不會超越我們自己的體力。」[80] 此一飲食作息體制因而不是涉及靈魂針對身體的鬥爭;甚至也不是建立一些它可以在它之前保衛自己的手段;這裡涉及的毋寧是靈魂自我改正,以便依照一符合身體自身特有的律則來駕馭身體。

此一鍛練工作在醫生的描述中,乃是針對三個元素,而透過它們,主體有被席捲於有機體實際需求之外的風險:慾望的運動、形象(images)的存在、對於快感依戀。

1.

在醫學的飲食作息控制體制中,並沒有要排除慾望的問題。自然自己將它放置於所有的動物物種之中,就像是一根刺棒一樣,刺激著兩性中的每一位,並使他們相互吸

引。因此，沒有比想要使阿芙羅底其亞脫離慾望的自然力量，更不符合自然，更為有害的事物了；從來不要因為放蕩荒淫的意志，或是因為想要騙過年紀而來的衰竭，尋求強迫自然。沒有感受到慾望（aneu epithumein）就不要有性關係：這是魯夫斯（Rufus）在其專著《論性慾亢進》（De satyriasis）中提出的忠告。但此一慾望有兩個面孔，它出現於身體與靈魂之中。飲食作息控制的問題乃是位處於它們準確的相關性上。必須處理到，在此和在彼，它們的運動能盡可能地精確地整合及調適。魯夫斯有一精采的表述：「最佳狀況是當人同時被靈魂的慾望和身體的需求所推動而沉湎於性的交合。」[81]

有時此一自然的關連性會因為身體本身而受到損害。後者以某種方式自我席捲而去。在靈魂之中沒有任何事物符應著它的興奮。它進入了一種純粹的狂放。性的動作變得如同魯夫斯所說，完全像是「陣痛」（paroxystique）。[82] 當同一位魯夫斯提到伴隨狂症或癲癇前兆的衝動（hormai）時，他所指似乎便是此一純粹生理興奮。[83] 在性慾亢進或失精症中產生的，但是以另一種形式出現，也是它：在前一個疾病中是性器官自己興奮了起來，而在另一個之中，「沒

有動作、夜間形象,卻是有大量的精子排洩而出」;病人受其身體的狂熱機轉席捲帶走,變得完全衰竭,「並且因為耗竭而在短時間內喪命。」[84]

然而靈魂有可能脫離在身體裡顯現的慾望的形式及局限。魯夫斯與加里昂用來指稱此一過度的詞語本身即很有深意:那是「意見」(doxa)這個詞。靈魂與其注意身體的必須和所需,卻是被自身特有的再現(représentation)所帶走,而那些再現在有機體裡並沒有任何相符應的事物。空虛及空洞(kenai)的再現。就像身體不應被在靈魂中沒有相應的慾望被席捲而去,靈魂也不應超過身體及其需求所發出的決定。不過,前一個狀況涉及的疾病,施藥即可治療矯正;在第二種情況中,尤其需要的是將一種道德性的體制運用在自己身上。魯夫斯提出的表述方式為「降服靈魂,使其服從身體」。[85]

如果我們想到如此傳統的主題,即靈魂不應受身體的煽動所帶領,便會認為它是個弔詭的提法。但必須要以其理論性及醫學性的脈絡來理解它,而這其中也許有斯多葛學派的影響。對於身體有意願性質的臣服,應被理解為傾聽一個主宰自然秩序的理性,並且為了它自身的目的,經

營著身體的機轉。意見（*doxai*）可能會使靈魂遠離的，便是此一自然理性（raison naturelle），並因而激發超過限度的慾望；醫學性的、理性的並且建立於對於生命體的真實知識之上的作息控制體制應該將注意力轉向它。以此原因，動物的例子之前雖然被用來使得人類的慾望失去價值，在此卻相反地構成了行為的典範。這是因為，在其性方面的行為方式中，動物聽隨的是身體的需求，沒有其他或更多；魯夫斯解釋說，帶領牠們的，因也應引領人類，因而不應是「意見」（*doxai*），「自然中的前兆（préludes）才有需要被排出」。同樣地，對於加里昂而言，動物不是被「意見」推送於交合，——比如「性愉悅是個好東西」，牠們之所以帶引至性關係，「只是為排出使牠們疲累的精液」；對於牠們而言，在激發使牠們發生性關係的事物，和「促使牠們排出糞便或尿液的事物」，兩者之間並沒有差別。[86]

醫學的作息控制體制因而提議一種慾望（*epithumia*）的動物化；對於這一點應理解為靈魂的慾望聽令於身體的需求；一種以身體排泄為模範的慾望倫理學；它有個朝向理想點的傾向，在此靈魂受到淨化，沒有任何虛妄的再現，只將其注意力放在有機體嚴格排放經濟之上。

2.

基於此,醫生們對於「形象」(*phantasiai*)有普遍的懷疑。此一主題規律性地一再出現於其提出的療法之中。魯夫斯針對性慾亢進便是如此:他提議的療法有兩個面向;其中之一和食物有關,即必須排除所有會使身體發熱的食物;另一個面向則和靈魂的刺激有關:「人們要避開和色慾有關的話語、思想及渴望,尤其重要的是要避開由眼睛看到的,因為我們很清楚這些東西,即使是在夢中,……會刺激人邁向交合……如果人們在食用美味及豐盛的菜餚之後,刻意避開行房。」[87] 加里昂,也是以同樣的精神中,向他的一位友人提議雙重的清滌療法;朋友已放棄性活動;但他卻處於持續的興奮之中。加里昂向他提議先作生理解放,將累積的精液排出;接著——一旦身體滌淨了——就不再允許任何事物可以穿入心智並在其中放置形象:「完全戒絕任何可能引發情色慾望的視覺娛樂、思想及回憶。」[88]

這些令人生畏的形象,會在靈魂中引發「虛空」的慾望,和身體的需求沒有關連,具有好幾個類型。其中當然包括了睡夢中的形象,而醫生們特別會掛念的是當它伴隨

著的夢遺：於是會有不要仰躺睡覺的建議，在就寢前不要吃喝、並且在入睡前要讓精神處於休息狀態。無論如何，艾菲斯的魯夫斯針對得到性慾亢進的病人應有的作息控制寫了一個長篇文章：「側睡較好，而不要仰睡……。」[89] 在需要避免的形象中，應該有在劇場所見的、在閱讀、歌唱、音樂及舞蹈中暗示的，它們會進入心智之中，但其中卻沒有任何一個和身體的需求相符應。如此，加里昂在某些病人身上觀察到性慾亢進的現象，「他們無法離開色慾快感的念頭，就像那些本質是貞潔的，並且長期持守戒慾的人，卻在觀看可使他們興奮的演劇之後，或是在回想它們時，相反地能為自己浮現這些快感。影響這些個人的陽具的體質（diathèse），和那些心智中從未想像色慾快感的人之中可以發現的，是完全相反的。」[90]

不過，在此一 phantasia 詞語之下，並且是在符合哲學的使用方式，也包括視覺上的感知。不單只是想像或回憶阿芙羅底其亞便有危險，也包括感知它們。這是一個非常古老的羞恥心主題，即阿芙羅底其亞比較應該是在夜間及陰暗之中，而不是在白天的光明之中進行。但就此一告誡，人們也給予它在生活作息體制上的價值：為了不看見，人

們要預作準備，防範會銘刻於靈魂的形象，它們並且可以停留於其中，並且在不對的時刻返回。普魯塔克在探討性動作的適當時機（kairos）時提到這問題；就逃離光線的理由中，他認為，有一項是避免這些「快感的形象」，它們會重新激發我們的慾望；「相反地，夜晚使眼睛看不見這些動作，使它們不能再帶來不可滿足的慾望以及狂暴的衝動，使得自然轉向並睡著，阻止它受到視覺景觀的推動而走入淫蕩的危險。」[91]

在這裡我們可以提醒說，「形象」在與愛相關文獻裡是個大量被辯論的問題。目光被當作是激情最可靠的傳遞工具；透過它激情進到心裡；也是透過它，激情得以維持。波羅爾培斯（Properce）[XIV]認為「維納斯的嬉戲在黑暗中失去了它們的魅力」；「夜晚是維納斯的敵人……恩地米昂（Endymion）[XV]靠著裸體使得阿波羅的姐姐為他著迷；女神也是裸身在他的手臂中休息」。[92]因為如此，目光、光線、形象被視為是危險的。所謂的危險是針對道德的嚴格性質；同一位波羅爾培斯認為羞恥心放鬆的擴散，正是當形象被引入家門之時。[93]危險也是針對愛本身而言，它可能因為形象的缺乏優雅而受傷。奧維德對那些想要保留愛情

的人作出建議說:「不要讓陽光由任何窗戶射入臥房;有許多身體的部分,如果在白天的光線中,不要被看到會比較好。」[94] 因為同樣的道理,殘酷的形象可以是抵禦激情的絕佳手段,甚至可以擺脫它。奧維德(Ovide)[XVI] 在《愛的治療》(*Remedia Amoris*)一書中說,當人們想要由愛情中解脫時,沒有比在性關係中打上光線更為有效:身體的缺憾、骯髒及汗水在心中留下印象,並且會滋生厭惡。早晨醒來,當我們想要離開情婦時,不期然看到粧容的混亂也是個好方法。[95] 支持或反對愛,都有一整套的形象技術需要加以組織。自從上古晚期以來,最持續的性倫理學之一,便是和內在及外在的形象對抗,而它被視為良好的性舉止的條件和保障。

XIV. 拉丁詩人(紀元前 47-16/15),以其《哀歌》聞名。
XV. 希臘神話中的俊美牧羊人、獵人,月神愛上了他,希望他永保青春,甚至維持他在洞穴中的睡姿。在大部分以他為主題的畫作中,恩地米昂呈現為裸身睡姿。
XVI. Publius Ovidius Naso(紀元前 43 ─ 紀元後 17/18),羅馬詩人,以《變形記》聞名。

3.

剩下來的問題是快感，而我們知道它是由自然銘刻於阿芙羅底其亞的過程之中。有可能將其消除，使得人們不再感受到它嗎？這是不可能的，因為它和身體的動態直接相關，也和保留－勃起（rétention-érection）的機轉有關。然而，加里昂認為人們可以阻止此一快感成為一個在阿芙羅底其亞經濟中產生過度的起源。他所建議的方法明白地是斯多葛學派式的；那即是將快感當作是動作的伴隨產物，從來就不應將它當作是一個完成它的原因。「如果要使得快感成為一個好的事物」，我們之前即已看到，對於加里昂而言，這是個動物們沒有的意見（doxa）（這也確保牠們的行為有其自然的分寸），相反地，在人類之中，有這樣的一種意見的人，便有可能為了其所能產生的快感而尋求阿芙羅底其亞，並因此依戀於它，總是欲求能再得到它。

就一個理性的生活作息控制而言，其任務便是將消除快感作為受追求的目的：獨立於快感的吸引力而朝向阿芙羅底其亞，彷彿快感並不存在。理性應該給予其自身的唯一目的，便是身體的狀態所指引它的，並和其自身的清滌

需求相關。「很明顯的是，貞潔的男人（*tous sōphronas*）不會為了性愉悅便取用和它相連的色慾快感，而是為治癒一個不便，彷彿在現實中不存在任何性愉悅。」[96] 這便是加里昂由戴奧真尼（Diogène）[XVII] 著名的手勢中取得的教訓：不待他要求的妓女到來，哲學家已先自行解放了因飽漲而使他不便的體液；加里昂認為，在這麼作的同時，他是想要排出其精液「但不尋求伴隨此一排泄的快感」。[97]

我們可以注意到手淫及孤獨中的快感在這些醫學的生活作息控制體制中非常含蓄的位置——普遍而言，在古希臘人及拉丁人對於性活動的道德反思中也是如此。當它相當稀罕地出現時，乃是在一正面的形式之下：這是一個自然的擺脫手勢，它同時有哲學教訓及必要療法的價值。且想一下狄安・德・普魯士以何方式敍述戴奧真尼一面笑著，讚美及頌揚他在大庭廣眾之下所作的手勢：這手勢作得及時，會使得特洛依戰爭變得不再有用處；這是自然以魚類為範例為我們指出的；這是個理性的手勢，因為它只依賴於我

XVII. 或稱犬儒者戴奧真尼（Diogène le Cynique），上古希臘哲學家（約紀元前 413-323），請考《性史 第二卷》註 XII。

們，而我們不需要任何人為我們的大腿搔癢；最後，這個手勢的教學來自眾神——特別是來自赫米斯（Hermès）[XVIII]，祂將此法授與潘神（Pan），因祂愛戀著無法觸及的回音女神（Echo）[XIX]；牧羊人又由潘神處將其習得。[98] 這是自然本身的手勢，它在激情、人為之外，以完全的獨立自主，回應起碼的需要。在西方的文獻中——由基督宗教的僧院制度開始——手淫一直和想像中的虛幻和其危險相連結；它便是外於自然的形式本身，是人類發明以越過他們被給予的限度。紀元首數世紀的醫學倫理，掛念的是使性活動能依據身體的基本需求而施行，孤獨中的清滌手勢，構成了最為嚴格的、不具慾望、形象及快感無用性的樸實形式。

* * *

1.

這些性活動的生活作息控制，不論它們是多麼地詳細及複雜，不應該誇大它們相對的重要性。它們所有的地位，

相對於其他的控制體制是有限的——特別是和食物及進食有關的。當歐里巴斯（Oribase）在紀元第5世紀編寫其偉大的醫學文本集結時，他運用了完整的四卷書專門地談論不同食物的品質、不便、危險及德性，以及在什麼樣的狀況下應該或不應該取用它。他只有用兩個段落來談性生活的作息控制，引述了魯夫斯及加里昂各自的一段文本。我們可以認為，此一限縮轉譯出的一種屬於歐里巴斯和他所在時代的特性；然而，整個希臘及羅馬的醫學的共通特徵是給予飲食相關的保健法相對於性相關保健法更重大許多的地位。對於它們而言，大的問題，即是吃喝。還需要一整套的演變，特別是在基督宗教僧院制度中會顯得突出可感，對於性的關懷才會開始平衡對於食物的關懷；然而，飲食方面的持戒和斷食長期仍是具有根本重要性的。在歐洲社會的倫理學史中，當對於性及其作息控制的關懷以可

XVIII. 希臘神話中商人、小偷及旅行者的保護神。

XIX. 回音原是一位希臘神話中寧芙女神，牧神潘愛上她，但她不接受任何男性的愛，後來潘神要手下將她撕碎，散於各地；大地女神蓋婭接納了她，於是回音可在各處聽到。

觀的方式超過對飲食告誡的嚴格性時,那將會是一個重要的時刻。在羅馬時期,無論如何,性快感的生活作息控制,擁有一個相對受限的地位,但它仍相鄰於巨大的飲食控制,正如同這些快感本身在道德思想和社會儀式中,是連結於吃喝的感官享樂。宴飲聚會是美食、酒醉及性愛的共同處所,它可對以上作出直接的見證;以間接方式證實這一點的則是哲學饗宴此一反向儀式,在其中食物總有節制,即使微醺也仍能談論真理,而愛則是理性論述的對象。

2.

在這些醫學性質的飲食生活作息控制中,我們看到出現了某種性動作的「病理學化」(pathologisation)。但在此必須說清楚以良好地相互理解:這裡涉及的絲毫不是在西方更後面許久才會出現的病理學化,在其中性行為將被認為是病態偏差的攜帶者。在那時,將會有個領域被組織起來,其中會有其正常及病態的形式、它特定的病理學、它的疾病分類學及病因學——最終也導致其治療法。希臘—

羅馬的醫學的操作方式不同；它將性的動作置入一個領域，在其中這動作冒著有機體變質感染或擾亂的風險；而且在其中它也反向地總有可能引入或近或遠的各種疾病。

我們可以兩個方向來談論病理學化。首先，不只是因為性的取用中有大量的過度，而是因為這過程本身的先天特質——它在有機體中引發的耗費、搖動、震動——被當作是有造成紛亂的因子；但特別是因為這些醫學分析傾向於將性動作的再現反過來當作是活動、能量，而其暴烈本身便是令人畏懼的。它們比較是將它描述為一個主體被動地受身體機轉及靈魂動態席捲而去的過程，而有必要作的是透過調適成為單只符合自然需求，以重新建立主宰地位。必須理解的是，此一基於阿芙羅底其亞的使用（chrēsis aphrodisiōn）的醫學，並未尋求進行性行為「病理」形式的範圍界定：它毋寧是使得性活動的根基處出現了一個被動性的元素，而那也是一個疾病的因素，而這是根據 pathos（感受及受苦）這個字眼的雙重意義。性的動作不是罪惡；它顯現出一諸種可能病痛的會聚點。

3.

　　這樣的一種醫學強烈要求針對性活動保持警醒。但此一注意力並不引領至此一活動的解碼，不論是就其起源或過程發展而言；這裡涉及的並不是要主體精確地知道他自身的慾望是什麼、將它帶引至性動作的特定動態、他所作的選擇、他所施行的動作形式或是他所感受到的快感模式。受到要求的注意力，乃是會使得他的性活動應該服從的規則能持續地存在於其心智之中的注意力。他不必重新找回其內在慾望幽暗的進程；他要辨識的是為數龐大、繁複的狀況條件，它們應要被滙集起來，才能以一種適合的、無危險及損害的方式，完成快感的動作。他必須對自己持有一個「真理」論述；但此一論述的作用並不是向主體述說他自己的真象；它將向他教導，由自然而言性動作是什麼，而根據它如何得到援助才能以最準確的方式，最嚴格地符合此一自然。康居廉（G. Canguilhem）[XX]曾說：「治癒的原因」，對亞里斯多德而言，「乃是存於醫學活動中的健康形式」，「治癒病人的」，不是醫生，而是「健康」；以一般的方式而言，「一個技術生產的責任，並不在工匠，而是在於

技藝⋯⋯；技藝，那便是一個自然的邏各斯非商議式的目的性（finalité non délibérative d'un logos naturel）」。[99] 我們可以同樣的方式談論阿芙羅底其亞的生活作息控制體制，醫學提議的分配體制，相較於它們自然存在於思想之中的形式，不應更多於或更少，它們的真相安居於行為舉止之中，如同其持續的訓誡。

4.

在這些保健法相關的建議和更晚之後，我們可以在基督宗教的道德中找到的道德之間，存有許多可類比之處：其目標為稀有性的嚴格的經濟原理、對於失去控制的性行為產生的個人不幸及集體痛楚的煩擾、對於慾望作嚴格主宰的必要、針對形象的抗爭以及取消快感作為性關係的目的。這些可類比性並非遙遠的相似性。一些連續性可以受

XX. Georges Canguilhem（1904-1995），法國哲學家，專注於認識論及科學史領域，曾為傅柯的博士論文指導教授。

到辨識。其中有些是間接的,並且透過哲學學說的介接:快感不應作為目的之規則無疑比較是透過哲學家而不是醫生而傳遞到基督宗教。然而,也存有直接的連續性;安息爾的巴齊爾(Basile d'Ancyre)[XXI] 有關於童貞問題的專著——而且其作者被認為是曾為醫師——即參照了明顯是醫學性質的考量。聖奧古斯丁在他和朱利安・戴克班(Julien d'Ecbane)間的論戰中,使用了索拉努斯的論點。也不要忘記,在 18 世紀和 19 世紀上半葉,當性的病理學有新的大進展時,即曾明顯地回溯拉丁及希臘醫學。

如果只停留於這些共同的特徵,人們可能會有的印象是那歸屬給基督宗教或甚至是現代西方的性倫理,在希臘－羅馬文化達到頂點的時期,至少就其某些根本的原則而言,便已經存在。但這將是未能認清雙方在與自我關係類型上的根本差異,而這便也涉及這些訓誡被整合於主體就其自身所作體驗中的形式。

[作者原註] 在這一整章中，我也運用了皮古（Jackie Pigeaud）[XXII] 的著作《靈魂的疾病。上古醫學－哲學傳統中靈魂與身體關係研究》（*La Maladie de l'âme. Etude sur la relation de l'âme et du corps dans la tradition médico-philosophique antique*, Paris, Les Belles Lettres, 1981）。

XXI. 希臘神學家（約290-362），曾任安息爾主教（336-362）。

XXII. 法國古典學及醫學史學者（1937-2016），研究領域主要涉及傳統的身體－靈魂關係問題。

原書註

1. 鮑爾梭克（G. Bowersock），《希臘詭辯家》（*Greek Sophists*）；也請參照 C. Allbut，《希臘醫學在羅馬》（*Greek Medicine in Rome*）。

2. 鮑爾梭克，前引書，頁 67。塞爾斯（Celse）在其《醫學專論》（*Traité de médecine*）（《前言》[*Préface*]）中以文學訓練（*litterarum disciplina*）的發展解釋醫學的誕生（Vedrenes 譯本，頁 21-23）。

3. 普魯塔克，《維持良好健康》（*De tuenda sanitate*），122 d-e。

4. 塞爾斯在其醫學專論的前言中，區分出透過飲食作息控制（*victu*）、藥物（*medicamentis*）、手術（*manu*）進行的不同醫學。進行第一種方式的醫生，「遠遠地更為有名，用盡一切方法來深入某些主題，並且對事物的特質作細部的探究」（頁 23）。但這並不代表一個健康良好的人沒有必要遵從醫囑（I, 1, 頁 40）。

5. 阿泰內（Athénée），收錄於歐里巴斯（Oribase）《希臘文及拉丁文醫學集成，不確定之書卷》（*Collection des médicins grecs et latins, livres incertains*），Bussemaker 與 Daremberg 編輯版本，III，頁 164。

6. 安提羅斯（Antyllos），收錄於歐里巴斯，II，頁 307。

7. 阿泰內，收錄於歐里巴斯，《不確定書卷》，XXIII；t. III，頁 182 起。

8. 塞爾斯（Celse），《醫學專論》（De Medicina），I，2，頁 42。
9. 就此主題，A. Rousselle 出版了一本重要著作《不合法的性。由身體的主宰到感官的剝奪》（Porneia. De la maîtrise du corps à la privation sensorielle）。
10. 加里昂（Galien），《論身體各部分的用處》（De l'utilité des parties），XIV，2。
11. 加里昂，同上，XIV，2 及 3。
12. 柏拉圖，《法律篇》，VI，782 e-783 a。
13. 加里昂，前引書，XIV，2。
14. 同上，XIV，6。
15. 同上，XIV，9。
16. 同上，同頁。
17. 同上，XIV，7。
18. 同上，XIV，9。
19. 加里昂，收錄於《歐里巴斯》，XXII；t. III，頁 46-47。
20. 加里昂，《受感染之處》，III，8。
21. 加里昂，《論身體各部分的用處》，XIV，10。
22. 阿瑞提，《急症的病徵》（Des signes des maladies aiguës），II，5（L. Renaud 譯），頁 165。
23. 艾菲斯的魯夫斯（Rufus d'Ephèse），《片簡》（Fragments），由 Aetius 所摘出，收錄於《作品集》（Œuvres），Daremberg 版，頁 320。
24. 阿瑞提，《慢性病的治療》（De la cure des maladies chroniques），

I,4,頁388。

25. 凱里烏斯・奧瑞里安努斯（Caelius Aurelianus），《慢性病》（Maladies chroniques），I,4。
26. 阿瑞提，《急症的病徵》，II,12,頁71-72。
27. 加里昂，《受感染之處》，VI,6。
28. 索拉努斯（Soranus），《婦科疾病》（Des maladies des femmes），I,51。
29. 加里昂，《受感染之處》，VI,5。
30. 同上，VI,7。
31. 阿瑞提，《慢症的病徵》（Des signes des maladies chroniques），II,5,頁163-165。
32. 塞爾斯，《論技巧》（De artibus），VI,28。
33. 阿瑞提，《慢性病的治療》，II,5,頁408。
34. 加里昂，收錄於歐里巴斯，《不確定書卷》，VIII；t III,頁110。
35. 同上，頁109。
36. 艾菲斯的魯夫斯，《片簡》，由 Aetius 所摘出，《作品集》，頁318。
37. 加里昂，《受感染之處》，VI,5。
38. 艾菲斯的魯夫斯，《片簡》，由 Aetius 所摘出，《作品集》，頁320-321。亦請參照歐里巴斯文集中的文本，VI, t. I, 541。
39. 加里昂，收錄於歐里巴斯，《不確定書卷》，VIII；t. III,頁109。
40. 同上，VI,37；t I,頁537。
41. 同上，X；t III,頁113。

42. 艾菲斯的魯夫斯，收錄於歐里巴斯，VI，38；t. I，542。

43. 加里昂，收錄於歐里巴斯，《不確定書卷》，X；t. III，頁 113。

44. 艾菲斯的魯夫斯，《片簡》，由 Aetius 摘出，《作品集》，頁 320。

45. 阿瑞提，《慢性病的治療》，I，4，頁 388。

46. 加里昂，《受感染之處》，VI，5；Daremberg 譯本，II，頁 688。

47. 加里昂，同上，頁 687-689。

48. 阿瑞提，《慢症的病徵》，II，5，頁 165。

49. 索拉努斯，《婦科疾病》，I，7。

50. 艾菲斯的魯夫斯，收錄於歐里巴斯，《不確定書卷》，III，頁 112。

51. 艾菲斯的魯夫斯，收錄於歐里巴斯，VI，38；t. III，頁 540-541。魯夫斯也提到站立的姿態令人疲倦。

52. 同上，頁 541。

53. 加里昂，收錄於歐里巴斯，《不確定書卷》，VIII；t. III，頁 110。不過要注意到塞爾斯對此保持中庸的判斷，「不應該過度擔心也不應過度尋求交合」(《醫學專論》，I，1，頁 41)。

54. 請參考《性史 第二卷，快感的使用》，第 3 章。

55. 阿泰內，收錄於歐里巴斯，《不確定書卷》，VII；t. III，頁 107。

56. 索拉努斯，《婦科疾病》，I，10。

57. 同上。

58. 請參考比如加里昂的文本，引述於歐里巴斯，XXII，3；t. III，頁 53。

59. 引述於歐里巴斯，XXII，7；t. III，頁 70。

60. 索拉努斯，《婦科疾病》，I，10。

61. 同上。

62. 同上，I，14。

63. 加里昂，收錄於歐里巴斯，《不確定書卷》，VI；t. III，頁 102。

64. 加里昂，《論身體各部分的用處》，XI，10。

65. 加里昂，收錄於歐里巴斯，《不確定書卷》，VIII；t. III，頁 110。

66. 阿泰內，收錄於歐里巴斯，《不確定書卷》，XXI；t. III，頁 165。

67. 加里昂，收錄於歐里巴斯，《不確定書卷》，VIII；t. III，頁 111。

68. 阿泰內，收錄於歐里巴斯，《不確定書卷》，XXI；t. III，頁 164-165。

69. 關於女性結婚年齡與健康間的問題化，參考 A. Rousselle，《不合法的性》，頁 49-52。

70. 索拉努斯，《婦科疾病》，I，8。

71. 艾菲斯的魯夫斯，收錄於歐里巴斯，《不確定書卷》，II，t. III，頁 82-85。

72. 塞爾斯，《醫學專論》，I，3；艾菲斯的魯夫斯，收錄於歐里巴斯，VI，38；t. I，頁 543。加里昂，收錄於歐里巴斯，《不確定書卷》，VIII，頁 110。就此快感於季節中的分配，請參考《性史 第二卷，快感的使用》，第 2 章。

73. 普魯塔克，《餐桌談話》(*Propos de table*)，III，6，1089 a。

74. 艾菲斯的魯夫斯，收錄於歐里巴斯，VI，頁 38；t. I，頁 540 及其後。

75. 同上，頁 547。

76. 同上，頁 549。

77. 加里昂，收錄於歐里巴斯，《不確定書卷》，VIII；t. III，頁 111。還可以補充說對於塞爾斯而言，夜晚進行比較好「條件是不要吃太多食物，之後也不要太快起來工作」(《醫學專論》，I，1，頁 41)。

78. 艾菲斯的魯夫斯，收錄於歐里巴斯，VI，頁 38；t. I，頁 543-546。

79. 索拉努斯，《婦科疾病》，I，8。

80. 阿泰內，收錄於歐里巴斯，《不確定書卷》，21；t. III，頁 165。

81. 艾菲斯的魯夫斯，收錄於歐里巴斯，VI；t. I，頁 549。

82. 艾菲斯的魯夫斯，《作品集》，頁 75。

83. 艾菲斯的魯夫斯，收錄於歐里巴斯，VI；t. I，頁 549。

84. 塞爾斯，《醫學專論》，IV，28。

85. 艾菲斯的魯夫斯，收錄於歐里巴斯，VI；t. I，頁 550。

86. 加里昂，《受感染之處》，VI，5；Daremberg 譯本，t. II，頁 688-689。

87. 艾菲斯的魯夫斯，《作品集》，頁 74-75。

88. 加里昂，《受感染之處》，VI，6；Daremberg 譯本，t. II，頁 704-705。

89. 艾菲斯的魯夫斯，《作品集》，頁 74。我們經常會看到這樣的想法，即仰睡會使得性器官發熱，並引發夢遺。請參考加里昂，《受感染之處》，VI，6；狄奧克里斯（Dioclès），收錄於歐里巴斯，III，177。

90. 加里昂，《受感染之處》，VI，6。

91. 普魯塔克，《餐桌談話》，III，6，1089 a。

92. 波羅爾培斯（Properce），《哀歌》(Elégies)，II，15。

93. 同上，II，6。

94. 奧維德，《愛的藝術》，III，808。

95. 奧維德，《愛的治療》(*Les Remèdes à l'Amour*)，v.，399 起；v.，345-348。參照《愛的藝術》，III，209，建議女人在化妝時不要讓人看到。

96. 加里昂，《受感染之處》，VI，5；Daremberg 譯本，t. II，頁 688。

97. 同上，同頁。

98. 狄安・德・普魯士，《演講錄》(*Discours*)，VI，19-20。

99. 康居廉（G. Canguilhem），《科學的歷史及其哲學研究》(*Etudes d'histoire et de philosophie des sciences*)，頁 337-338。

V. La femme

第五章 妻子

古典時期以婚姻為主題的重要文本 —— 贊諾封（Xénophon）[1]的《家政學》、柏拉圖的《共和國篇》及《法律篇》、亞里斯多德的《政治學》、《尼各馬可倫理學》、相傳為亞里斯多德撰著的《家政學》——將其中有關夫妻關係的思考，放置於一個寬廣的框架中：城邦，以及和其延續與昌盛有關的法律和習俗、包括同住家人與家宅及使它們得以維持和增長財富的組織。由婚姻被置放於公共利益之下的此一狀況中，不應就此結論婚姻本身被視為一個無足輕重的連結，除了給予國家和家庭有益的後代之外，並沒有其他價值。我們看到過，贊諾封、依索克拉特（Isocrate）[II]、柏拉圖或亞里斯多德對於夫妻是施以如何強力的告誡，要求他們在婚姻中關係中要有良好的行為舉止；妻子所擁有的優勢特權、人們應對給她的正義、為了給她作範例及養成所付出的細心：所有這些暗示出來的關係模式超越單一的生殖功能。不過，婚姻要求一種特殊的行為舉止模式，特別是因為已婚男人成為家長、一位可敬的公民或是一位企圖對他人施行既是政治又是道德的權力的人；而在此一作為已婚者的藝術中，那有必要的自我主宰應該賦予它特殊的形式，即如何作為一位明智、節制又公正的

男人的行為。

　　由紀元前二個世紀到紀元第 2 世紀，在一系列的文本中，婚姻行為的倫理比較起來顯得相當地不同，而且在這整個時期裡，我們可以觀察到在婚姻實踐中的某些改變；於是我們看到安提帕特（Antipater）[III] 的《論婚姻》（*Peri gamou*），而那是一份希臘文本的拉丁文翻譯，它長期被呈現為相傳是亞里斯多德著作的《家政學》的最後一卷，莫索尼烏斯（Musonius）談論婚姻的不同段落，普魯塔克的《婚姻格言》（*Préceptes conjugaux*）及《愛情對話錄》（*Dialogue sur l'Amour*），希耶羅克勒斯（Hiéroclès）[IV] 論婚姻的專論，而這些都尚未加上塞內克及艾皮克特克作品中，以及某些畢達哥拉斯學派文本內可以找到的指示。[1]

I. 或譯色諾芬（紀元前 427 – 355），雅典軍事家，文史學家。參考《性史 第二卷》，導論，譯註 XXIII。

II. 雅典十大演說家之一（紀元前 436 – 338），請參考《性史 第二卷》，第三章，譯註 XIV。

III. Antipater of Tarsus（生年不詳，逝於紀元前 130 或 129），斯多葛學派哲學家。

IV. 活躍於紀元第 2 世紀上半的斯多葛學派哲學家。

是否應該說相對於先前，婚姻已成為一個更受堅持且更經常受到辯論的問題？我們是否應該假設，在此一時期，婚姻生活的選擇，以及在其中如何作出應有的行為舉止，引發了更多的憂慮，並且人們是以更細心的方式來對它們進行問題化？無疑對於這些，是無法給出量化答案的。相反地，在數個文本之中，婚姻生活的藝術乃是以一個相對新穎的方式受到思考和界定。有一個新的元素是，婚姻生活的藝術，雖然繼續和家宅及同住家人有關，包括其經營管理、小孩的出生及生殖，但在整體之中，卻是給予某一特定的元素越來越重要的價值：夫婦二人之間的個人關係，他們之間可以結合的關連、他們彼此針對另一人的行為；而且這一關係，與其是朝向一家之長生活中的其他要求借用其重要性，看來似乎是其本身被視為首要且根本的元素，而其他的元素則圍繞著它組織起來，由其衍生而出，並且得到力量。簡言之，在婚姻中如何行為舉止，比較不是以一治理技術來加以界定，更多是以個人關連的風格學來界定。第二個新穎之處在於，一位已婚男人的行為舉止節制原理，比較是存在於相互的義務，而不是對於別人的主宰；或者毋寧說，自我對自我的主權，其顯現越來越是存在於

對他人的義務的實踐，而且，就某種程度而言，便是與妻子有關；在此，自我關懷的強度增加是與他者的價值增加攜手並進的；有時受到表述的性方面的「忠誠」問題，便能見證此一變化。最後，而這是在此最重要的一個要點，此一以連結與對等性為其形式的婚姻藝術，給予配偶之間的性關係一個相對重要的位置；這些問題總是以含蓄及相當隱約的方式受到處理；然而，我們在諸如普魯塔克這樣的作者的書寫中，可以發現一些掛念是在於為配偶界定在快感關係某些作為及行為舉止的方式；有關生殖的關心，在此結合了其他的意義與價值，而它們是有關於愛情、感情、良好的理解及相互的好感。

再說一次，我們並不宣稱這樣的行為和感情在古典時期尚未為人所識，而且它們只是出現於之後的時代：要立論這樣的變動，要求另一種文獻及非常不同的分析。然而——如果我們相信我們手上有的文本——看來明顯的是，這些態度、行為方式、行動及感受方式，在那時已成為問題化的主題、哲學辯論的對象，以及行為舉止經過反思的藝術的諸元素。[2] 一套二人共同存在的風格學（stylistique de l'existence à deux），可以由婚姻經營的傳統格言告誡中

發掘而出:我們可以在夫妻關係藝術、性的獨占學說,以及最後,在一套共享快感的美學中,完善地辨識出它們。

Le lien conjugal

第一節
配偶連結

透過這裡數個有關婚姻的反思，尤其是透過紀元首兩世紀的斯多葛學派文本，人們可以看到某一種夫妻之間關係的模型被提煉了出來。並非這時人們提議在婚姻之上強加了一些過去沒有的體制性形式，或者是建議將它置入一個不同的法律框架。然而，即使不質疑傳統的架構，人們尋求界定一種丈夫和妻子之間共同存在（mode de coexistence）的模式、他們之間的關係模態（modalité de rapports），以及生活在一起的方式（manière de vivre ensemble），而這些與過去在古典時期文本中提出的相當不同。即使冒著非常簡化，以及運用一個有點不符合時代語彙的風險，我們可以說，婚姻不再被思考為只是個「聯姻形式」，定下在家宅管理中互補的角色，它也是、甚至更是「夫妻間的聯結」以及男人和女人間的個人關係。此一婚姻生活的藝術，界定了一個在形式上是**雙數性質**（*duelle*），價值上是**普世性質**（*universelle*），而就其強度和力量而言，又是**特定性質**（*spécifique*）的關係。

1.

一個雙數性質的關係。如果結婚是個符合自然的（kata phusin）事物，那麼結婚是好的，莫索尼烏斯・魯夫斯（Musonius Rufus）如是說。[3] 希耶羅克勒斯為了解釋他針對婚姻所作的論述是非常必要的，他主張是自然使得我們的物種走向如此形式的共同體。[4]

這些原理只是重拾一個完全傳統的教導。婚姻的自然性質（即使它在某些哲學學派中受到質疑——尤其在犬儒學派中是如此），過去通常是以一系列的理由作為其奠基：為了生殖，男性與女性的遇合必不可免；為了確保教育，必須將此一遇合延長為一穩定的關係；兩人一起生活可以帶來的援助、方便性和愉悅，但也包括其中的服務及義務；最後，家庭的形成作為城邦根基性質的元素。就這些功能中的第一個而言，男性與女性的結合屬於一個與所有動物共通的原理；但就其他功能而言，它們標記了一些被視為特別屬於人類且是理性的生存形式。

此一古典主題，即婚姻就其和生殖與生活共同體的雙重關係而言，乃是一自然的事物，帝國時期的斯多葛學派

將其重拾，但以顯著的方式加以轉化。

首先是莫索尼烏斯。在他的表述中，我們可以找到某種重點的位移，即由「生殖」的目標轉移向「共同生活」的目的性。其專著《論婚姻的目的》(Sur la fin du mariage)中，有一段是具啟示性的。[5] 它開始於談論婚姻目的之雙重性：獲得後代、分享生活。但莫索尼烏斯很快便加上，即使生殖可以是一件重要的事，卻無法以它本身來正當化婚姻。提起經常由犬儒學派作出的反對論點，他提醒道，如果只是為了要有後代，人類很可以像動物們一樣：在結合之後便很快地分開。如果他們不這麼做，那是因為，具有根本重要性的，乃是共同生活：終生的伴侶，其照料的交換是相互性，在其中倆人交相競爭注意與善意，而配偶中的兩位可以被比喻為挽具中的兩隻牲口，如果牠們各自望向自己的方向，整體便無法前進。如果說莫索尼烏斯偏重協助及救援的關係更甚於獲得後代的目標，那將是不精確的。然而這些目標必須進入一個獨特的形式，那便是共同生活；人們相互見證的關心，以及共同養育的後代，乃是此一根本形式的兩個面向。

莫索尼烏斯在另一個段落中指出，此一結合的形式

是如何地由自然銘刻於每一名個人身上。他的專著《論婚姻作為哲學的障礙》(*Sur le mariage comme obstacle à la philosophie*)[6] 提及人類被分為男人和女人的原初切割。莫索尼烏斯提問,在分開兩性之後,造物者又要使他們相趨近的事實。然而,莫索尼烏斯注意到,祂之使其相趨近,乃是透過在其中每一位身上植入一「暴烈的慾望」,一種同時是「合體」(conjunction)與「結合」(union)的慾望——以希臘文表示則為 *homilia* 及 *koinōnia*。這兩個詞語看來應是前一個指向性關係,第二個指向生活共同體。因而必須理解為人類有某種根本及原初的慾望,而這個慾望與身體的趨近有關,也與存在的分享有關。這主張有以下雙重的後果:慾望的極端熱烈性質不只說明了帶向性的合體運動的特質,也說明了傾向於分享生活的動態的特性;反過來說,兩性之間的關係也是屬於同一個理性層次的一部分,這些關係將兩位個人以利益、感情及靈魂的共同體連結在一起。這是同一個自然的傾向,以同樣的強烈程度及同樣類型的合理性,引領朝向存在的配偶連結及身體的結合。

對於莫索尼烏斯而言,婚姻的奠基,因而不是因為它位處於兩個異質傾向的交會點;其中一個是生理的且和性

有關係,而另一個則是理性的及社會的。婚姻乃是根植於一個原始且單一的傾向之中,而此傾向直接地將它當作是一個根本目的似地引領向它,並且也是透過它,產生了兩個固有的目標:形成一個共同的後代及生活的陪伴。我們理解為何莫索尼烏斯會說,沒有任何其他事物比婚姻是更可欲的(*prosphilesteron*)。它之具有自然的屬性,並不是因為單獨緣由其實踐之中可以得出的後果:這自然屬性是在某一傾向存在時即宣告的,而此一傾向原初地將其構成為一合乎願望的目標。

希耶羅克勒斯,以一種相近似的方式,將婚姻奠基於人某種程度「雙元的」(binaire)天性。對他而言,人是具有「對偶結合性質」(*sunduastikoi*)[7]的動物。這個觀念來自自然學家:他們區分出生活於獸群中的(牠們是 *sunagelastikoi*),與生活於對偶中(牠們是 *sunduastikoi*)的動物。柏拉圖在《法律篇》的一個段落中,還曾經參照了此一區分:他建議人類以那些生活於獸群中時保持貞潔的動物為榜樣,牠們是到了愛的季節,才會成為「成對結合」的野獸。亞里斯多德在《政治學》中也提到人具有「對偶」(syndyastique)性格,而這同時用來指稱主人和奴隸之

間，以及配偶之間的關係。[8]

希耶羅克勒斯使用此一觀念時，其目的是不同的。他只將它和夫妻關係相關連，而這關係的原理便存在於此，並且也會在其中找到其自然性質的奠基。人類，根據他的看法，其體質構造便具有雙元性格；他天生便適合兩人一起生活，並處在於一個同時會給他後代，又能允許他能和一伴侶一起渡過人生的關係中。希耶羅克勒斯和莫索尼烏斯的看法一樣，自然不只滿足於為婚姻留下位置；它並且以一個原初的傾向激發每個人朝此邁進；它將每個人向此推送，就如同它也將智者向此推送。在此一推往婚姻的運動中，自然及理性是協同的。不過，值得注意的是，希耶羅克勒斯並不會以像是涉及兩種不能相容的可能性那樣，將人的對偶性格（這使人生活於一對配偶中），以及使人會生活於群體中的「群性」（synagélastique），相互對立起來。人天生便是要兩人一起生活，但也是要生活於群體之中。人是既具有配偶連結性格，又同時具有社會性：雙數的關係和多數的關係是相關連的。希耶羅克勒斯解釋道，城邦是由作為其元素的許多家宅構成的，後者乃是它的本原和完成；但如果一個家宅不是圍繞著是一對配偶組織起來，

它便不是完整的。在人的整個存在過程中及其所有面向中，都可找到配偶的雙數性（dualité conjugale）：在自然賜給他的原初體質中；在它強加於理性產物的人類之上的責任裡；在社會生活的形式裡，而這形式將他連結於他屬於其中的人類社群。作為動物，作為有理性的生命體，以及作為其理性將其連結人類物種的個體，人，無論如何，是個連結的存有（être conjugal）。

2.

一個普世性質的關係。長期以來，在有關生活方式的反思中，是否應該結婚的問題，一直是個被討論的課題。婚姻的益處及不便，有一位合法妻子，並因受益於她而能有一個體面的後代，但反過來必須忍受其妻子而有的憂慮及紛擾，照看孩子、滿足他們的需求、以及有時必須面對他們的疾病或死亡——這些都是一個有時嚴肅、有時反諷但總是不斷重複的辯論之中，不會磨蝕的主題。直到上古時期很晚的階段，仍能聽見其回聲。艾皮克特克及克萊蒙·

達列桑德里（Clément d'Alexandrie）[V]、傳說曾寫作《諸種愛》（Amours）的路西安（Pseudo-Lucien）、或是寫作《人是否應結婚》（Ei gamēteon）的里巴尼烏斯（Libanios）[VI]，都會在這些數世紀來未曾更新的論點中汲取資源。依比鳩魯學派和犬儒學派原則性地反對結婚。然而，由初期開始，斯多葛學派便和他們相反，對婚姻持正面意見。[9]無論如何，結婚較好在斯多葛學派中是極其常見的主張，並且完全符合其個體及社會道德觀的特點。然而，就道德論的歷史而言，斯多葛學派立場之所以重要，在於它的表述，並不是因為婚姻有其益處及雖然它也有其不便，就單純地偏愛婚姻；對於莫索尼烏斯、艾皮克特克或希耶羅克勒斯而言，它並不是屬於「較有價值」的一類；它是一種本分（devoir）。婚配的連結是一種普世共通的規則。此一普遍原理受到兩類的思考所支持。對於斯多葛學派而言，結婚

V. 天主教早年重要教父之一。約150年生於雅典，約215年在小亞被處死。他在其許多未能流傳至今日的大量書寫中，尋求融合古希臘思想及基督宗教。

VI. 東羅馬帝國的修辭學教師及詭辯派哲學家（約314-392）。

的義務首先是以下原理的直接結果,即婚姻是自然所意願的,而人是受到一種衝動的引導才走向它,而此一既自然又理性的衝動,在所有人身上是相同的。但此義務也是存在於一個由任務和責任構成的整體組合中,作為其中的一個元素,而這是人不應逃避的,一旦他自認為是一共同體中的一員及人類物種中的一部分:婚姻屬於義務之一,透過它,特定的存在取得對所有人皆有效的價值。

艾皮克特克與一位依比鳩魯主義者的討論,明白地顯示出婚姻被承認為普世義務,而這是就所有想要過著合於自然的人生的人皆是如此,而對於一個想要過著對周邊之人及整體人類是有用之人生的個人而言,它也被視為是個職責。在其《交談集》(*Entretiens*)第 3 卷第 7 交談中,艾皮克特克所反駁的依比鳩魯主義者是位顯貴之人;他有其職責;他是「城邦中的督查員」;然而,忠誠於其哲學原則,他拒絕結婚。艾皮克特克以三個論點來反駁他。第一個和其立即的實用功能有關,以及不可能將棄絕婚姻普遍化:如果每個人都拒絕結婚,「那麼接著會發生什麼?公民要從何處來?誰來養育他們?誰來看管那些要成為未來的公民正受訓練的年輕男生(éphèbes)?誰來當他們的培訓

師？甚至，他們的教育會變得如何？」[10] 第二個論點指向的沒有人應該逃避的社會義務，而婚姻也位列其中，和其他與政治、宗教及家庭生活相關的義務並列：「完滿其作為公民的角色、結婚、生小孩、榮耀神、照顧父母。」[11] 最後的第三個論點則是有關於一行為的自然性質，而理性也要求我們要服從於它：「像一個執行者、一位女僕一樣地聽從於這些義務，目的是激發我們的熱情、並使我們自我滿足於這些符合於自然的動作，這只會帶來快樂。」[12]

我們可以看到：必須結婚的原理，脫離了比較婚姻的優點和不便的比較遊戲：它被表達為一種針對所有人作出的要求，是個人生的選擇，具有普世性質形式，因為它符合自然，並且對所有人皆為有用。婚姻將人與他自身連結，而這時他是個自然的存有以及人類中的一員。艾皮克特克在告別其依比鳩魯學派的交談者說：不作宙斯所要求的，「你將會受到一懲罰、損害。什麼樣的損害？不是別的，便是沒有完成你的義務。你摧毀了在你之內的那位忠誠、可敬、節制之人。不要去找比這更嚴重的損害吧。」[13]

儘管如此，婚姻被斯多葛學派歸類為最好能有的事物（*proēgoumena*）。有可能會出現一些狀況，使它成為

不是必要的。這便是希耶羅克勒斯說的:「結婚是更好的(*proēgoumenon*);因此如果沒有任何狀況出現反對它時,它對我們來說,便是迫切必要的。」[14] 斯多葛學派與依比鳩魯學派之間的差別,精確地說,便是標誌於結婚義務及事態狀況之間的此一關係;對於後者,沒有人有必要結婚,除了出現了會使得此一結合形式變得合乎願望;對於前者,只有某些特定的狀況才能擱置一個原則上不能逃避的義務。

在這些狀況中,有一個長期成為討論對象:那便是哲學性質的存在所作的選擇。為何自從古典時期以來,哲學家的婚姻即成為一個辯論的主題,可以數個理由作為解釋:此類的人生與其他存在形式相比的異質性;還有哲學家的目標(照料自己的靈魂、主宰其激情、尋求精神上的平靜)和傳統所描寫的婚姻生活中的動盪及紛亂無法相容。簡言之,在哲學式的生活風格特點,與尤其是以其負擔所界定的婚姻這兩者之間,其調和看來是困難的。兩份重要的文本卻顯示出完全不同的解決困難方式,甚且,它們連提出問題的基本給定方式也完全不同。

莫索尼烏斯是其中比較早先的一位作者。他在其中反轉了婚姻生活與哲學性質的存在於實踐上的困難,將之替

代以肯定兩人之間具根本基要性質的相互歸屬的連結。[15] 任何人想要成為哲學家，他說，便必須結婚。他必須如此，因為哲學第一個功能便是使人可以符合自然的方式生活，並且要完成由此一自然所引領而出的所有義務；人的作為必須符合自然，對他來說，自然便是他的「引領大師」。但哲學家比起其他人更應如此；因為哲學家的角色不只是以符合理性的方式生活；他還要成為其他人此一合理生活的典範，並且是引領他們達致如此的大師。哲學家不能更低劣於他所要忠告及引導的對象。如果他逃避婚姻，他便顯得比別人更低劣，因他們是遵從於理性及跟隨自然的，關懷著他們自身及他人，實踐著婚姻生活。婚姻生活遠遠不是和哲學互不相容，而是對它構成一個雙重的義務：針對人自身，這是要給予他的存在一個具普世有效性的形式，針對他人，則是提供給他們一個生活典範的必要性。

相對於此一分析，我們將會受引誘去以艾皮克特克所提出的作為對抗，他描寫的是一位其專業便是作哲學的犬儒者的理想畫像，而他應該是一位大家共同的教導者、真理的使者、宙斯在人間的傳訊者、登上人間劇場以傳喚人類，並且責備他們的生活方式。這樣的一個人，「沒有衣

服、蔽護、居宅」、「無奴隸、亦無祖國」、「也沒有資源」。他也沒有「妻子或小孩」，有的只是「天與地，和一襲古老的大衣」。[16] 針對婚姻和其不便，艾皮克特克也描繪出一幅熟悉的圖像。以其平凡的才思，這圖像相符於如此長久以來人們所說的「家庭生活的煩悶」，而它們擾亂了靈魂，並且將人帶離思考；結婚之後，我們便被「私人義務」綁住：我們要燒熱鍋中的水、送小孩上學、為岳父服務、為妻子取得羊毛、油品、一張床及一只杯子。[17] 初看下來，這裡涉及的只是一份長長的義務清單，它阻擾了智者並且構成他照料自己的障礙。然而，艾皮克特克認為犬儒者必須放棄結婚的理由，並不是他將其照護保留給自己而且只留給自己的意志；這理由是相反的，因為他的任務乃是要照料人類、看護他們、成為他們的「施善者」（évergète）；因為他要像醫生一樣，應該「四處巡行」且「為所有人把脈」；[18] 如果他受一家庭（甚至是、且尤其是艾皮克特克所描寫的貧困家庭）的任務所累，他便不會有空閒到處漫步，執行他以全人類為對象的任務。他之所以棄絕所有的私人連結，只是他作為哲學家和人之物種所建立的連結的後果；他沒有家庭，因為全人類便是他的家庭；他沒有小孩，因

為以某種方式而言,他生出了所有的男人及女人。因此必須良好地理解:是因為普世家庭的責任,才使得犬儒者不能專注於一個特定的家庭生活。

然而艾皮克特克並不停止於此:對於此一不相容性質,他設下了一個限度:那是當前情景,他將之稱為當前世界的「設定」(catastase)[VII]。如果我們實際上身處於一座智者之城,那麼就不需要這些被眾神送至人間之人,而他們棄絕一切,起身喚醒他人領悟真理。當所有人都是哲學家之時:犬儒者與其艱苦樸素的職業便不再有用。另一方面,在這樣的狀態下,婚姻不會造成和今天人類現有形式中出現的同樣困難;每一位哲學家會在他的妻子、岳父、小孩之中找到和他完全一樣的人,而且是如同他一樣地養成。[19] 配偶關係將使得智者面對一位和他自身一樣的他者。因此,必須考量到激進的哲學家之所以拒絕婚姻並不是指向一個根本的必要性;它只是來自因為事態狀況而生的必要性;

[VII]. 在古代的修辭學中,catastasis 通常是出現於導入的部分,由演說者提出將要討論的主題。

如果所有的人都過著符合其根本天性的人生，哲學家的獨身主義便可以消失。

3.

一個獨特的關係。帝國時期的哲學家們顯然沒有發明配偶關係中的感情向度；這正如同他們沒有抹除它在個人、家庭或公民生活中的實用成份。然而，就此一關係，以及它在夫婦之間建立連結的方式，他們想要給它們一個特殊的形式及一些特別的品質。

亞里斯多德對夫婦間的關係，曾給予許多重要性及力量。然而，當他分析人類之間的強力連結，他似乎是給予血緣關係最優先的地位：他認為，沒有別的關係會比父母對兒女的關係更強烈，他們可以將兒女當作是自己的一部分。[20] 莫索尼烏斯在其專著《論婚姻作為哲學的障礙》中所給出的階序則有所不同。對於人類之間所有可以建立的共同體，莫索尼烏斯將婚姻當作是地位最高、最重要且最可敬的（*presbutatē*）。以其力量，它超過朋友之間、兄弟之

間、兒子與父母之間所能形成的共同體。它甚至超過——這是最具決定性的重點——將父母牢繫於其後代的連結。莫索尼烏斯寫道,不會有一位父親、不會有一位母親,會對孩子有比對配偶更多的友誼;他以阿德米特(Admète)[VIII]作為例子,問說是誰接受為他而死?結果並不是他年老的雙親,而是他的妻子阿爾塞斯特(Alceste),雖然她仍然年輕。[21]

被如此地設想為比其他關係更為根本及緊密,配偶間關係便可用來界定一整套的存在模式。婚姻生活曾以任務分工及具互補形式的行為作為其特色:男人做的是女人無法完成的,而妻子做的勞務也是丈夫不擅長的;共同的目標(整個家宅及同住家人的昌盛)使得這些活動得以統一起來,也統一其生活模式,而它們依照定義是不同的。此一特定角色的調整,並不會在對已婚之人的生活告誡之中

VIII. 在希臘神話中,阿德米特有天收到他的死亡預告,但如果有人願代他受死,他仍可存活。在這日子到來的那天,阿德米特年老的雙親拒絕為他犧牲,只有他的妻子阿爾塞斯特願意如此。這個舉動引發普遍的讚揚,甚至地獄女神波西鳳也受到感動,使她可以回返地上和親人重聚。

消失：希耶羅克勒斯在其《家政學》[22]中，便給出與贊諾封作品相同的規則。然而，在此一與家宅、財富和祖產相關的行為分工背後，我們可以看到對要求共享生活及共同存在之肯定。婚姻生活的藝術，並不只是夫妻倆人中每一位是只在其自己這邊，為了一個兩位伴侶都承認或都加入的目標，作出合理的行為方式；這是一種以雙人對偶形式生活的方式，並且兩人要齊心合一；婚姻召喚某一種行為風格，在其中夫婦中的每一位，在過自己的生活時會想到的是兩人共同生活，在其中，他們一起形成一個共同的存在。

這樣的一種存在的風格，其標誌首先是某種生活在一起的藝術。因為其事務，男人必須離家，女人必須留在家中。然而，一對好夫妻欲求在一起，分開越少越好。另一位的在場、面對面、一直在身旁的生活，被呈現為不只是責任，也像是個渴望，而這渴望代表結合夫婦倆人的連結的特色。他們可以彼此有其個別的角色；但他們不會忽略對方。莫索尼烏斯強調，在一個好的婚姻之中，夫妻倆人會感受到要維持在一起的需要。他甚至以分開的困難作為其獨特友誼的判準：他說，沒有一種不在場是會如此難以忍受，而那對於妻子而言是丈夫的不在身邊，對丈夫而言，

則是妻子不在身邊；沒有任何其他的在場具有同樣的力量可以減輕悲傷、增加歡樂、並為不幸帶來治療。[23] 婚姻生活的核心，乃是另一人的臨在。且讓我們回想起披林向不在身邊的妻子描述，他如何日夜地尋她無著，如何召喚她的臉龐，只是希望在自己身邊出現一個似是而非的存在。[24]

在一起的藝術，也是說話的藝術。的確，贊諾封的《家政學》描寫了夫妻兩人之間交談的某種模式：對於妻子作為家中的女主人，丈夫特別需要加以引導、給予忠告、給出教訓、甚至最終還是要進行指揮；妻子則是要對自己一無所知的事物作出詢問，並要了解自己能做些什麼。較晚近的文本則建議另一種夫婦對話的模式，而且，其目的也是不同的。根據希耶羅克勒斯，夫妻兩人各自向另一位說明他做了些什麼；妻子向丈夫述說家裡發生了什麼，而她也應該問他在外頭發生了什麼。[25] 披林喜歡卡爾普林娜（Calpurina）知曉他的公眾活動，並且能鼓勵他和為他的成功感到歡欣──這是羅馬大家庭長期以來的傳統。不過他將她與其工作直接相連，而且反過來她之所以對於文學（belles-lettres）有所愛好，也是因為她對其丈夫所滋生的溫柔。他使她成為其文學作品的見證者和評判者：她

第五章：妻子 | 271

閱讀他的作品，傾聽他的講詞，並且帶著愉悅收集她可以聽到的讚美。如此，這便是披林所期待的，此一相互情感（concordia）將會是長久持續的，而且一天一天地更加茁壯。[26]

由此，產生了婚姻生活應該也是一門由兩人建立起新的整體的藝術。我們記得贊諾封曾經如何地區分自然給予男人和女人的不同品質，於是他們可以在家中行使他們各自不同的責任；或是亞里斯多德賦予男人將美德推進達至完美的可能性，而這些美德在女性之中總是較低下，而這也正當化了她的屈從地位。相反地，斯多葛學派如果不是給兩性完全相同的資質，至少是給他們同樣的美德能力。根據莫索尼烏斯，好的婚姻，建立於 harmonia；但對於這個字眼，不只要理解為兩位伴侶間相似的思想；它所涉及的更是在理性處世的方式、道德態度及美德方面上是一致的。配偶在婚姻生活中應該形成的，乃是一個真正的倫理整體。這個整體，莫索尼烏斯將它描寫得像是屋架中的兩個元件之間的修整結果；每一個部件都必須是完全是直的，才能構成一個堅固的整體。[27] 不過，為了形容配偶必須形成的實質整體，有時人們會利用另一個隱喻，而它比起彼

此修整磨合的部件更加地強大。這是完全的融合（di'holōn krasis），而它是個借用自斯多葛學派物理學的觀念。

安提帕特所寫的專論已經使用了此一模型，並透過它將配偶間的感情對立於其他形式的友誼。[28] 他描述後者像是各種組合，但在其中諸元素彼此之間仍是保持相互獨立的，就像是把穀子混在一起，後來仍可以分開：mixis 這詞語指稱的便是這種同時並列的混合。相對地，婚姻應該是屬於一種完全的融合，就像人們可以在酒和水之間觀察到的融合，透過它們的混合，產生了一個新的液體。這同一個婚姻「融合」（crase）的觀念，也出現於普魯塔克《婚姻格言》中的第 34 篇：它被用來區分三類的婚姻，並在其中產生階序高低。有些婚姻之所以產生，只是為了床笫之間的歡愉：它的範疇屬於這類分別元素並列式的混合，其中每個元素仍保持其個別性。有些婚姻之所以形成，則是因為利益；它們類似於各元素相互組合後形成一個新且堅固的整體，但各個元素總是可以相互分開：這就像是屋架中各部件組合所形成的。至於完全的融合——確保一不會解開的新整體之形成的「融合」——只有基於愛情的婚姻才能實現它，在其中，配偶之間是以愛而相互結合。[29]

單以這幾份文本,將無法再現紀元初始數世紀中的婚姻實踐,甚至也不能概述它所產生的理論性辯論。有必要了解它們是片面的,特屬於某些學說,並且也特殊地屬於某一些相當受限的社會環境。但即使只是透過斷簡殘篇,我們可以在其中明白地看到,一個婚配存在(existence)的「強模型」的草圖。在這個模型中,看來比較根本的是與他者的關係,並不是血緣,也不是友誼;而是一男一女之間的關係,而它一方面是在體制性的婚姻形式之中組織起來,同時又在重疊於其上的共同生活之中組織。家庭體系或友誼的網絡無疑地保持了它們大部分的社會重要性;然而,在存在的藝術方面,它們相對於不同性別的兩位之間的強力連結,稍微失去了一點價值。一種同時具有存有論及倫理學性格的自然優先地位,被賜予此一雙元且性別相異的關係,更勝於其他各種關係。

我們理解,在此狀況中,作為已婚者的藝術,其中一個最特殊的特徵;那便是對自我的關注,以及對於兩人共同生活的留意,兩者可以緊密地結合。如果和一位女人關係(而這女人即是「妻子」、「配偶」)對於存在是根本的,如果人是一個需要結合配偶的個體,而他的天性會在與人

分享的人生實踐中完成，那麼，在我們和自我之間建立的關係，以及和我們和一他者之間設立的關係，這兩者之間並不會有根本及首要的不相容性。

然而，關懷自我者並不應只是步入婚姻；他應給予他的婚姻生活一個經過反思的形式以及特殊的風格。此一風格，雖有其所要求的節制，並不是只界定於對自我的主宰，以及必須能治理自我才能指揮他人的原理；它也界定於某種相互性形式的提煉；配偶連結於每個人的存在留下如下強大印記，在其中，配偶作為地位優先的伙伴，應該被當作是一位和自身完全等同的存有來對待，以及被視為我們應與其形成一個實質整體的元素。這便是此一相關於婚姻的主題群組在自我文化中的弔詭，而一整套的哲學曾以它為對象發展起來：妻子─配偶在其中被提升了價值，成為最具代表性的他者（l'autre par excellence）；但丈夫應該承認她和自己形成一整體。相對於婚配關係的傳統形式，這是相當可觀的改變。

La question du monopole

第二節
獨占問題

人們可以期待有關婚姻生活的專著,對於夫妻之間的性關係的作息控制應會給予重要的角色。事實上,保留給它們的位置是相對受限的:彷彿配偶關係的客體化(objectivation),遠遠地超前於在其中開展的性關係的客體化;彷彿所有適合帶至雙人生活的認真努力,仍然將配偶間的性問題留置於陰影區域之中。

此一含蓄無疑是傳統的。當柏拉圖要對此一主題立法時——設定為了生下美好的孩子必須採取的預先謹慎、規定未來要為人父母的人應有的生理及道德狀態、甚至設立會涉入年輕家庭生活的女督察員——也強調處理這類事物的立法可能令人難以接受。[30] 對立於此一希臘的含蓄,由中世紀開始的基督宗教的牧教內容則是專注細膩:那時人們開始對所有的一切作規範——姿勢、頻率、手勢、每個人的靈魂狀態、一人對另一人意圖的認知、一方的慾望記號、另一方的接納標記,等等。希臘化及羅馬時期的道德論,就此主題則說得不多。

然而,關於快感使用及婚姻生活之間關係的許多重要原則,出現於這些文本中的某些部分。

我們已經看到,傳統上,在性動作和婚姻間的關係,

其建立乃是出發於並關連於擁有後代之必要性的。此一生殖的目的位列於結婚的理由之一；因為它，性關係在婚姻中成為必要；另外，它的缺乏則可能會使得配偶關係解體；因為考量到生殖的最佳可能條件，人們才會對已婚者作出完成結合動作的某些建議（我們應該選擇的時刻、前行於它的飲食作息控制）。也是為了避免不合法的後代，人們才反對婚外情（不只是就女性而言，這禁制是當然的，但這一點也對男性有效）。我們可以簡略地說，在古典時期的文本裡，婚配連結與性關係之間的綜合主要是因為生殖這個理由；而且——至少對於男人而言——並不是因為性動作的特性，或是婚姻本身的本質，導致快感只能出現於配偶關係之中。除了生出不合法小孩的問題，並且考量到自我主宰的倫理要求，並沒有理由要求一個男人，即使他是已婚的，要將他的所有快感保留給其妻子，而且只保留給她。

然而，我們在紀元首數世紀形成的嚴格的婚姻道德中，可以很容易地觀察到或可稱之為性關係的「配偶化」（conjugalisation）——同時是直接的且相互的配偶化。直接的：這是因為性關係的特質，應該可以排除人們需要在婚姻之外運用它。相互的，這是因為婚姻的特質和夫婦間

所形成的連結，應能排除人們可以在它處找到的性快感。婚姻的狀態及性的活動因此應該相合（coïncidence）：而這是完全地應然，而不只是為了合法後代的單一目標。此一相合——或者毋寧說是要使其相合的動勢，而其中不乏某些差距或可能的邊際——顯現於兩個原理的提煉：一方面，根據其所是，性快感將不會被接受於婚姻之外，而這意味著實務上它不應在一位未婚者身上受到容忍；另一方面，配偶關係產生如此的連結，使得妻子不單只會因為失去地位而受傷，也可能因為其丈夫能夠和別的女性一起取得快感而如此。

1.

我們無疑地很少看到以下原則的表述，即性關係如果不是發生於使其正當化的婚姻關係之內，便應受到指責。只要他有個人的分寸，並且尊重習俗、法律及他的人的權利，一位單身者可以隨其所好地取得其快感；即使是在此一嚴格的道德中，只要他沒有締結婚約，強烈地要求他絕

對地戒慾也會是非常困難的。根據塞內克的說法，馬希亞（Marcia）的兒子是因為他個人偉大的美德，才會拒絕垂涎於他的女人對他主動的接近，甚至因為能取悅她們而感到臉紅，彷彿那是個過錯（*quasi peccasset*）。[31] 我們可以注意到狄安·德·普魯士對於賣淫以及它被組織的方式顯得非常嚴厲；首先，他在其中看到一種「無愛情之愛」的形式，以及一種陌生於阿芙羅黛蒂（Aphrodite）的結合；接著，其中的受害者是非合意的人；然而，雖然他期待一個治理良好的城邦取消這些組織，他也並不會設想能即早地將它們廢除，並同時消除一個如此根深柢固的罪惡。[32] 馬克·奧理略慶幸自己就性快感方面能保持節制：他「保存了他的花樣年華」，他並沒有「過度早熟地作出符合雄風的舉動」，他「甚至超過了時間」；然而，這些表述明白地顯示：美德的重點並不在於他將其快感只保留給婚姻，而是他足夠明白如何主宰自己，以比一般人更長的時間，等待到品嚐性快感的時刻。[33] 艾皮克特克也是相同，提及理想的性關係不應發生於婚配結合之前；但他只是將它當作是個忠告事項；這個忠告如果人們能跟上最好，但沒有必要把這樣的貞潔變成一個傲慢的誡律：「至於愛的歡愉，必須要盡可能

地保持純正，直到結婚之前；如果我們沉緬其中，那麼就只取得其中受允許的部分。不要去糾纏那些取用它們的人，不要對他施教訓；如果你自己不取用它們，也不要到處宣說。」[34] 對於性關係中他所要求的極端保留態度，艾皮克特克並不以婚姻形式、婚姻所建立的權利及責任，以及必須為妻子付出的義務，作為其正當化理由；他解釋說，人們應如此對待自己，因為人是神的一個片段，因為有必要尊重此一源起，而它安居於在身體之中已有長久時間，因為人們必須在所有的日常生活中尊重它。提醒我們是什麼，而不是和他人連結的意識，應作為嚴肅刻苦的永久原理：「當你在進食時，你不願提醒那正進食的自己是誰，又是誰餵養了你？在你的性關係中，那在享用樂趣的你，在這關係中的你是誰？在你的社會生活中，你的體能活動中、你的會話中，你不知道你餵食的是一個神，你所活動的是一個神？……面對著位在你之內的神，且祂能聽見及看見所有的一切事物，你不會臉紅於想到它們並完成它們，你這位無意識於自身天性的人，神怒的對象。」[35]

相對地，莫索尼烏斯・魯夫斯則邁向性活動的完全配偶化，因為他譴責任何不是在配偶關係中發生的性關係，

而且只是為了它自身之目的而發生。他有關阿芙羅底其亞的專著片段現保存於史托貝（Stobée）[IX]所編《希臘文選》之中，它開始於一段對於荒淫生活的慣常批評：一種不知如何對它自身施行必要的主宰的生活，被無限定的稀少及講究的快感，以及「令人羞恥的關係」之追求所席捲。不過，在此一平凡的譴責之上，莫索尼烏斯以正向誡律為名義，加上一定義，界定何者必須被當作是合法的快感（*aphrodisia dikaia*）：他說，這便是伴侶兩人一起在婚姻之中完成的，並且目的是為孩子的出生（*ta en gamōi kai epi genesei paidōn sunteloumena*）。接下來，莫索尼烏斯明確地說明有兩個假設可以出現：或者婚外性關係是在通姦（*moicheia*）之中尋求的，那麼它們便是最相反於法律的（*paranomōtatai*）；或者人們是在任何通姦關係之外獲得它：但一旦它們「喪失了使其符合法律的事物」，它們本身便成為可恥的，並且起源於荒淫之中。[36] 對於性活動而言，配偶關係乃是其合法施行的條件。

介於過度強烈追求快感會與自我主宰相矛盾的古老主題，以及合法快感只存在於婚姻體制之中的原則之間，莫索尼烏斯·魯夫斯向前邁進了一步。而且他從中推導出了

一個必然的後果,雖然這對許多他的同時代人可能會顯得是弔詭的。再者,他本人呈現它時是針對一個可能的反對論點:兩位自由且不受婚姻關係拘束的人之間發生的性關係,是否有必要將之視為應該受責備的?「一個男人與高級妓女或一位未婚女性發生關係,並不損害任何權利也不會剝奪任何人生育的希望。」即使是在這些狀況下,人們仍犯了過錯——就好像即使不對周邊任何人造成損害,人們仍可以犯下過錯及不義:人們髒污了自己,而且「就像豬由自己的骯髒得到快樂」。[37] 在此一婚姻與性活動的根本關係的含帶意義之中,也必須放入莫索尼烏斯·魯夫斯對於避孕的拒絕。他在一篇探討是否所有的小孩都應受養育的文本中說道,這樣的作法違反了城邦的法律,因為它們關注於保持其人口;它們也對個人造成傷害,因為擁有後代是如此地有用;它們也傷害了諸神所意願的宇宙秩序:「當我們作這樣的事時,我們如何能不犯罪逆反我們的祖上諸神及

IX. Jean Stobée,拉丁文原名 Ioannes Stobaeus,活躍於第 5 世紀,編纂希臘文《文獻選集》,其中包括眾多上古作者的片簡,因當中有許多只存於此處而顯得珍貴。

家庭保護神朱比特?這是因為,正如同不能善待來客,便犯罪違逆了宙斯,待客之道的保護神,同樣地,行為對於友人不義的,便犯罪違逆了宙斯,友誼之神,同樣地,以不義行為對待其後代的,犯罪違逆了祖上諸神及宙斯,家庭的保護神。」[38]

人們會有誘因在這裡看出基督宗教理念的預先出現,即性快感本身是個污點,而只有婚姻的合法形式,藉由其最終達到的生殖,足以使得它變得可以被接受。克萊蒙・達列桑德里(Clément d'Alexandrie)在其《指導者》(*Pédagogue*)一書第 2 卷,[39] 使用了莫索尼烏斯這個段落,這是事實。然而,如果莫索尼烏斯——和大部分的古代道德家一樣,除了犬儒學派之外——都認為在眾目睽睽之下作這類的關係是令人恥辱的,但如果把下面的理念塞入他的想法中,也是錯誤地理解其學說,也就是說認為性快感是個罪惡,而婚姻之所以被建立起來,便是要恢復它的地位,並且在其必要使用的嚴謹框架中來控制它。如果莫索尼烏斯認為所有婚外性關係都是可恥的,那並不是因為婚姻這元素被強加於性關係之上,以去除它內在必要的過錯性格:那是因為,作為理性和具社會性的人類,性動作

因其天性便是要被置入於婚配關係,並且在其中產生合法後代。性的動作、配偶連結、後裔、家庭、城邦及更遠在其外的人類共同體,所有這些構成了一個系列,在其中,各元素皆是相連的,而人的存在也在其中找到其理性的形式。將快感抽出,並使它與配偶關係相分離,向它們提供其他目的,這乃是損害了構成人最根本的部分。污點不存在於性動作本身之中,而是存在於「荒淫」之中,它將性動作和婚姻分離,而後者是它的自然形式及理性目的。在這樣的視野裡,對於人類,婚姻構成了性的結合與阿芙羅底其亞的使用的唯一合法框架。

2.

由此一性關係與性快感對合法配偶關係的根本隸屬出發,我們可以理解有關通姦的新問題化以及雙重性忠誠要求的初步藍圖。

我們知道,之前通姦是在法律上被定罪的及道德上受譴責的,理由是一位男人誘拐了另一位男人之女人所造成

的不正義。於是,構成它的,乃是在婚外性關係中,女性已婚的事實,而且只根據此一事實;在男性這邊,是否處於婚姻狀況並不相干;這也就是說,欺騙及傷害,乃是兩個男人之間的事情——一位奪去了女人,另一位則在她身上擁有合法的權利。[40] 通姦的此一定義,只根據對丈夫權利的損害,相當地通行,以至於我們也可以在一個像是艾皮克特克那樣要求嚴格的道德論中發現它。[41] 在一段交談中,主題是「人生而守信(*pistis*)」,有個男人出現——一位文人(*philologos*)——他曾經被捉姦在床,但他以阿爾克達摩斯(Archédamos)有關女性共同體的學說來為自己辯護。艾皮克特克對於他的反駁有兩個要點。由於通姦,男人逾越了「我們為其所生的忠誠原則」;然而,此一「忠誠」,艾皮克特克並不將它放置於婚姻制度的框架內;更進一步,他甚至也沒有引用配偶連結作為其中的根本形式之一;他將其特色訂定為將一個人與其鄰居、友人、城邦結合的連結;在他眼中,通姦之所以構成過錯,乃是因為它對人之間的關係組織造成撕裂,在其中,每個人不只受召喚要尊重他人,也要辨認出自己:「如果,拋棄了我們為其而生的忠誠,我們為鄰人的妻子設下陷阱,那我們是在作什麼?

那不就是在毀壞及消除？誰呢？忠誠之人、值得尊重之人、信宗教之人。這就是全部嗎？好鄰居之間的關係，我們沒有消除它嗎？而友誼、城邦，我們不也消除了它們嗎？」[42] 通姦損害的，乃是人自身及其他人。

然而，即使有此的通姦的傳統特性描述，並且是在它之旁，我們可以在某些有關婚姻的反思中，發現更加嚴格的一些要求，其意義是它們越來越傾向於發揮一個男女之間的對稱原則，並且它們將其理由關連至夫妻兩人之間的個人連結所要求的尊重。針對這些「有益的真相」，我們是遙遠地認知，但由於它們不夠受到一再重複地宣講，並不是在能真正地作用於行為之上的狀況，塞內克提及整體的友誼義務，以及嚴格的對稱的婚配忠實中的義務：「你知道友誼中的義務必須以宗教信仰的態度來加以遵循，但你什麼都沒有作。你知道這人是不誠實的，當他要求妻子持守貞潔，而他自己卻在引誘別人的妻子；你知道，她被禁止有個情夫，你也同樣地禁止擁有情婦。」[43]

在莫索尼烏斯的作品中，我們可以看到對於配偶間對稱忠誠最具細節的陳述。[44] 此一論證出現於其專著《論阿芙羅底其亞》（*Sur les aphrodisia*）的一個長段落中，在其中受

論證的是,只有婚姻能才能構成性關係的自然合法連結。莫索尼烏斯遭遇的,可以被稱為「婢女問題」。奴隸在此時因屬於同住家人此一框架,而被接受可作為性對象,而且看起來不可能禁止一位已婚男人加以使用;但這正是莫索尼烏斯想禁止的,而且他加註說,即使此一奴婢尚未結婚(這一點令人假設,在一家宅中由奴隸組成的家庭有權利得到某種尊重)。為了奠立此一禁制的基礎,莫索尼烏斯高舉一對稱原則,或者毋寧說是舉出一個相對複雜的組合,界於權利秩序中的對稱和義務秩序的優位之間。一方面,人們如何能接受丈夫可以和一位奴婢發生關係,而不接受妻子和奴僕間也有發生關係的權利?在一方被質疑的權力,不能被給予另一方。而且,如果莫索尼烏斯認為在指揮家庭方面,男人是合法的及自然的,比女人有更多的權利,但就關係及性快感方面,他則要求精確的對稱。如果,實際上人們要求妻子不能與奴隸做的事,卻允許丈夫和奴婢可以,那便是假設女人比男人更能主宰自身及治理其慾望;在家中應受指揮的那位,因而是比指揮她的更強。為了男人真正成為優越的一方,他必須棄絕他對女人所禁止之事。對此一斯多葛學派的婚姻藝術,莫索尼烏斯提出了一個如

此嚴格的模型，在其中，一種忠誠關係受到要求：它對男人和女人都作出同樣方式的要求；它不只滿足於禁止所有可能損害其他男人權利的作為；它不只滿足於保護人妻，抵抗可能損害其作為家庭女主人及作為母親的威脅；它使得配偶連結顯得像是一個能於快感使用中精確平衡義務的系統。

在莫索尼烏斯作品中看到的性作為的完全配偶化，以及保留給婚姻獨占阿芙羅底其亞的原則，無疑是例外性的：這裡是個端點，在其上婚姻生活的藝術似乎是圍繞著一雙重禁止的律則而組織的。但在那些避免形成如此嚴厲的規則的作者的作品中，我們可以看到出現了一種有關忠誠的要求，它呼求的作為模式，其方式稍有不同。這些作者並不突出一個明顯的禁制，而是保存配偶連結的掛念，而且包括配偶間所有可能的個人關係、依戀、喜愛、及個人的尊重。此一忠誠比較不是以一律則作為其界定，而是以與妻子間關係的風格，透過一種存有方式以及針對她的行為舉止方式。對於婚外性關係如此完全的棄絕，在丈夫這方，應該來自於在這些關係中尋找體貼；它應該是一個同時是靈巧又深情的行為的效果；然而，人們也要求妻子在寬容

方面有其巧妙,因為她被迫要作些讓步,而如果不能加以遵守便是不夠謹慎的。

相當晚近的一份文本,長期被傳說是亞里斯多德所寫的《家政學》的翻譯,便如此地將謹慎與妥協的建議,並列於傳統有關妻子尊嚴的觀點。一方面,作者要求丈夫應該盡可能地照顧應會成為他所期待的孩子母親的妻子;他也要求他不能剝奪他所娶的女人應有的榮耀。[45] 但他也同樣地要求夫婦兩人相互阻止作出無恥及不誠實的事;他建議男人「在接近其配偶時,只能帶著誠實的態度、許多的克制及尊重」(*cum honestate, et cum multa mdestia et timore*);他期待丈夫「既不粗心也不嚴苛」(*nec neglegens nec severus*):「那些是高級妓女和其情夫之間的情感特質」;與其妻子之間,一位好丈夫應該顯露出關注,但也有節制,而妻子對此會以克制及體貼來作出回應,並且顯現出「等比例的」喜愛和敬畏。[46] 在彰顯此一忠誠的價值之餘,文本的作者明白要使妻子理解,如果丈夫犯了過錯,她應該有個相對妥協的態度;「讓她忘記丈夫的過錯吧,那是當他靈魂錯亂時,才會犯下對她的違逆」(*si quid vir animae passione ad ipsam peccaverit*);「希望她不作任何抱怨,並且不會對他所作所

為懷恨在心,而是將所有這些歸因給疾病、經驗不足或是意外產生的錯誤」;如此一來,反向過來,先生也會在痊癒之後對她表達謝意。[47]

以同樣的方式,《婚姻格言》也提出相互忠誠的原則。不過,這些格言並不將它表述為一個嚴謹且形式上對稱的強烈要求;如果這文本預設,甚至不用特別提出來,妻子應該忠誠於其丈夫,它也暗示說尋求別的快感對於丈夫而言也許是一個相當常犯的錯,但也不是很嚴重。雖說如此,這問題應是在婚姻的連結內部,根據夫妻間的感情關係——而不是根據權力或特權——才能得到解決。對於丈夫,普魯塔克要求不要與其他女人發生性關係:不只是因為這將對合法人妻的地位產生威脅,也是因為這將造成傷害——一個自然的傷害,而它會使人受苦。他提醒在貓之間發生的事,因為一香水的氣味便有使得牠發怒;同樣地女人也會因為丈夫和其他女人發生關係而盛怒;因而,使得她們遭受如此暴烈的悲傷,將會是不公平的(*adikon*),而且只是為了「根本不重要」的快感;他建議和妻子一起以養蜂人為榜樣,他如果和女人發生過關係,便不會接近蜂群。[48] 不過,普魯塔克也反向地給予人妻們忠告,希望她們展現某

些寬容——就好像波斯國王們的妻子們,當她們與丈夫一起參加饗宴時,會在酒酣耳熱、開始召來樂師及高級妓女時,先自行回家;她們應該會和自己說,如果她們的丈夫會到一位交際花(hétaïre)[X]或一位婢女那邊找樂子,那是出於尊重她們,因為他不想和她們共享他的荒淫、放縱及過度。[49] 如此,婚姻作為情感的連結及尊重的關係,更甚於地位的結構,將所有的性關係召喚至它這邊,並譴責所有發生於它之外的性關係。而且如果它傾向於要求兩位伴侶之間有對稱的忠實,它也構成一個交涉地帶,在其中丈夫對妻子的依戀及妻子面對丈夫的審慎是可以相互妥協的:男人在外頭的尋歡作樂將不再是承認他地位比較優越的後果,而是因為男人有某種弱點,而他必須盡可能地加以限制,而女人則對其加以容忍,而這讓步也許會在為她保持體面之餘,也證明了她的情感。

X. 此字原意為「女性的好友」或「伴侶」。她們可能有良好的教育並能參與教養良好的人們之間的會話。長期被視為古希臘除了斯巴達女人之外的唯一的獨立女性。

Les plaisirs du mariage

第三節
閨房之樂

婚姻被界定為一連結，而對於阿芙羅底其亞的施行它具有盡可能的排除性，這打開（或是可能打開）一整群的問題，而它們涉及快感的動作，在一個男女的感情關係或地位關係遊戲中的整合、角色、形式及目的。

　　事實上，我們必須承認，即使是在一些思維形式中，婚姻占有重要地位，在配偶關係中，快感的經濟仍是以一極端含蓄的方式受到對待。在此一由某些人表明的嚴格道德論中，婚姻要求快感的獨占；但人們並不說清楚哪些快感在其中是被接受的，哪些又是被排除的。

　　雖然如此，有兩個非常一般性的原理經常受到提及。一方面，人們強調配偶關係不應自外於艾若斯（Eros）[XI]，而這種愛某些哲學家有意保留給少男；但它也不應無視於或排除阿芙羅黛蒂。莫索尼烏斯在其展現婚姻遠不是哲學家的障礙而是其義務的文本中，強調婚配狀態的偉大及價值；而且他提醒是哪三位偉大的神明在照管它：希拉（Héra），我們「將她當作是婚姻的保護神來請教」，阿芙羅黛蒂，既然我們說「夫妻間的交流應稱為阿芙羅黛蒂的成果（Aphrodision ergon）」，還有艾若斯（對於它，實際上最好只應用於「男人與女人之間合法的結合」？）三位在一

起,這三大力量的作用是「為了孩子的誕生,結合兩位配偶」。[50] 普魯塔克也是用同樣的方式,肯定了阿芙羅黛蒂及艾若斯在配偶連結中的特定角色。[51]

和此一婚姻中存在著愛之激情與感官愉悅相關的是,人們使得另一個原理發揮作用,它和之前的原理是逆向的,但它也是非常一般的:那就是不可以對待情婦的方式來對待妻子,在婚姻之中,行為舉止必須像個丈夫,而不是像個情夫。[52] 我們可以理解配偶之間的端莊禮儀此一古老的原則,會因為婚姻傾向於構成性快感的唯一合法場合而變得更有價值。阿芙羅黛蒂及艾若斯必須存在於婚姻之中,完全不能存在於其他地方;但另一方面,配偶關係也應不同於情人間的關係。此一原理,我們在許多不同的形式下遇見它。比如是在謹慎的忠告形式之下,而它無疑是非常傳統的:如果教會妻子過於強烈的快感,其風險是給了她作壞方式使用的教學,而我們未來會後悔教會她這些。[53] 或者是在給夫婦忠告的形式之下:希望他們能在過度的戒慾和

XI. 希臘神話中愛與情慾之神,羅馬文明中的對照是愛神邱比特。在某些故事裡是阿芙羅黛蒂之子。

太接近荒淫放蕩的操行之間找到一條中道,而先生要不斷地提醒自己,我們不能「和同一位女人發生關係,但同時把她當作是妻子又當作是情婦」(*hōs gametē kai hōs hetaira*)。[54] 或者是在一般性的主張的形式之下:如果和自己妻子過度地火熱,便像是和她通姦。[55] 此一主題是重要的,因為我們會在基督教傳統中再度遇見它,而且它在其中會很早地出現(克萊蒙‧達列桑德里在《雜記》[*Stromates*] [56] 中便已參照了它),並且會持續長久(弗杭蘇瓦‧德‧撒耳斯[François de Sales] [XII] 在《虔信生活導論》[57] 一書中發展了其中的涵義);為了理解它在斯多葛學派中的意涵,無疑必須想起對他們而言,婚姻的自然及理性原理註定使得它是連結兩個存在、生產後代、對城邦有用,並且對整體人類有利的;在其中以尋求快樂的感覺為首位,將會是違反律則、逆轉了目的的順序,並且逾越了應該要能結合一男一女為一對偶的原理。

不過以一個更為具體方式,問題還是會出現,即婚姻的關係中,快感實踐的地位及形式應是什麼的問題,並且,它們內在的限制規定應該是受什麼樣的原理支撐。當婚姻召喚一個配偶關係,而它應該同時是個有高度價值的

個人關係,以及快感關係具排除性的地帶,雖然過去一直到當時允許男人可以在其婚姻的邊緣自由尋找快感,那麼此一婚配結構現在要如何扮演其作為調節原則的角色呢?在這樣的婚姻中,如果它應該同時是個人之間最強的連結及合法快感的唯一地帶,那麼它必須要有什麼樣的嚴苛刻苦呢?它們的表述,大多時候是相當模糊的,有點像我們可以在當作相傳是亞里斯多德所著的《家政學》第三卷的拉丁文文本中看到的;作者在其中要求丈夫在接近其妻子時「帶著誠實的態度」(*cum honestate*),「帶著許多的克制及尊重」(*cum multa modestia et timore*);他告誡他和她說話時「要以受到良好教育的人的語言,只能允許自己有合法及可敬的行動」;他忠告他對待其妻子要「帶著保留及禮貌」(*verecundia et pudore*)。[58]

以一種更精確的方式,婚姻內部的嚴峻性格為婚姻受承認的兩大自然及理性的目的性所正當化。如我們所知的,首先是生殖。我們不應——塞內克強調這一點,但我們之

XII. Saint François de Sales(1567-1622),法國神學家及天主教高層神職人員;請參考《性史 第二卷》導論譯註 XXI。

前有看到,也曾有一些醫生提醒這一點——將快感當作一個自然設定是為了生殖的動作的目的;如果人類被給予了愛的慾望,這不是為了他們可以品嘗感官享樂,而是為了他們可以繁衍其物種(*non voluptatis causa, sed propagandi generis*)。[59] 就此一般性的原理,莫索尼烏斯得出結論,性關係如要合法地發生,只有以生殖作為目的;至於那些只以追求快感作為目的者,他們是「不義的且違反律則,即使這發生在婚姻之內」。[60] 也可以在新畢達哥拉斯學派中找到的此一規則,似乎被用來正當化一些傳統的禁制:比如禁止在經期行房(照醫生們的說法,這會有帶走精子的危險),或是不得在懷孕期間行房的禁制(不只這將不會有生育力,而且可能損害胎兒的續存)。然而,在這些一般性的忠告之外,雖然原理是相同的,這裡似沒有可以在基督教牧教內容中可以看到的詢問類型,那是有關於性關係的正當性被關連於公認的不孕、或是在更年期之後、或是關連於伴侶中的每一位,在動作之先,甚至是在動作當下可能有的意圖。將快感作為目的排除在外,在這些最嚴格的道德學家的作品中,似乎是一個強烈的要求;但此一要求比較是一個原理性質的立場,而不是一個可以用來規範行為

的圖式，並且在其中精確地編碼受允許或受禁止的形式。

婚姻第二個大目的——經營一個共同及完全分享的生活——形成了另一個會召喚配偶關係內的嚴苛刻苦的原理。和生殖的原理一樣，此一原理並不明確地劃分什麼是受允許而什麼又是受禁止的。但是在快感關係與配偶關係的組構上，某些作者——其中最突出的是普魯塔克——使它扮演一個更微妙及更複雜的角色。這是因為，一方面，有義務使得妻子成為一個我們為她敞開靈魂的伴侶，迫使我們對她付出尊重，而那不只是針對她的身份和地位，也是針對其個人的尊嚴；阿芙羅底其亞的生活作息控制體制因此應在其中找到一個內在的限制性原理。不過，另一方面，如果婚姻生活的目標應該是形成一個完美的共同體——一個真正的「存在的融合」——我們也可明白地了解性關係及快感，如果是受到分享及共同取用的，會構成一個使夫妻二人相貼近的因素。一個堅實的連結的形成及它的加強，在阿芙羅底其亞的使用中，不只是個保障，也是個有助於它的元素。於是，對於性快感給予正面評價（條件是它們被整合於一個婚配關係中，而且是良好地融入其中），會符合於其嚴格實行的忠告，而這正是允許它們在配偶連結中

扮演一個正面的角色。

此一由必要的嚴苛和受期待的強度之間所構成的螺旋，清楚地出現於《婚姻格言》之中。它甚至構成其中的主軸之一。此一文本重拾某些著名的古老原則，它們是有關於應該圍繞著生殖動作的醜腆和祕密，但不只於此，連單純的歡愉手勢，比如親吻及撫摸也應如此；[61] 他也改造希羅多德的一個著名的字眼，提醒說一位妻子的羞恥心不應和她脫下的袍子一起褪去，[62] 而陰暗也不應遮隱任何放浪；他提及一位想要逃脫菲利普（Philippe）的女人，對他說燈熄了以後所有女人都有同樣價值，普魯塔克註解說妻子正是不應該和其他人一樣；當她被夜晚隱身，無法看見她的身體，她應該使得她內在的美德放出光芒（ to sōphron autēs ）。然而，她內在的美德，也是使得她唯一依戀其丈夫並使得她單一地註定和他結合者：「她的忠貞及深情」。[63]

一個歡迎人的含蓄、意味著單一鍾情的依戀的醜腆，圍繞著此一原則，普魯塔克發展出某些數量的忠告，它們排除過慮的嚴苛，以及無保留的輕易，而且既適用於男人，也適用於女人。他引用一位年輕的斯巴達女人作為例子，一位好妻子無疑是不應自己主動向丈夫調情；[64] 但她不應顯

示出對他的調情感到厭煩；前面一種態度讓人覺得有點不知害臊，飄著高級妓女的味道，但在第二種態度中則令人感到一種不友善的傲慢。[65] 這裡出現的是，但是以一種仍然很模糊的方式，一些規則的草樣，它們會固定下各自的主動性及有待交換的記號，而基督宗教牧教內容之後會給予它們如此巨大的重要性。普魯塔克為夫婦間最起初的性關係中的危險賦予很大的重要性，因為它可能損害之後的良好融洽，以及由此形成的連結的堅實性。他提到年輕新娘可能會有的不佳經驗；他建議不要過度停留於此，因為婚姻的好處之後可能會出現：不要像那些被蜜蜂螫了便放棄收獲蜂蜜的人。[66] 但他也擔心在新婚初期感受到太強烈的感官快樂，可能會在快感消失之後使得情感也有衰敗的風險；最好的是愛情的效力來自夫婦的性格，並且受其心智支配。[67] 在婚姻生活的整個過程裡，也不要遲疑於利用夫妻間的性關係來協助建立配偶間的友誼。對於此一情感的重新激活——《愛情對話錄》中的一位對話者明顯地提到這一點[68]——《婚姻格言》給出兩個明確的例證：最應避免的是在臥房中的吵架：這是因為「床笫之間生出的不合及指責，並不容易在其他地方使其平和」[69]；又或者，當人們習慣於

一起共眠,不要在吵架時分房睡;相反地,這是祈求阿芙羅黛蒂協助的時刻,「對於這一類的病痛,她是最好的醫生。」[70]

這個主題在普魯塔克的作品占據相對重要的位置。我們將會在《愛情對話錄》中遭遇它,在其中它的作用是根本地區別對女人之愛和對少男之愛:在女人之愛中,快感是其中不可分離的內在元素,並且在精神關係中有著正向的角色,而在少男之愛中,身體的快感(被假設是並非具有相互性的)卻不能被當作是關係之內的有利因素。這個主題也同樣地在《七智者饗宴》(Banquet des sept Sages)被提及,這其中探討的是性的感官享樂與其他兩個相關連的生理快感,而它們是經常被關連在一起的:酒醉與音樂。其中的對話者——門奈斯菲爾(Mnésiphile)——提到要注意在所有的藝術或實踐中,作品並不是存在於工具或材料的操縱,而是在於我們要作什麼:建築師的作品並不存在於他所混合的灰漿,而是在於他所建構的神殿;繆斯女神們,當她們專注於豎琴或笛子時,其任務只是「道德養成和撫慰激情」。[71] 正如同戴奧尼索斯(Dionysos)[XIII] 的任務並非飲用使人會醉的酒——阿芙羅黛蒂的任務(ergon Aphroditēs)

也不在於身體簡單的結合（*sunousia, meixis*）：它是在於友誼的情感（*philophrosunē*）、相互的需求（*pothos*）、關係（*homilia*）及交流（*sunētheia*）。在婚姻生活中，性關係應作為一個工具，服務於對稱的及具可逆性的感情關係的形成和發展：「阿芙羅黛蒂」，普魯塔克說，「乃是一位工匠，她創作男人與女人之間的協合及友誼（*homophrosunēs kai philias dēmiourgos*），因為透過他們的身體，以及在快感的效力之下，她連結並同時奠立他們的靈魂。」[72]

這些忠告可能會顯得相當粗糙。但它們其實是一段長程歷史的開端：那是夫妻間的道德關係受到編碼化的歷史，其中有兩個面向，一是含蓄的一般性建議，另一個則是透過性快感進行感情溝通的複雜教訓。

* * *

「獨占」的原則：在婚姻之外不能發生性關係。「去除享樂」的要求：夫妻間的結合並不遵從快感經濟。生殖的目

XIII. 希臘神話中的酒神。

的：它們的目標便是要生下後代。以上是帝國時期初期某些道德學家所發展出的配偶存在倫理學中具標記性的三個特徵，其精煉十分有賴於後期的斯多葛學派。不過，這些並不是它獨有的特徵：我們過去可以在柏拉圖對其共和國公民所強加的規則中找到它們；人們未來也可以在教會對於良好基督教家庭所要求的事物中找到它們。超越一個斯多葛式的嚴厲要求中的新創舉，更多於一個此一時期特有的道德計畫，這三個原則在許多世紀間，不停地標記著家庭曾被要求擔任性的嚴厲刻苦聚焦處的角色。

然而，這三個原則的持續性，不應令人相信有一純粹及簡單的同一性。在帝國時期出現的，多少具有斯多葛風格的道德論，不只滿足於傳播由柏拉圖的烏托邦至基督宗教，「占獨占性」的婚姻的規則，以生殖為目標並對性感有所疑慮。這道德論還為它帶來了某些數量的特殊折曲，而這從屬於當時自我文化的發展所採取的形式。

首先，要注意到柏拉圖作品中，將所有的性快感嵌入婚配結構之中的義務，其主要的正當化理由之一，便是有必要為城邦提供小孩，而這符合城邦續存及保存力量的需要。在基督宗教中，相對地，性關係和婚姻的連結，其正

當化將是因為前者本身帶有原罪、墮落及罪惡的印記,只有後者才能給予它合法地位,但人們仍要提問這是否能完全使得它變得無罪。然而,在莫索尼烏斯、塞內克、普魯塔克或希耶羅克勒斯的作品中,即使實用性有其角色需要扮演,即使對於快感的席捲能力之疑慮十分地強烈,婚姻和阿芙羅底其亞間的關連,其建立,就根本而言,並不有賴於設立婚姻的社會政治目標的優先性,或是預設有一罪惡是根源性質的,並內含於性快感之中成為其不可分離一部分,而是將這兩者連結於一自然的、理性的及本質的隸屬。我們可以這麼說,即使考量到立場的不同及學說的版本變化,在這種形式中,人們傾向於為婚姻要求獲得的性獨占,其旋轉重心比較不是圍繞著婚姻的「外部」實用性,或是快感「內部的」負面性,而是嘗試想要使得某些數量的關係能彼此相合(coïncidence):兩位性伴侶的結合、配偶的雙數性質連結、家庭的社會功能——而所有這些盡可能相符於與自我的關係。

在此我們觸及了第二個重要的差異。有必要將快感的使用維持在婚姻的框架中,對於柏拉圖的守衛、依索克拉特(Isocrate)的領導或亞里斯多德的公民而言,乃是對自

我實施主宰的方式,而此一主宰之所以必要,乃是因為他的地位,或是他在城邦中應該施行的權威。在基督教牧教內容中,對配偶完美忠實的原則,乃是一個因掛心於自身拯救的人無條件的責任。相對地,在此受啟發於斯多葛學派的道德論中,乃是為了要滿足與自我關係特別有關的要求,乃是為了不傷害人們依自然及本質之所是,並為了榮耀自我作為一理想的存在,而有必要使性的快感成為婚姻內部的使用,並且符合它的目標。這個原則無疑傾向於(甚至對男人也一樣),排除婚外性關係,並且只以某些特定目標來允許它,它將是後來配偶關係及性實踐的「法規化」的一個基石;如同女性,已婚男性的性活動也很可能落入法律的掌握,至少就原則而言是如此;在婚姻內部本身,一部明確的法典將會說明什麼是允許或禁止作的、受意願的或甚至思維的。然而此一法規化——它在後來會變得如此地敏感——乃是關連於基督教牧教內容及其特有結構。然而,即使是在對於夫妻生活說得最詳細的文本中,比如普魯塔克的文本,並不是有個規則被提出來以劃分允許及禁止;這是一種存有的方式、關係的風格;婚姻的道德論及配偶生活的忠告,同時是普世有效的原理,也是為了那些

想給予他們的存在一個榮耀及美麗的形式的人所立下的規則。這是一個存在美學沒有律則的普世性，而且無論如何，也只有某些人在實踐它。

性活動的配偶化，傾向於將其正當性只放置於婚姻之中，明顯地有一後果，即其彰顯的限縮（至少就與男人有關的部分而言，因為長久以來，已婚女子已被如此要求）。更進一步，在這些快感的使用及其享樂目的之間的分離，這要求傾向於此一活動本身內在的價值下降。但也須理解到，這些限縮和價值下降受到其他程序的陪伴：性關係在婚姻內部價值及意義的加強。一方面，實際上，婚姻內部的性關係不再簡單地只是一個權利的後果及顯現；它們必須身處於一個關係網絡之中，而這些關係包括感情、依戀及相互性的關係。另一方面，如果快感作為目的應被消除，至少在此一倫理學某些比較微妙的表述中，它應被利用作為配偶間情感表達遊戲中的元素（同時作為工具及保障）。

正是以此一阿芙羅底其亞在配偶關係中價值的強化為名義，並因為人們為它在夫妻溝通中賦予的角色，人們開始以越來越懷疑的方式提問少男之愛過去受承認的優越地位。

原書註

1. H. Thesleff,《希臘化時期畢達哥拉斯學派寫作導論》(*An Introduction to the Pythagorean Writings of the Hellenistic Period*) 及《希臘化時期畢達哥拉斯學派文本》(*The Pythagorean Texts of the Hellenistic Period*)。

2. M. Meslin,《羅馬人，由起源至紀元第1世紀》(*L'homme romain, des origines au 1er siècle de notre ère*)，頁143-163。

3. 莫索尼烏斯・魯夫斯 (Musonius Rufus)，《遺物》(*Reliquiae*)，Hense版，XIV，頁71。參考 C. Lutz,「莫索尼烏斯・魯夫斯」(Musonius Rufus)，《耶魯古典研究》，t. X，1947，頁87-100。

4. 希耶羅克勒斯 (Hiéroclès)，《論婚姻》(*Peri gamou*)，收錄於史托貝 (Stobée)，《選集》(*Florilège*)，21，17。

5. 莫索尼烏斯・魯夫斯,《遺物》，XIII，A. 頁67-68。

6. 同上，XIV，頁70-71。

7. 希耶羅克勒斯，收錄於史托貝,《選集》，22。

8. 亞里斯多德,《政治學》，I，2，1252 a。他也在《尼各馬可倫理學》中針對夫妻關係運用此一字眼，VIII，12。

9. 戴奧真尼・萊爾斯 (Diogène Laërce)，《哲學家傳記》(*Vies des*

10. 艾皮克特克（Epictète），《交談集》（Entretiens），III，7，19-20。
11. 同上，26。
12. 同上，28。
13. 同上，36。
14. 希耶羅克勒斯，收錄於史托貝，《選集》，22。
15. 莫索尼烏斯・魯夫斯，《遺物》，XIV，頁 70。
16. 艾皮克特克，《交談集》，III，22，47。
17. 同上，70-71。
18. 同上，73。
19. 同上，67-68。
20. 亞里斯多德，《尼各馬可倫理學》，VIII，12。
21. 莫索尼烏斯・魯夫斯，《遺物》，XIV，頁 74-75。
22. 希耶羅克勒斯，收錄於史托貝，《選集》，21。
23. 莫索尼烏斯・魯夫斯，《遺物》，XIV，頁 73-74。
24. 披林，《書信集》，VII，5。
25. 希耶羅克勒斯，收錄於史托貝，《選集》，24。
26. 披林，《書信集》，IV，19。
27. 莫索尼烏斯・魯夫斯，《遺物》，XIII，頁 69-70。
28. 安提帕特，收錄於史托貝，《選集》，25。
29. 普魯塔克，《婚姻格言》（Préceptes conjugaux），34 (142 e-143 a)。編號 20 格言將好的婚姻相比於受到許多條股索交纏而得以加強

的繩子。

30. 請參考《性史第二卷，快感的使用》，第 3 章；柏拉圖，《法律篇》，VI，779 e-780 a。

31. 塞內克，《慰藉馬爾西亞》(Consolation à Marcia)，24。

32. 狄安‧德‧普魯士（Dion de Pruse），《演講錄》(Discours)，VII。

33. 馬克‧奧理略，《沉思錄》，I，17。

34. 艾皮克特克，《手冊》(Manuel)，XXXIII，8。

35. 艾皮克特克，《交談集》(Entretiens)，II，8（12-14）。

36. 莫索尼烏斯‧魯夫斯，《遺物》，XII，頁 63-64。

37. 同上。

38. 莫索尼烏斯‧魯夫斯，《遺物》，XV，頁 78。此一文本受引述及評註於 Noonam，《避孕及婚姻》(Contraception et mariage)，頁 66-67。

39. 克萊蒙‧達列桑德里（Clément d'Alexandrie），《教導者》(Le Pédagogue)，II，10。

40. 請參考《性史第二卷，快感的使用》，第 3 章。

41. 艾皮克特克，《交談集》，II，4，2-3。

42. 同上。

43. 塞內克，《路西里烏斯書信集》，94，26。

44. 莫索尼烏斯‧魯夫斯，《遺物》，XII，頁 66。

45. 傳為亞里斯多德，《家政學》，III，2。

46. 同上，III，3。

47. 同上，III，1。

48. 普魯塔克,《婚姻格言》,44,144 c-d。

49. 同上,50,140 b。

50. 莫索尼烏斯・魯夫斯,《遺物》,Hense 版,XIV。

51. 普魯塔克,《愛情對話錄》(*Dialogue sur l'Amour*),759 e-f。

52. 塞內克,《斷簡》(*Fragments*)(Hense 版),85。

53. 普魯塔克,《婚姻格言》,47,144 f-145 a;亦請參考 17,140 c。

54. 同上,29,142 a-c。

55. 塞內克,《斷簡》,85。

56. 克萊蒙・達列桑德里,《雜記》(*Stromates*),II,143,1。

57. 弗杭蘇瓦・德・撒耳斯(François de Sales),《虔信生活導論》(*Introduction à la vie dévote*),III,39。

58. 傳為亞里斯多德,《家政學》,III,3。

59. 塞內克,《慰藉赫爾維亞》(*Consolation à Helvia*),13,4。

60. 莫索尼烏斯・魯夫斯,《遺物》,XII,頁 64。

61. 普魯塔克,《婚姻格言》,13,139 e。

62. 同上,10,139 c。

63. 同上,46,144 e-f。

64. 亦請參考普魯塔克,《女人的美德》(*Des vertus des femmes*),242 b。

65. 普魯塔克,《婚姻格言》,18,140 c。

66. 同上,2,138 d-e。

67. 同上,2,138 f。

68. 參考本書後文第 6 章。

69. 普魯塔克,《婚姻格言》,39,143 e。

70. 同上,38,143 d。

71. 普魯塔克,《七智者饗宴》(*Banquet des sept Sages*),156 c。

72. 同上,156 d。在其《普魯塔克與斯多葛主義》(*Plutarque et le stoïcisme*)一書中,Babut 提出:「安提帕特、莫索尼烏斯及希耶羅克勒斯對於婚姻比愛更感興趣;他們的目標似乎是說明婚姻不會阻礙人過著哲學的生活;最後,我們不能在他們的作品中找到《關於愛》(*Amatorius*)書中的一個重要理念,即女人和男人一樣都能引發愛的激情。」

VI. Les garçons

第六章

少男們

相較於其古典時期的高度表述，有關少男之愛的反思，在紀元初首的數世紀，如果說不是失去其當前性，至少失去了它的強度、嚴肅性及活躍性。在它出現之處，它呈現出一種很容易便重複的樣態：運用古老的主題──經常屬於柏拉圖主義的──，它以平淡乏味的方式，參與了古典文化的重新發動。即使當哲學尋求重新給予蘇格拉底的形象他昔日的榮耀，少男之愛和它所帶來的問題，並不構成一個主動及具活力的反思聚焦點：馬克欣・德・泰爾（Maxime de Tyr）有關蘇格拉底式愛情的四篇論述，並不能提供一個反向的論點。

這並不是表示這實踐已消失，或是它成為一個失格（disqualification）的對象。所有文本都顯示它仍是通行的，而且總是被視為一個自然的事物。看來受到改變的，並不是對於少男的愛好，也不是對於有此傾向之人所作的價值判斷，而是人們向它提問的方式。不是事物本身變得老舊過時，而是有關它所提的問題；對於它的興趣減退了；在哲學和道德辯論中的重要性，它曾受承認的重要性被抹除了。此一「去問題化」無疑有許多原因。有一些觸及羅馬文化的影響；這不是因為羅馬人相較於希臘人對於這一

類的快感比較不那麼敏感。然而，少男作為快感對象的困難問題，在他們的制度中產生的問題，並沒有像是在希臘城邦中那麼尖銳。一方面，出身良好的孩子們受到家庭權利及公共律法良好地「保護」；家中的父親意欲使人尊重他在他們的兒子身上施行的權力；著名的史坎底尼亞法案（loi *Scantinia*）[I]——包斯威爾（Boswell）[II] 良好地展現了這一點[1]——並不禁止同性性愛，它保護的是自由的青年不受到侵犯及暴力對待。另一方面，而且這也是屬於結果的部分，少男愛特別是施行於年輕的奴隸，而後者就地位而言，沒有需要憂慮之處：「在羅馬，自由人出身的少年由奴隸取代之」，維恩（Veyne）如此說道。[2] 即使受到希臘化文化的影響，即使飽浸於哲學之中，即使羅馬的詩人這麼喜歡歌頌青少年，希臘有關少男之愛的偉大思辯並沒有激發羅馬

I. Lex Scantinia（有時只作 Scatinia）為一古羅馬法律，可能立法於紀元前 3 世紀。此法處罰對男性未成年自由人所作的性犯罪。它也被用來處罰在和別的男性發生性關係時，採取被動角色的男性公民。

II. John Eastburn Boswell（1947-1994），美國耶魯大學史學教授，研究集中於基督宗教與同性戀問題。

給予回響。

更有甚者,教育實作所採取的形式,以及被體制化的模式,使得要以教育效能為名義,為少男關係給予正面價值的變得困難。當昆提良（Quintilien）[III] 提到少男要被交付給修辭學家的時刻,他強調有必要確保此人的「品行」;「實際上,孩子們被交付於教師手中時,幾乎已經發育完成,而且成為年輕人後,他們仍和其相伴;也有必要特別仔細注意的是在他們年少時,能在其師傅的純潔中,找到防範任何侵犯的護佑,而他們的過度興奮能被他的嚴肅帶離放縱不羈」;因而教師「對於其學生,要採取像父親般的情感,並且把自己當作是將孩子們交在他手上的人之代表人」。[3] 以更一般的方式而言,個人間的德愛（philia）[IV] 關係,其重要性有某種減少,再加上婚姻及配偶間的連結的價值提昇,都大大地有助於造成男人之間的戀愛關係停止構成為一個強烈的理論及道德討論焦點。

不論如何,仍然傳下了三部重要的文本:普魯塔克有關愛的對話、更晚近一些,傳說為路西安所著的文本,以及馬克欣・德・泰爾關於蘇格拉底式愛情的四篇論文[V]。最後的這部文本可擱置一旁:並不因為其修辭及人為的性格──

傳為路西安所著的《諸種愛》在這方面不遑多讓，而且，在學院習題中重啟古老的主題乃是一個時代特徵。不過，馬克欣・德・泰爾的文本基本上探討的是——這也是使得它是傳統的原因——在男性間的關係中，區分及比較兩種愛：一種是美及正義的，另一種則並非如此。[4] 此一區分，馬克欣・德・泰爾依據柏拉圖主義的傳統，使它符合真正的愛及只是看來如此的愛之間的對立。由此出發，他發展出兩種愛之間既系統又傳統的比較。根據它們特有的品質；其中一個具有美德、友誼、克制、坦白、穩定；另一個有的則是過度、仇恨、放縱、不忠誠。根據使它們有其特徵的存有方式：一方是符合希臘化文化及陽剛的，另一個則是女性化及具蠻族性格。最後，根據它們所顯現的行為舉止：其中之一照料其所愛，陪同他到體育學校（gymnase）、一

III. Marcus Fabius Quintilianus 為活躍於紀元第 1 世紀的拉丁修辭學家及教育家，他的著作《演說家的教育》影響力深遠。

IV. 關於這個希臘字詞的翻譯，請參考《性史 第二卷》第三章譯註 XV。

V. 馬克欣・德・泰爾（約 125-185）活躍於第 2 世紀，他留下的《論文集》中有 4 篇關於「何謂蘇格拉底之愛」。

起去打獵、戰鬥;他跟隨他及至死亡;他並不是在夜晚或孤獨中尋求他的陪伴;另一個反之,逃避太陽、尋求夜晚及孤獨,並且避免被看到和他所愛之人在一起。[5]

普魯塔克及傳為作者的路西安,他們以愛為主題的對話錄,則是以非常不同方式加以建構。他們的愛慾論也是雙元的及比較的:其所涉及的總是分辨兩種形式愛,以及對照它們的價值。然而,它們並不只是在一個完全受男性之愛所代表或至少主宰的艾若斯(Eros)之內部進行比較,以便使得兩種道德上不相等的形式出現,而是由本性便不相同的關係形式出發:與少男的和與女人間的關係(更精確地說,那是在婚姻的框架中,人們可以和其妻子之間擁有的關係);而且是就這兩個本來就被當作是明白不同的形式,提出價值、美、以及道德優越性的問題。其多樣的結果以相當地幅度調整改變了愛慾論的問題:對於女性的愛及婚姻是獨特地具有完整的權利,乃是艾若斯領域及其問題化中的一部分;這問題化受支撐於同性之愛及異性之愛間自然的對立;而最後愛的倫理價值的正面化,不能以略去生理快感而為之。

弔詭之處便在於此:在上古希臘,有關少男之愛的反

思過去乃是圍繞著此一快感問題而發展，現在也是圍繞著同一個，這反思卻會進入傾頹。現在是婚姻，作為個人間的連結，有可能融合快感關係並給它們正面價值，將會構成最活躍的聚焦點，以界定一道德生活的風格學。少男之愛並不會因此成為一個受譴責的形象。它會在詩及藝術中找到許多自我表達的方式。但它會遭受到一種哲學性「減少投注」。當人們向它提問，與其是在其中尋找愛的可能形式中最高超的一種，毋寧是向它提出反對，將它當作是一種根本的不足，而這是以它無法為快感關係提供空間為名義。思考這種形式的愛與阿芙羅底其亞的使用之間關係，其困難過去長期曾是它在哲學上有其肯定價值的原因；現在這困難卻成為在其中看到一種喜好、習慣、偏愛，它可以有它的傳統，但不足以界定一種生命風格、行為舉止的美學、與自我、他人及真理間關係的完整模式。

　　普魯塔克及傳說為路西安所寫的對話，同時見證著少男之愛總是受到承認的此一正當性，以及它作為一個存在風格論的活潑主題，正在逐漸增加的傾頹。

Plutarque

第一節
普魯塔克

普魯塔克的《愛情對話錄》（*Dialogue sur l'Amour*）開始於婚姻的象徵之下，也結束於此。在他們的婚禮次日，普魯塔克與妻子來到泰斯彼斯（Thespies）朝聖：他們想要向神獻祭，祈求為此一結合祝福，而早先他們雙方家庭間的不合，將其放置於不祥的先兆之下。他們在其接待主人家中正好撞見一個小型的騷亂場面：年輕的巴克松（Bacchon），是位受人覬覦的青少年，他是不是應該和那位追求他的女人結婚呢？辯論、曲折起伏、劫持。對話結束時，所有人正準備著為這對新人形成遊行隊伍，並且向善意之神獻祭。整個對話是由一個婚姻發展到另一個。[6]

　　它也在艾若斯的符號下開展，因那時正是艾若提蒂亞節（*Erotidia*）時分，在泰斯彼斯這是四年一度的節慶，榮耀的是「愛神及繆斯們」。普魯塔克想要尋求保護其婚姻的乃是此一神明；人們也是召喚此一神明來解決巴克松及依斯曼諾多（Ismēnodore）之間受到質疑的婚禮：因為似乎就祂而言，祂「贊成並以其善意厚待正在完成之事。」[7]在這段落中，普魯塔克花了一些時間讚頌艾若斯的神性、遠古性、力量、善舉、祂提升及吸引靈魂的力量；因而他也貢獻於此神之崇拜，而這時正是全城在以歡慶來榮耀祂。艾

若斯及加母斯（Gamos）[VI]，就其相互關係而言的愛之力量及配偶連結，便是這篇對話的主題。作為此對話框架的宗教儀式，其目的是清晰的：祈求艾若斯的神力，召喚祂來保護這對新人，可以勝過家族間的不合、使得友人間的歧見得到平緩，並確保夫妻生活的幸福。辯論的理論目標相合於此一虔誠的實踐；它將其奠基於理性：展現配偶連結，比起其他關係，更能迎接愛神的力量，而這力量在人間，便是在夫婦之間找到它最受偏愛的場所。

會談的發生機遇及使其產生持續發展的外部波折，是以一種既莊嚴又反諷的方式受到述說：這是個「激情動人」事件、「充滿了戲劇性」，如果要演出它，需要一組「歌隊」，而且我們會需要「一個場景」。[8] 事實上，這裡涉及的是一個小小的喜劇橋段。巴克松，那位受到欲求的青少年——美麗又有德性——受到一位愛少男者（ēraste）披席亞斯（Pisias）的追求，但他同時也受到一位年紀大他許多的寡婦的追求。她原先乃是受託為他找一位適當的妻子；但她發現沒有任何人或任何事物會比她自己更好；她糾纏少男、追逐他、劫持他，當著那位男性追求者的面，已在組織婚禮，而他由怒火中燒轉為放棄一切。對話開始時，

人們已經知曉這位厲害的寡婦的計畫，但她尚未全力施展。孩子因此仍輾轉於兩位追求者之間：他不知如何選擇；因而他把決定留給長者，他們開始討論議決此事。於是這討論產生於兩位支持少男之愛者，普洛托間（Protogène）及披席亞斯，和兩位支持女人之愛者之間，後者為安特米翁（Anthémion）及達芙內（Daphnée）。這討論展開於普魯塔克面前，而他卻很快脫離其見證者角色，將辯論接手過來，並將它引向一個有關於愛的一般理論：原先的兩種愛的擁護者消失不見，而他的會談者，也是對手，乃是龐波提德斯（Pemptidès）以及更重要的朱希佩（Zeuxippe），他們對於愛持有一物質主義的觀念，對於婚姻則持有一放肆的批判理念，普魯塔克必須反擊他們。

在這裡我們觸及了此一對話錄的一個明顯特點。

它由一個傳統的圖式出發——不論是就神話形式或就道德決疑論而言——那便是交叉路口：眼前有兩條路，要選那一條呢？是少男之愛或女人之愛呢？然而，辯論事實

VI. 希臘文，意味「結婚」或「婚禮」。

上引發的不是這個問題：在柏拉圖主義的文本中，與男性及高貴的艾若斯相對立的，乃是容易的、複多的、生理的、「屬於眾人的」（pandémien）（這明顯看來是可以和少男及未婚少女所實行的），而在普魯塔克這邊，其選擇則是一邊是少男、另一邊是婚姻，彷彿與女人間的關係便是在此一關係中完成。

在普魯塔克的對話中，另一個有區別性的元素，乃是追求少男的女人角色。她所有的標幟性特徵，都是富有意義的。她比少男年紀更大，雖然年紀仍算年輕；她比他更有錢；她的社會地位也更重要、過去的人生也給了她經驗。[9] 這樣的狀況在希臘並不是很特別——一方面因為女性的稀少，也因為結婚的策略。但人們面對這種類型的結合，卻感受到某種不自在；比起妻子更年輕且更貧窮的丈夫，處於一種有點尷尬的狀況，因為婚姻關係中丈夫有較高的地位是合乎規定的。在主題為婚姻生活的文本中，我們可以找到許多有關此一不便的意見：普魯塔克在其《梭倫傳》（*Vie de Solon*）中，建議有行政官發現年輕男人追逐較老的女人，「像是雄山鶉追著母山鶉跑」，就要請他到一位需要丈夫的年輕女子家拜訪。[10] 披席亞斯沒有忘記向巴克松婚姻

的支持者提醒這些慣常的恐懼。[11] 雖然也不是全然地例外，但這是一個弔詭且危險的結合，其中一方的利益及另一方的慾念都太明顯，很難讓人預期會有一個幸福且智慧的生活。巴克松收到的提案——與少男之愛形成相對選項的——因而並不是最好的，而是所有的可能的婚姻中比較不好的。使得它有正當性的討論，以及使得這提案最後勝出的結局，卻也因此更有價值。

不過，還要注意到另一個弔詭的特徵。依斯曼諾多，這位熱情的寡婦，乃是一位具有許多良好品質的女人；她具有美德、她過著「秩序井然的生活」、她身邊圍繞著尊敬她的意見；從來「沒有負評會針對她」；「從來沒有不光明的行動被懷疑過觸及她家」。[12] 但她卻是不顧羞恥地追求少男；人們把他交到她手上是為了她可以協助他結個好婚；但在聽到大家說他這麼多好話、在自己親眼看到他的俊美及優質、觀察到他受到如此眾多的情人所追逐之後，她自己愛上了他。更好的說法是，她追逐他；雖然不能陪伴他去體能學校，她等著他放學回家；與幾位朋友合謀，她「劫持」了他。我們知道，這些「劫持」（enlèvements）——一部分是真實的，一部分卻也是安排的——乃是一個常見的

元素,如果那不是發生於真實之中,至少是少男之愛文學中常見的。許多神話及歷史的敘事,圍繞著這些暴力的插曲發生。相傳為普魯塔克所寫的《愛情故事集》(*Histoires d'amour*),馬克欣・德・泰爾的《演講錄》(*Discours*)中以蘇格拉底式的愛情為主題的數篇,也提到此事。[13] 如果一位像是依斯曼諾多這麼有美德的人會作出這樣的攻擊行為,那麼便是她受制於「一個神聖的衝動,比人的理性更強大」。然而,所有這些特徵(年齡差距、受公認的優點、對於所愛者的道德品質及良好聲譽所抱持的興趣、追逐的發動、神聖靈啟的暴力),都是很容易辨識的:這些都是在傳統的少男之愛模型裡,屬於愛少男者的特徵。在普魯塔克的描述中,依斯曼諾多乃是占據著少男愛慕者(éraste)的位置。於是,就根底而言,巴克松並不是真的在兩種深度不同的愛的形式中作選擇 —— 一位天賦良好的年輕男人和一位對他的美貌感興趣的年長者之間可能連結起的一種愛,另一種則是一位丈夫和一位妻子之間建立的愛,目的是在經營祖產及生下小孩;他是在同一種愛的兩種形式之間作選擇,唯一的差別只在於其中一個情況是男人之愛,另一個是女人之愛。這裡是涉及同一種類型的關係,這是普魯

塔克在他支持與依斯曼諾多結婚的發言中非常明白標記的：他說，沒有人可以不需要權威，也無法只依自身成為完美；「少年受體育學院教師管轄、青少年則是受愛慕者管轄、成人受法律及戰略家管理……那麼，一位充滿見識的女人，並且也有了年紀，由她來管理其年輕丈夫的生活，並且顯示出她的經驗的優越性（*tōi phronein mallon*）是有用的，而她的喜愛（*tōi philein*）及溫柔是令人愉悅的，這時要認為這樣會造成醜聞嗎？」[14]

我們看到在普魯塔克的對話基底支撐的，乃是兩個運動：一方面是由討論本身造成的逐漸滑移；原先的問題是被愛者應如何在兩位愛慕者之間作選擇，不知不覺地變成愛的兩個可能形式的問題——少男之愛或少女之愛；另一方面，則是因為劇情設計中的弔詭情境，它使得與一位女人的關係，可以負載著和一位男子的關係同樣的倫理可能性，於是這樣的一個轉移受到允許。在其下支撐著對話種種轉折是個小小戲劇，其目標明白地顯現：它涉及的是形成一個有關愛的單一構想；它不會排拒少男之愛特有的價值，而是將它吸納於一個更廣大、完整的形式之中，然而，終究而言，只有與女人的愛，且更精確地說，與妻子的愛，

才能將它實現。

人們會想在普魯塔克這篇對話錄中,看到無數修辭競賽中的一個案例,而在這裡是女人之愛和少男之愛在相互對抗,最後會出現一優勝者。在這樣的角度中,這篇對話錄可被當作是支持配偶間感情及快感最熱切的辯護詞;將它放置於斯多葛學派有關婚姻的專著之旁是正當的;它和它們共享許多主題及表述方式。不過,在此一文本中,也涉及了其他事物,有異於只是為贊成婚姻而反對少男之愛作論證。我們可以在其中看到一個相對於古代愛慾論的重要變動開端。這個轉變可以摘要如下:雖然人們過去在阿芙羅底其亞的實踐中,並不接受不連續性、不可穿越的邊界、重要價值的間距,相反地,愛慾論的提煉製作很明白是雙元性的(dualiste):更有甚者,這雙元主義本身便是雙重的,而且其自身相當複雜,因為一方面人們會對立凡俗之愛(在其中性的動作占主導優勢)與高貴、純粹、高升、出塵卓絕的愛(在其中這些動作如果不是被消除,至少是被遮掩的;而且也因為人們突顯少男之愛的特點,其中的渴望、形式、目的、效力被認為,一旦人們可以符合它真正的特性,會和可在其他形式的愛之中能找到的不同。

這兩個雙元主義並且傾向於重合，因為人們接受對於少男的「真」愛，只能是一種純粹的愛，並且能擺脫對於阿芙羅底其亞庸俗的追求（它鼓動著對於女人的慾望或對於少男脫離正軌的慾念）。阿芙羅底其亞的領域是連續的，但愛慾論的結構則是二元對立的；在此，開始逆轉的便是此一構形（configuration）。普魯塔克的《對話錄》可以見證這個動態，但它實際上會在非常晚近之後才完成，那時一個有關愛的一元觀念將會被建立起來，而快感的實踐將會受一嚴格的邊界所劃分：這邊界分開了異性之間的結合及同一性別內部的關係。今天統管我們的體制大致說來仍是如此，並且受到一個有關性的一元構想所鞏固，而這允許嚴格標識出關係的雙元形態（dimorphisme），以及慾望的差別化結構。

在這部普魯塔克的《對話錄》中，我們看到為了建構一個一元性質愛慾論所作的努力，乃是非常清楚地圍繞著男人－女人甚至是丈夫－妻子的模型而組織起來；相對於此一單一性質的愛（它被認為不論是針對女人或少男都是相同的），對於少男的依戀其實是被去除了價值，但並沒有一個嚴厲的界限被劃分出來，如同後來出現的，區分在「同

性」或「異性」之間性動作。整部文本的核心焦點便是圍繞著這一愛慾的單一化打轉。它的運作是透過一段批判性的討論（批判對象是雙元主義）、提煉一套一元性質理論（關於愛），並且調動一個具根本基要性的概念（即 *Charis*［恩寵］）[VII]。

1.

傳統的雙元主義可以很快地受到摘要及批判。此一雙元主義顯然是由擁護少男這方所辯護的。而且，普洛托間及披席亞斯很快地離開場景——當人們聽到巴克松被劫持時：他們仍然有時間為分異的愛慾論作最後一次的頌揚。根據這套理論，少男之愛不只是和女人之愛在傾向上不同，而且因為兩個原因，比它更為優越：其中之一涉及它們和自然各自相對的位置；另一個則相關於快感在它們各自之中扮演的角色。

少男之愛的擁護者短暫地提到一經常出現的論點，即將女性中所有的人為的部分（有人使用裝飾及香水，而那

些更放蕩的人則使用剃刀、濾網及脂粉），而這和在體育場相遇的少男的自然感對立起來。[15] 然而，他們反對女人之愛的論點核心則是說那只是一個自然的傾向。普洛托間說，實際上是自然在我們之內放置了一個慾念（orexis），並使得兩性相互吸引；我們的確需要被引領去作生殖，就好像我們被引領去作進食。但我們可以明白看到這同一類的慾念，可以在蒼蠅對牛奶、蜜蜂對於蜂蜜之間看到；廚師對於雞肉和小牛肉也有同樣的慾念。對於所有這些慾念，普洛托間並不會想給它們愛的名義。[16] 異性吸引力的自然特性，當然不會令人反對此一不可或缺的作為，它使得我們和女人結合；不過它也限制了它的價值，因為它引領到在動物世界中處處可見的一個行為，而它的存在理由乃是一個基本的必要性。普洛托間提出和女人關係的自然性格乃是為了標識它的不完美，並且也是為了劃分出它和少男之愛間的差別，後者挑戰這些必要性，將目標放在更高遠處。

VII. 此字希臘文中原意味著「優雅、美麗、生命」，亦有「善意、恩寵、祝福」之意。亦作為女神的名號，主管「魅力、美麗、自然、人類創造力及生育力」。

對他而言,這個超越自然的愛是什麼,他事實上並未加以發展:重拾這些柏拉圖主義主題的,乃是普魯塔克,但他的作法是對抗少男愛支持者們,將它們整合於一個對於愛的一元性質觀念之中。

另一個差異則由快感的角色所標識。女人的吸引力不能脫離於此;少男之愛,相反地,只有由其中解放才能真正符合其本質。為了支持這個主張,普洛托間與披席亞斯利用的論點比較是斯多葛學派的。他們強調與女人的關係的確是由自然為了保存物種而安排的;但事物的布置方式是使得快感與此動作相連。因為這個原因,帶動我們的慾念、衝動(orexis, hormē)總是隨時會變得暴烈和缺乏約束:這時它們轉化為慾望(epithumia)。如此,我們是以兩種方式被帶向女人此一自然對象:一是透過慾念(appétit),那是個自然的動態,而它提出的合理目的乃是世代的延續,並且利用快感作為手段;另一個是透過慾望(désir),那是個暴烈的動態,而且沒有內部的規則,而它提出的「目的則是快感及愉悅」。[17] 我們看到它們兩個都不能是真正的愛:第一個因為它是自然的,並且和所有的動物是共通的;第二個因為它超過合於理性的界線,並且將靈魂綑綁於身體

的感官愉悅。

因此,心須將男女之間的關係排除於艾若斯的可能性之外。「沒有一點愛的小塊土地可以進入閨房之中」[18],普洛托間如此說道,且對於此一表述方式少男之愛的擁護者給予兩個意義:慾望的特性是透過「性」使得男人依戀女人,如同公狗之繫縛於母狗,這是在愛之外的;但另一方面,對於一位明智且貞潔的女性,不適合感受到對丈夫的「愛」,並且接受為他「所愛」(eran, erastai)。[19] 於是,只有一種真正的愛,那便是少男之愛:因為可鄙的快感在其中不存在,也因為其中必然包含和美德無法分開的友誼;再者,如果少男的愛慕者觀察到他的愛並不在對方之中引發「友誼與美德」,那麼他會放棄他的照料及忠誠。[20]

對於此一傳統論點,其回應是可預期的。這是達夫內(Daphnée)對於少男之愛者的偽善所作的揭發。彷彿流淚的阿其爾(Achille)並沒有提過巴特柯爾(Patrocle)的大腿[VIII],彷彿梭倫,對於如花似玉的少男,並沒有歌頌過「他們大腿和嘴唇的柔軟」,少男的愛好者喜歡給自己一副哲學

VIII. 參考《性史 第二卷》第四章譯註 VII。

家和智者的面貌；但他們只等待一個時機；那便是夜晚，所有的一切都休息了，「當沒有守衛的時候，收穫便會是甜美的」。我們看到其中的兩難：或者阿芙羅底其亞與友誼和愛情是不相容的，那麼在這種情況下，那些祕密地享用所慾求的身體少男的愛好者，便不能觸及愛的尊嚴；或者人們接受身體的感官享樂在友誼和愛之中有其地位，那麼便沒有理由將它排除於與女人的關係中。但達夫內不只停留於此；他還提醒另一個大的選項，那是過去人們用來反對追求者的行為，以及他們想要獲得的快感：如果被追求的少男是有美德的，那麼只能是透過使他承受暴力的方式來得到此一快感；而如果他同意的話，那麼就必須承認我們面對的是一位女性化的人物。[21] 不應在少男的愛好中尋找所有愛的首要模型；應該要將它當作是「一個遲來者、由過於年老的父母生下、是位私生子、一位生自陰暗處的孩子，而他尋求將比他年長的合法之愛排除出去」；[22] 或至少，如同達夫內所暗示的，對少男的和對女人的愛好，在根柢上其實是同一件事。[23]

然而，有關愛真正的一般性理論的提出，會是首批對手離開之後，並且是在他們不在之處才進行，彷彿為了達

到辯論的主要對象，必須要停止此一熟悉的對抗。辯論到此，龐波提德斯注意到，問題都和個人有關，現在必須把它朝向一般性的主題推導。

2.

對話中心的部分，乃是由對愛神的禮讚所構成，並以對某位神明的傳統讚頌模式進行：建立他真正的神性（普魯塔克在此反對受依比鳩魯學派啟發的主張，即眾神便是我們的激情；他指出掌握了我們的愛神，乃是一個必定是神聖的力量的效果）；人們將它的力量和其他諸神的相比較（這是個重要的段落，因為這裡顯示出愛神艾若斯乃是阿芙羅黛蒂的必要互補：如果沒有祂，阿芙羅黛蒂的作品只是感官的快樂，花上一德拉克馬［drachme］便能得到；和人們說的相反，祂也比戰神阿瑞斯［Arès］更加勇敢及強大：因彼此間相互的愛，戀人們在戰爭中會撲向敵人，勇敢地戰鬥至死，而不是在羞愧中逃走）；人們描寫祂對人的靈魂產生的作用，是使得它「慷慨、富同情心、寬容豁達，

而祂對其整體穿越，使其彷彿受到神靈附身」。最後，頌辭結束於一些埃及神話，以及柏拉圖學派理論的陳述。

在這篇頌辭中，值得注意的是它所有的元素皆來自少男之愛傳統的愛慾論。大部分的例證借用自少男之愛或莎弗（Sapho）[IX]的例子（阿爾塞斯特［Alceste］及阿德密特［Admète］大概是唯一的例外）。事實上，愛神艾若斯在這篇獻給祂的頌詞中，的確是以少男愛之神的類型出現。然而，此一讚歌乃是由普魯塔克所唱頌，而他說他自己也是「女性之愛的合唱團成員」；對他來說，這裡是要闡明達夫內所提出的一般性主張：「如果我們只看真象，我們觀察到少男的吸引力及女人的吸引力乃是由同一個單一的愛出發。」[24]

實際上，這裡看來便是這篇對話最根本的焦點。巴克松以「少男愛模式」受依斯曼諾多劫持的小小喜劇，只是作為它的框架和立即的實例。所有少男愛慾論可以宣稱是此愛之形式的特性者（並且可以和虛偽的女人之愛相對立的），在這裡受到重新利用，而且不但沒有迴避少男愛的偉大傳統，而是正好相反。但這裡涉及的是，利用它作為一種一般性的形式，有能力將這一種及另一種愛歸入其中

（subsumer）；而且，特別的是，不只將它運用於女性的吸引力，也運用於配偶連結本身。

在朱希佩的一段發言之後——傳世手稿無此段落，但它應是批評配偶之愛，不過不是以少男之愛為名義，而是由依比鳩魯學派觀點出發——普魯塔克重拾發言，並且建立三個核心要點。首先，他強調如果愛真是如人所說的那樣，那麼它會在兩性關係和與少男關係中都使人感覺到它的存在、力量及效果。且讓我們片刻地接受依比鳩魯學派的主張：由所愛之人身體發散出的形象，被帶領至愛人者的眼中，並深入他的身體，感動及激動他，直到形成精液；沒有理由這個機轉可以由少男引發，卻不能由女人引發。[25] 反過來，且接受柏拉圖主義的主張，而這是普魯塔克所傾向的：如果「透過身體的清新及優雅」，我們感受到靈魂的美，而這靈魂，回憶起天上的景象，使得我們的靈魂長出翅膀，為何性別的不同在此發生作用，而問題只在於「美」和「自然而不修飾的卓越」？[26] 此一美德元素（aretē），傳

IX. 亦拼寫為 Sappho（約紀元前 630-570），古希臘著名女詩人，以其抒情詩聞名；關於她的同性戀取向，長久是具有爭議的研究議題。

統的少男愛慾論透過它來標識出它和對女人的傾向間的不同，普魯塔克則指出它超越所有性別差異：「人們曾說美乃是美德的花朵。然而，宣稱女人不能產生此一花朵，也不顯現出對於美德的傾向，這乃是荒謬的⋯⋯ 兩性呈現共同的特性。」[27]

至於少男之愛擁護者想要單獨保留給這種愛的友誼，普魯塔克指出它也可以標識男女之間的關係。或至少，男人可以和他的女人（妻子）如此（此一特定化具有優先的重要性）。確保兩性之間友誼形式的，乃是配偶關係，而且單獨只是這種關係。普魯塔克在此對配偶關係只是簡短提及，談及其數個特徵，令人想起《婚姻格言》；它含帶著在整個共享人生當中分享存在（普魯塔克玩弄 *stergein*［愛］及 *stegein*［蔽護、將其保護在家］這兩個字眼中的相關性）：它呼喚著相互間的善意（*eunoia*）；它預設著完美的共同體，以及在不同身體中的靈魂的合一，此一合一是如此強烈，使得夫妻兩人「不再願意、不再想要成為兩個個體」；[28] 最後，它也要求相互的節制（*sōphrosunē*），而它使得他們棄絕所有其他的交往。就愛慾理論之移轉於夫妻生活，這最後一點是最有趣的：因為就婚姻的高度價值而言，它暗示

出一個和斯多葛學派非常不同的理念。實際上，普魯塔克對立了「由外而來的」節制——那是對於律則的遵從、由羞恥心及害怕強加而來——以及由艾若斯而來的節制；當它在夫妻兩人之間點燃愛苗，便帶來「自我主宰、克制及忠誠」；在夫妻充滿愛意的靈魂中，它引入「靦腆、沉默、沉靜」；它給了它「具保留的儀態」，並使它「鍾情關注單獨一人」。在其中找到少男愛的愛慾特質是容易的，而它們是戀人靈魂中美德及分寸的操作者、在像是蘇格拉底那樣超完美的人物心中的克制原理，使他能在他所愛的人面前保持沉默，並能主宰自己的慾望。普魯塔克將過去長期保留給同一性別戀人間的「德愛」（*philia*）特徵，移轉至配偶間的雙元性。

然而，建構一個愛的一般理論，同時有效於與女人的及少男的關係，在此卻是傾斜一方的：普魯塔克並未像達夫內所要求的，也未像他自己所宣稱的，由一個特殊的愛過渡到一般的愛。他是向少男愛的愛慾論借用了它根本的及傳統的特徵；但這並不是為了顯示它們可以運用於所有形式的愛，而是可以運用於配偶連結之上。

3.

　　這便是這篇對話錄實際上的終極目標：顯示出此一愛之獨特鍊結，它可以在婚姻中找到它完美的實現，但至少就其完整的形式而言，將不能在少男關係中就位。如果後面這種關係與其傳統的價值，曾經有能力作為愛的一般觀念的支撐和模型，現在它最終仍是失效及失去地位了：當它和夫婦間的愛相比時，它是不完美的愛。

　　普魯塔克將此一不完美置於何處呢？只要我們持守一種雙元的愛慾論，它將愛區分為真正的愛──因為是純粹的──和虛偽的、欺騙人的愛──因為是身體的──阿芙羅底其亞的缺乏不單是可能的，它乃是必要的，以使得它成為最具代表性的愛。然而，一種一般愛慾論的建構，將愛神艾若斯與阿芙羅黛蒂強烈地結合在一起，改變了問題的根本設定；阿芙羅底其亞的省略，不再是個條件，反成為一個障礙。普魯塔克明白地說明：如果沒有艾若斯的阿芙羅黛蒂，提供的只是短暫的快感，而且是花點錢便能獲得的，沒有阿芙羅黛蒂的艾若斯，也是同樣地不完美，因為沒有生理性質的快感；沒有阿芙羅黛蒂的愛，乃是「沒有

酒的沉醉，因為喝了無花果和大麥的汁液而引發；這只能是個沒有結果（akarpon）及飽滿（ateles）的紛亂，很快便會轉變為討厭及反感。」[29]

然而，少男之愛中可否有阿芙羅底其亞的位置呢？我們見過其中的論點：[30] 或者性關係在其中是以暴力強加於上，而被強迫受者只感到憤怒、恨意及復仇的慾望；或者說，它們是合意的，但是同意的人是因為他的「軟弱」、「女性化」、「以被動方式得到快感」（hēdomenos tōi paschein）、是「羞恥」、「反自然」之事，並將它降級至最低的層級。[31] 普魯塔克在此重拾了「被愛少男」的兩難：如果他遭受暴力，那麼他會感受到恨意，如果他同意的話，則引發輕蔑。少男之愛的傳統敵人便停留於此。但普魯塔克走得更遠，他尋求界定什麼是少男之愛中的匱乏，並阻止它和配偶之愛一樣，可以是艾若斯和阿芙羅黛蒂之間諧和的組成，在其中，靈魂間的連結與生理快感是相連結的。這個匱乏，普魯塔克用一個字來指稱它：少男之愛是「無恩寵的」（acharistos）。

「恩寵」（charis）這個字眼，數次出現於此一對話錄中，看來應是普魯塔克思維中的一個關鍵。無論如何，它

是在文本一開始以很隆重的方式受引入,而且是在唯一的愛的偉大理論的建構之前。首先是達夫內利用它當作是對他主張「強而有力」的論點:[32] 對於女人之愛有一特點,即在實行自然所建立的性關係時,它可以將之引領至友誼(eis philian),而中間會經歷「恩寵」。達夫內對此一字詞給予如此多的重要性,使得他很快地對它加以界定,並給它一些來自詩歌的偉大先例:「恩寵」即是女人自願給予男人的同意,但根據莎弗,它只能在適婚年齡出現,而如果在性關係中它缺席了,那麼根據品達爾(Pindare)[X],就只能賦予不優雅的出生:如此,海法依斯多斯(Héphaïstos)[XI] 為希拉(Héra)孕育時,乃是「缺乏恩寵與優雅」(aneu charitōn)[33]。我們清楚地看到此一同意被給予了什麼樣的角色:性關係有其受自然界定的主動及被動的兩軸,它被整合於善意的相互關係中,並且將生理快感銘刻於友誼之中。

在此一初步的呈現之後,並且就在愛的一元主義學說建立之後,「恩寵」的問題在對話錄的結尾中變得大占上風;它將成為女人之愛與少男之愛之間的分別元素,只有前者才能給出此一完全的形式,在其中,借助於合意的溫柔,阿芙羅黛蒂的快感與友誼的美德得以相逢。然而,此一結

合，普魯塔克不只將它設想為一個讓步，在配偶連結中，給予性的動作一個多少有用（比如說為了生殖）的位置。相反地，他使它成為整個情感關係的出發點，而這關係應使得配偶連結生動起來。生理快感，正是因為合意的溫柔將任何可成為暴力、欺騙及低下的奉承排除出去，可以作為婚姻有需要的相互關愛的源頭：「與妻子的結合乃是友誼的源頭，彷彿共同參與偉大的神祕。」感官愉悅（volupté）並不重要（這是生理快感的敵對者的一個傳統表達方式）；然而，普魯塔克立刻加上，「它是根芽，由這裡開始，一日一日地在配偶之間，增長著相互的尊重（timē）、好意（charis）、喜愛（agapēsis）及信賴（pistis）。」[34]

對於生理快感此一基本的角色及根芽性質的功能，普魯塔克給了它一個莊嚴的歷史擔保；他在梭倫的立法中找到一個規定，丈夫必須和他們的妻子結合，「至少每月三

X. 　古希臘抒情詩人（約紀元前 518-438），被後世的學者認為是九大抒情詩人之首。

XI. 　希臘神話中的主管工藝、冶金及火山之神。傳說由天后希拉以無性生殖的方式生下。

次」。在《梭倫傳》中，他也提及此一法律，只對具繼承權的女孩（épiclères）[XII] 有效：有需要產下後代，以向他遺留祖產乃是其理由；然而，普魯塔克補充道，還有更多的：因為在此規則的接近中，即使當「結果沒有生產小孩」，那也涉及「對一位誠實的女人所作的致敬」、「一個鍾愛的標記，可在每一個機會中驅散矛盾的集結，並且阻止產生完全的嫌惡。」[35] 對於性關係作為規律性親近原則的角色，以及良好的相互理解的保障，普魯塔克在《愛情對話錄》中，給了它一個更加莊嚴盛大的表述。他使它成為一種重新給予此一配偶連結力量的方式，有點像是重新啟動一個協議：「就像是國家之間不時會更新條約，梭倫意欲婚姻以某種方式得到更新，受此一溫柔印記的重新淬煉，即使每日的共同生活可能會累積相互的不滿。」[36] 因此性快感是在婚配關係的存在像是愛及友誼的要素與保障。它為它奠立基礎，或者，無論如何，它重新給它活力，像是一個存在的協約。而且，雖然普魯塔克提到，在起初的時候，性關係對於女人可能會有的「傷害」，他也提到，就在這「傷口」本身中，存有著對於建立一個有活力的、堅定的及可持久的婚姻整體必要的事物。他利用了三個隱喻：一個是採用了

接枝的植物，為了形成一株可以產生我們想要的水果的樹木，必須切出傷口，放入移植物；另一個是小孩或年輕人，必須要先灌輸他一些基本的知識，即使這可能在一開始也可能令他痛苦，但他之後會由其中受惠並得到益處；最後是將一個液體傾倒於另一個之中：在一段時間裡，會有些擾動及起泡，之後便產生混合，《婚姻格言》中也有提到的「完全融合」就此實現；[37] 它們會形成一個新的液體，在其中沒有人可以分離出其原先的成份。在配偶關係的初期，某些苦痛、紛亂及失序是不可避免的；但這便是要形成一穩定新整體的條件。

　　普魯塔克由此達成其主要的格言：「在婚姻中，愛比被愛更有福。」[38] 這個格言是重要的，因為在所有的愛的關係中，傳統的愛慾論強烈地標識出愛慕者及被愛者的兩極性，並且在兩者之間有其必要的不對稱性。在此，則是存於兩位配偶中愛的雙重主動，構成了根本的重要的元素。其原因可以輕易地找出來。此一愛的雙重主動性，乃是相互性

XII. 指具有繼承權的家中獨生女，並且被要求和家族內部人士結婚。

的來源:因為其中的每一位愛著另一位,因為接受對方的愛,於是同意接受其愛的印記,並且因而喜愛被愛。它也因此是忠誠的源起,因為其中的每一位可將他對另一方的愛作為其行為舉止的規則,以及限制其慾望的理由。「當我們在愛的時候,我們可以避開所有會損害配偶連結並使其變質的事物。」[39] 此一婚姻的價值及穩定性有賴於此一雙重之愛的圖式,在其中,由艾若斯的觀點,兩人中的每一個都持續是主動的主體;因為此一愛的動作中的相互性,性關係可以在感情的形式及相互的同意中有其地位。相較於此關係性的模型,少男之愛的實行,其中有愛慕者與被愛者強烈標識的區分,並帶有被動性的兩難、來自年齡必然的脆弱性,只能是有所不足的。它缺少了雙重及對等的愛的主動性;它因此也缺少了伴侶間的內部調節及穩定性。它沒有此一使得阿芙羅底其亞可以被整合於友誼的「恩寵」(grâce),以形成艾若斯的完整及完滿形式。普魯塔克將會說,少男之愛,乃是一個缺乏「恩寵」的愛。

總而言之,普魯塔克文本所見證的,乃是一個愛慾論的形成,它和希臘文明曾經認識的和發展的,在許多根本

的要點上,都是不同的。這不同並不是完完全全的不同,因為,正如在文本中心一大段獻給愛神艾若斯的頌辭所顯示的,傳統的觀念仍在此扮演根本重要的角色。不過,此一有柏拉圖傾向的愛慾論,普魯塔克利用它發展出的效果,和它習慣上所連結的有所不同。長期以來,它被用來標識兩種不同且相對立的愛的存在(一個是低下的、凡俗的、朝向阿芙羅底其亞發展的,另一個是高尚的、精神性的、朝向靈魂的關懷發展的),但也在這兩者之間建立起一種統一性,因為其中只有第二個才被當作是真的,而另一個只是它在地上的陰影及擬似物。普魯塔克運用這些同樣的柏拉圖主義觀念於一愛慾論中,其目標是構成單一的艾若斯,同時可以理解女性及少男之愛,並將阿芙羅底其亞整合於其中;然而,以此一統一性為名義,此一愛慾論最終排除了少男之愛,因為它缺乏「恩寵」。過去是一受到真實及擬似物問題穿越的,並且目標基本上是為少男之愛奠基,雖然其代價是阿芙羅底其亞的省略,由這樣的二元愛慾論出發,我們看到在普魯塔克作品中形成了一個愛的新風格學:它是一元論的,因為它含納了阿芙羅底其亞,但透過此一含納對它構成了一個標準,允許它只保留配偶之愛並排除

少男關係,因為後者有其標識性的缺點:它們在此一偉大的單一及整合性鍊結中——在其中愛是受到快感的相互性所活化的——,不能再有其位置。

Le Pseudo-Lucien

第二節
相傳為路西安

相傳為路西安（Pseudo-Lucien）所著的《諸種愛》（*Les Amours*）一書，清楚明白地乃是一份更為晚近的文本。[40] 它的形式是很常見的一層包一層的抽屜式對話錄。泰歐蒙奈斯特（Théomneste）對於女人及少男的愛，消逝了又立即再生，比起九頭蛇（Hydre）的頭數量更多，他抱怨著阿芙羅黛蒂：自從他由小孩成長為青少年後，這位女神的怒氣便追逐著他；但他不是太陽神的後代，他沒有希波利特（Hippolyte）[XIII] 強壯的耐抗性。他覺得自己既傾向於其中之一，又傾向於另一種愛，但最後不知道那一個比較好，應將自己導向於它。他請求李西諾斯（Lycinos）——他對這兩者都沒有特別的熱情——為他作一個公正的裁判，告訴他那一個會是比較好的選擇。幸運的是，李西諾斯還記得，就是像是刻在他的記憶之上一樣，兩個男人對同一主題的對話；其中之一只愛少男，認為女性的阿芙羅黛蒂只是「深淵」；另一位則強烈地喜愛女人。於是他述說了他們的討論：然而，泰歐蒙奈斯特並沒有弄錯；他提問的時候是能夠帶著笑意；加里克里斯（Chariclès）及加里克拉提達斯（Callicratidas）之間的討論所持的論述倒是非常嚴肅，現在我們要聽的是他們的主張。

不用特別強調後面這個形容應該退一步理解。嚴肅，這兩位對手的確是如此；但這位相傳的作者路西安在書寫由他們口中說出的堂皇及沉重論證時，是帶著一份反諷的。在這精采的段落裡，有仿作（pastiche）的成份；兩位論者各自形成女性愛擁護者及少男愛擁護者典型的論述。傳統的論點、必定要作的引述、對於偉大哲學理念的參照、修辭上的裝飾，作者帶著微笑記述著這些冷靜而無法撼動的辯護者的主張。由這個角度而言，必須注意到，少男愛的論述比較沉重、浮誇及具「巴洛克風」，而另一個支持女性的論述則比較偏向斯多葛派、比較樸素。最後的反諷是——泰歐蒙奈斯特會提醒說，到了最後，在所有這一切之中，問題便是親吻、撫摸、在罩袍下游移的手——所咬上的是少男愛的頌詞。但此反諷本身指出了被提出的嚴肅問題。不論這位相傳的路西安在描寫兩位愛好者的「理論－論述」畫像時——他們的修辭外貌，有點過度強調但尚可接受——，所得到的娛樂是如何，我們可以在其中發現的是，

XIII.　希臘神話中，殺死怪物米諾特的英雄德修斯之子，其形象經常與駕馬車或狩獵相連繫。

在那個時代,而且就其最突出的特徵而言,此一在希臘化時期有過那麼長的服務生涯的「愛慾論證」(argumentaire érotique)是如何。

李西諾斯所轉述以使其友人可以對於兩種愛如何選擇的問題有所了解對話中,有件事可能在一開頭便會令人感到驚訝:這段對話結論將會(不過仍有一些曖昧)較為支持少男之愛,但它的保護神卻不是愛神艾若斯,雖然這種形式的依戀,其保護神被認為是祂,而是將阿芙羅黛蒂當作保護神:李西諾斯被認為有回想起其所有細節的場景,位於科尼德(Cnide)[XIV],接近女神的神殿,而其中有座由普拉希泰勒(Praxitèle)所雕的著名神像。再者,這並不阻止在對話的中途,少男及其愛慕者的辯護者,以符合於傳統的方式,召喚愛神艾若斯,「天上的精靈」、「愛之神祕的顯聖者」;至於那位為女性的感官享樂說話的,自然是向阿芙羅黛蒂尋求支持。以某種方式而言,很容易解釋為何以神殿位於科尼德的女神作為這場辯論的主席,在其中她同時要對抗艾若斯,那是她傳統的伙伴兼對手。那是因為生理快感的問題穿越了整場對話。在泰歐蒙奈斯特所表達出的掛慮之中,乃是這問題,或說阿芙羅底其亞的問

題，然而泰歐蒙奈斯特是同時受到女孩的魅力及少男的俊美所撩撥的。生理的快感將會是作結論的元素，並且在一串笑聲中送走那些過分害羞的論述。它也是加里克里斯及加里克拉提達斯之間展開討論的緣由，而這是在一個深富意味的趣聞的形式之下：一位年輕男子，深愛著普拉希泰勒所雕的大理石神像，使自己被關在神殿中過夜，他玷污了神像，彷彿那是一位少男。[41] 這段故事的敘事——非常傳統——引發了辯論：這個褻瀆的動作，因為它針對的是阿芙羅黛蒂，可不可以當作是一個致敬，而對象便是那管理女性快感的女神？然而，以這種形式完成的，是不是一個對此一阿芙羅黛蒂的冒犯的見證？曖昧的動作。這個不尊敬神－致敬的褻瀆性崇拜，應該算在誰的帳上，是對女性的愛，或是對少男的愛？

　　穿越整個對話錄的問題，即使它看來有點在更輕薄的議題中被遺忘了，將是如下：在此一類型或另一類型的愛中，要給予性快感什麼樣的地位、什麼樣的形式？對於此

XIV.　古代希臘位於地中海東岸小亞地域的城市，現為土耳其領地。

一問題的回答,將會扮演區辨者的角色,並且會在哲學的天空之中,將勝利頒予少男之愛,但由真實而來的反諷很快地會損害它。

這辯論的組織形式是僵硬的。兩位講者輪流發言,在一段持續的論述中支持他所偏好的愛:一位沉默的見證者(那便是李西諾斯)將會裁決此一競賽,並決定一位勝利者。即使加里克拉提達斯「支持少男」的論述裝飾得較好,也比加里克里斯的更長,兩段辯護辭有其共同的結構;論點布置的順序相同,而且其安排使得第二論述的論點可以正好對上第一論述。這兩個論述每個各有兩個部分;第一部分回應以下問題:現在談論的愛的特性是什麼、它的起源及它在世界秩序中的基礎?第二部分則回應下面的問題:在此一種愛之中所獲得的快感是如何?而在另一種之中又如何?它的形式應該是什麼,它的價值又應如何?與其以連續的方式順隨著此二論述發展,人們在此比較是在依序檢視這兩個問題,以顯示女人之愛及少男之愛的擁護者各自回應它們的方式。

1.

「支持女人之愛」的加里克里斯,其論述受支撐於一世界觀,而其一般調性無疑是具有斯多葛學派色彩的:[42] 自然在其中被界定為一個力量,它透過元素的混合,使得所有在它之內的有生事物皆有靈魂。加里克里斯繼續說,重複著一個熟悉的教訓,並根據一些為人熟識的字詞,也是它安排了不同世代的延續。[43] 由於它知道,有生事物「的組成材質必然會消亡」,每個存有的生年有限並且短暫,於是它安排(*emēchanēsato*)事物,使得一者的消滅,將是另一者的出生:如此,透過世代延續的方式,我們可以活著直到永恆。為了此一緣故,它還分別出性別,其一是註定要發散精子,另一個則是要接受它;並且它也在其中的每一個中傾注了對於另一性別的慾念(*pothos*)。由這不同的兩性的關係中,可以生出之後的世世代代──但從來不能由同一性別的兩個個體的關係中生出。如此一來,加里克里斯便堅強地定錨於世界的秩序之中,在其中生與死、生殖與永恆、每個不同的性別、以及各自適合它自己性別的快感都連結在一起。「雌性」不應反自然地成為雄性,而「雄

性也不應異乎尋常地,變得軟弱」。如果想要逃脫此一決定,我們不單純只是逾越了每個個體的固有特性;我們是損傷了宇宙必要性的鍊結。

加里克里斯論述中使用的第二個自然性質的標準,乃是人類在其初生時的狀態。[44] 因為美德,他接近眾神,掛念著要以英雄行為自許、有良好對稱的婚禮以及高貴的後代:這四個特徵標識了此一高等的存在,並且確保它和自然的相符。墮落後來出現;它是逐漸而來的。加里克里斯在此一衰落的過程裡,看起來是區分出不同的階段,其中有一階段是快感將人類帶領至深淵,為了尋找歡愉,「走上了新且異常的道路」(是否應其了解為不朝向生殖的性關係或是在婚姻之外的快感?),接下來的時刻是「逾越了自然本身」:此種大膽其根本形式——無論如何是此一文本唯一被提到的一次——乃是將男人當作女人對待。然而,要使得如此的動作成為可能,由於它是如此陌生於自然,必須要在男人之間的關係裡引入允許產生暴力及欺騙的事物:暴君式的力量及說服的藝術。

第三個自然性質的印記,加里克里斯在動物的世界中請求:[45]「自然的立法」統治著牠們,沒有限制或與它者分

享：不論是獅子、公牛、公羊、野豬、狼、鳥類、魚類都不會尋找與牠們自己的同一性別結合；對於牠們而言,「神意的命令是不可動搖的」。對立於此一明智的動物性,傳為路西安作品中的與談者提出人類「變態的野性」,它使得他們降低到別的生命體之下,而人類原來是要命定為萬物之首。在加里克里斯的論述中,有數個意義深遠的詞語,標識著此一人類的「野性」:激動、還有「奇怪的疾病」、「盲目的無感」(anaisthēsia),無法達成目標,以至致於忽略了應該追求的,而去追求不應追求的。動物的行為遵循律則,並且尋求牠們被固置的目標,相反於此,和男人發生關係的男人們給出所有傳統上被歸給激情狀態的記號:無法控制的暴力、生病的狀態、對於事物的現實盲目、無法達成為人類本性固置的目標。

　　總之,少男之愛輪番地被放置於自然的三個軸線上,這些軸線即作為世界一般秩序、作為人類的原始狀態、作為調整為適合其目標的行為;少男之愛擾亂了世界的秩序、給予暴力和欺騙的行為發生的機會;最後,它對於人類的目標也是不利的。由宇宙論、「政治性」和道德的角度,這一類的關係逾越了自然。

在加里克拉提達斯的論述和此相回應的部分,強調的不是反駁其對手的論點,而是完全不同的,對於世界、人類、人類的歷史、可以將人類相連的最高連結的觀念。相對於自然是有預見之明及「工匠能力」,能透過性安排生殖及世代的延續以給予人類永恆,雖然這是個人所無法擁有的,他則反向地提出一個由混沌(chaos)而生的世界觀。愛神艾若斯克服了此一原始的失序,以其造物大能製造出所有具有靈魂及沒有靈魂的事物,並且在人類的身體中注入了和諧的原理,並以「友誼的神聖情感」將他們彼此相繫。加里克里斯在男人與女人的關係中,看到一個靈巧的自然,它透過時間建立系列,以繞過死亡。加里克拉提達斯則在少男之愛中,辨識出連結的力量,而此力量是連繫及組合的,可以戰勝混沌。[46]

在這樣的觀點中,世界的歷史不應被閱讀為對於自然律則快速的遺忘,並且墜入了「快感的深淵」;它比較像是原初需求逐漸的放鬆;[47] 在原初的時候,人類受到需求的壓力;技術(*technai*)和知識(*epistēmai*)給了他逃離這些緊急事務的可能性,並且能更好地回應它們:人們懂得編織衣服、建造房屋。然而,編織者的工作,相對於野獸的毛

皮的用處，建築師的藝術相對於提供蔽護的洞穴，便是少男之愛相對於和女人的關係。這關係一開始，對於物種不致於消失而言，乃是不可或缺的。少男之愛的出現是在許久之後；但那並不是像加里克里斯所宣稱的，來自於衰弱，而是相反地，透過一種提昇，將人類導向更多的好奇與知識。當人類實際上已經學習了如此之多的實用靈巧之後，開始不再於其研究中忽略「任何」事物，哲學便與少男之愛一起出現了。傳為路西安所作對話錄中的與談者並沒有解釋為何會有此一孿生的出現；但他的論述中有足夠的熟悉參照，使得它對於所有讀者都是容易了解的。它隱約地受支持於一個對立，即透過與另一性別的關係來傳遞生命，對立於透過教育、學習及師生關係來傳遞「技術」與「知識」。當哲學脫離特定的技藝，開始探詢萬事萬物時，為了傳遞它所獲得的智慧，它發現了少男之愛──那也是對有可能達到美德的美麗靈魂之愛。我們了解在這樣的狀況下，加里克拉提達斯能以爆發笑聲來反駁對手所提出的動物們的教訓：[48] 獅子不喜歡其物種中的雄性個體、或是公熊不會愛上公熊，這能證明什麼呢？並不是人類腐化了一個在動物中仍保持完整的自然，而是野獸們不懂得什麼是「作哲

學」（philosopher），或是友誼可以生出的美。

明顯地，加里克拉提達斯的論點並不會比加里克里斯的更具原創性。一方面其中有些平凡化的斯多葛主義中的常見論點，另一方面，則混合了一些柏拉圖主義和依比鳩魯主義的元素？[49] 無疑是如此。我們不能不了解，在這兩種愛的比較中，有一在傳統哲學論證上進行修辭變化的機會。加里克里斯和加里克拉提達斯解釋中平凡常見的部分（它們有時是獲得漂亮地修飾），顯示出它們應是有點像是哲學紋章一樣地作用：少男的愛好者，比較傾向柏拉圖主義，具有愛神艾若斯的色彩；而女人之愛的支持者，則比較傾向於斯多葛主義，主要受自然的要求所影響。當然，這並不是說斯多葛學派譴責少男之愛，而柏拉圖主義拒絕婚姻時能有其正當性。我們知道，由學說的角度而言，並非如此──或說無論如何，事情遠非如此地簡單。透過現存的文件，必須接受所謂的「優先連結」（association privilégiée）。在前一章中，我們已看到：婚姻生活的藝術，其精煉大部分比較是透過一種斯多葛模式的思維，參照某種自然觀，包括其根本的必要性，自然給所有存有預先設想的位置及功能，一般性的持續生殖計畫，原始完美的狀

態，而一病態的衰頹使得人類會遠離它；再者，當基督宗教未來要建立一個婚姻關係的倫理學時，它會大量地在一個類似如此的觀念中汲取資源。同樣地，少男之愛，其實踐如同一種生活模式，在數世紀間鞏固及複製了一個相當不同的理論風景：愛的宇宙性質及個人性質的力量、向上的動態使人可逃離立即的需求、透過友誼強大的形式和祕密的連結，獲得及傳遞知識。女人之愛與少男之愛間的辯論不只是一個文學舌戰；這並不是因此便成為兩種性慾望之間的衝突，彼此爭奪上風或各自的表達權利；這對抗發生於兩種生活形式，兩種使得快感風格化的方式，以及陪伴這些選擇的哲學論述之間。

2.

這兩個論述──由加里克里斯和加里克拉提達斯提出──在「自然」這個主題之後，每一個都發展快感的問題。我們之前即已看到，這問題對於少男愛的實踐而言，一直構成一個困難點，而少男之愛反映於友誼、感情及一

靈魂對另一靈魂的有益行動形式之中。向一位少男的愛好者談論「快感」，那已經是在對他發出反對的聲音。加里克里斯明白地了解這一點。他關於此一主題的討論，開始於其實是傳統方式的揭發，即揭露少男愛中的偽善：您將自己裝扮成蘇格拉底的弟子，愛戀的並非身體，而是靈魂。那麼為何您追逐的不是充滿智慧的老人，而是不知如何論理的孩子？如果要愛的是美德，那麼為何要像柏拉圖一樣要去愛一位出賣里西雅斯（Lysias）的費德爾（Phèdre）[XV]，或是像蘇格拉底一樣，去愛一位阿爾希比亞德（Alcibiade）[XVI]，他不信神，是祖國的敵人且渴望成為獨裁者？因而，即使此一種靈魂之愛有其自負，它必須如同加里克里斯一樣「下降」至快感的問題，並且比較「少男實踐」與「女人實踐」。

　　加里克里斯用來區分這兩種「實踐」及快感在兩者之中所占位置的論點中，第一個出現的是年齡及短暫性的論點。[50]一直到老年的門檻上，一位女人仍能保持她的魅力——甚至可以用其長久的經驗來加以支持。少男呢，就只是一段時間令人愉悅。加里克里斯也對立了女人的身體及少男的身體，前者的皮膚總是光滑及「沒有絨毛的」，一

直維持是一個慾望的對象，後者則很快地變成充滿毛髮及肌肉。但由此一差異，加里克里斯得出的結論卻不是人們經常作的，即人們只能愛一位少男很短的時間，之後便會導向放棄他，如此一來忘記所有能對他作的永誌不渝的承諾：他提到的是相反，那位愛著同一位少男超過二十年的人；他所追逐的，乃是一種「曖昧的阿芙羅黛蒂」，在其中他扮演被動的角色。少男身體上的變化在此被提及，並不是作為情感短暫而逝的原理，而是性角色的反轉原理。

第二個支持「女人實踐」的理由：相互性。[51] 這裡無疑是加里克里斯論述最有趣的部分。他首先提到人是理性的存有，並不是生來孤獨。但由此，他並不是推衍出必須擁有家庭或屬於城邦的結論；而是不可能完全單獨地「渡過時間」，以及要有一「感情的共同體」（*philetairos koinōnia*）的需求，而那會使得好的事物更令人愉快，痛苦的事物變得

XV. 在柏拉圖對話錄《費德爾篇》中費德爾在遇到蘇格拉底之前，剛去聽了里西雅斯的演說，並顯得非常喜愛里西雅斯。

XVI. 雅典傑出將軍、政治人物（紀元前 450 — 前 404），數度更換政治忠誠。他曾經是蘇格拉底的學生，兩人關係請參考《性史 第二卷》第 4、5 章。

較為輕盈。共同的生活有此一角色,那是我們規律地可以在斯多葛學派有關婚姻的專著中可以發現的。在這裡,它被運用於生理快感這個特殊的領域。加里克里斯首先提到一起享用餐食及饗宴,而根據他的說法,因為如此,分享的快樂會變得更強烈。接著他提到性快感。根據傳統留下的肯定說法,被動的少男,因而多少是受暴者(*hubrismenos*)無法感受到快感;沒有人「足夠瘋狂地」會說相反;當他不受苦或不哭泣時,另一人已是他厭煩的。少男的戀人得到快感,之後便離開;他只取不給。和女人的關係則完全不同。加里克里斯先提出事實,接著再談規則。在和女人的性關係之中,他肯定道,有「一愉悅的平等交換」;兩位伴侶在相互給予同樣份量的快感後分開。對於此一自然的事實,符應著一個行為舉止的原則:善行將是不要尋找自我中心的愉悅(*philautōs apolausai*),不要想著把所有的快樂只留給自己,而是要和他人分享,並給他和自己感受到同樣份量的。當然,此一快感的相互性,乃是一個已經廣為人知的主題,而且愛情或色情文學經常使用它。但在此有趣的是看到它被利用於描述與女人關係的「自然」特徵,並且界定一條阿芙羅底其亞中的行為規則,最後也是為了指

出在一個男子和少男之間的關係，可以有什麼樣的不自然、暴烈、因此也是不正義和罪惡的事物。在一交換中有其快感的相互性，並且人們注意著另一人的愉悅，審視著伴侶最大可能嚴格的平等，將性的實踐銘刻於一個延伸共同生活的倫理學中。

對於此一嚴肅沉重的推論，加里克里斯加上另兩個比較不那麼如此的推論，但這兩個都和快感的交換有關。其中之一與情色文學有關：[52] 對於那些知道如何運用的人，女人有能力提供所有少男可以給予的快感；但少男則無法提供單只保留給女性的快感。女人因而有能力提供所有感官愉悅的形式，甚至包括那些特別取悅少男愛慕者的。另一個論點則認為，[53] 如果我們接受了男人之間的關係，那麼也必須接受女人之間的愛。這個具爭辯性的對稱，提及男性之間和女性之間的關係是有趣的：首先，它和加里克里斯論述中的第二部分一樣，否定了少男之愛在文化上、道德上、情感上及性方面的特殊性，並使它進入男性個人之間關係的一般性範疇；接著，因為它為了損害此一關係，利用了傳統上更加引發醜聞的──人們甚至「恥於」談論──女人之間的愛；但因為加里克里斯最終逆轉了此一階序，

暗示道如果一位男人像女人一樣地被動，將是比女人採取男人的角色更加恥辱的。[54]

　　加里克拉提達斯論述中回應此一批評的部分，長度多了許多。比起辯論的其餘部分，它有明顯可感的「修辭演出」特徵。觸及性快感，這少男愛中最具問題性的元素，支持少男愛的論辯運用了它所有資源，以及它最高貴的參照。然而它們是受運用來應對加里克里斯以非常明白的方式提出的問題：快感的相互性。在此點上，兩位對手都各自參照了一個簡單及邏輯一致的觀念：對於加里克里斯，以及「女人之愛的擁護者們」而言，是因為能引發另一人的快感、將注意力放在其身上，並且在其中找到自己的快樂，是這個像是普魯塔克所說的[55]「恩寵」(*charis*)，正當化了男人和女人之間的關係的快感，並使得它可以被整合於艾若斯；相反地，也是它的缺乏，使得與少男們的關係受到標識及失去資格。如同此一種愛之中的傳統，加里克拉提達斯給它的拱心石並非「恩寵」而是 *aretē*——美德。對他而言，在「快感」和「愛」之間形成連結的應是美德；也是它才能確保在兩位伴侶之間，同時具有可敬的及智慧地節制的快感，以及兩位存有之間關係中不可或缺的共同體。

簡言之，相對於其擁護們者所說的，只有與女人的快感才能獲得「恩寵的相互性」，他們的敵手提出對立的「美德共同體」，而少男之愛擁有其排除性特權。加里克拉提達斯的論法是首先批評此一快感的相互性是虛幻的，而它是女人之愛宣稱為其獨特的特徵，並且在它的對面，建立起與少男的美德關係，作為唯一有能力達到真理者。如此一來，女人之愛被認為具有的相互快感的特權受到質疑，而少男之愛是反自然的主題也受到反轉。

為了反對女人，加里克拉提達斯滔滔不絕地且充滿怒氣地說出一連串的慣常意見。[56] 只要就近觀看，女人是本質地「醜陋」並「真正如此」（$al\bar{e}th\bar{o}s$）：她們的身體並「不優雅」，臉孔如同猴子一樣地令人不快。為了遮蔽此一現實，她們必須花上許多力氣：脂粉、化妝、髮型；珠寶、首飾；她們給觀看者的，乃是純外表的美，而一注意的觀看便能加以吹散。接著，她們喜歡祕密崇拜，這使得她們可以包裹其過量的神祕。不必再提起這個段落以相當平板的方式所回響的所有諷刺主題。在少男愛的歌頌中，我們可以找到其他例證，它們的論點與此相近。比如阿基琉斯·塔提奧斯便在《勒西佩與克里特封》中，讓其中一位愛好少男者

的人物說道:「女人身上的所有一切都是人為的,不論是言語或態度。如果其中有一位似乎是美的,那可是油脂的辛勞成果。她的美來自沒藥、頭髮的染劑及脂粉。如果妳把女人身上所有的人工物取走,她會變得像寓言故事中被去掉羽毛的松鴉。」[57]

女人的世界是欺騙人的,因為那是個祕密的世界。男性團體和女性團體在社會中的分離,她們特有不同的生活模式,女性活動與男性活動仔細的分工,所有這些看來都是十分有助於在希臘化時期男性的經驗中留下如此的認知印記,即女人是神祕且欺人的對象。這些騙局可能發生於身體,它被服飾遮掩,真正被發現時很可能會令人失望;人們很快地會懷疑有不完美被靈巧地遮蓋了;人們害怕有什麼使人嫌惡的缺點;女性身體的祕密和特點充滿了曖昧的力量。奧維德說過,您想要擺脫一段激情?那麼就湊近看您情婦的身體。[58] 女人在道德方面也有其騙局,她們過著隱密的生活,並且閉鎖於令人憂慮的神祕之中。在傳說作者路西安以加里克拉提達斯口中說出的論點中,這些主題有一個精確的意義;它們使他可以質疑與女人關係中快感的相互性原理。如果女人是欺騙人的,如果她有其自身的

快感,如果在男人不知情的狀況下,她們沉浸於祕密的放縱之中,那麼怎能夠有這樣的相互性呢?如果她們外表令人假設的快樂只是虛假的允諾,那麼如何能有有效的交流呢?這樣一來,習慣上會提出來針對少男關係的反對——這關係不符合自然——也很可以運用於女人身上;而且更為嚴重,因為想要遮掩她們真實所是,她們有意地導入謊言。在這兩種類型的愛之間的辯論,化妝這個論點看來有點缺乏份量;但對於古代人而言,它受到兩個嚴肅的元素所支持:由女人身體而來的憂慮,以及哲學及道德的原則,在其中只有當引發快感的對象是真實,這快感才是正當的。在少男愛的擁護者的論證中,與女人之間所發生的快感不能找到相互性,因為它伴隨著過多的虛偽。

與少男之間的快感,相反地被置放於真實的星座之下。[59] 一位年輕男子的美是真實的,因為其中並無矯揉造作。就像阿基琉斯・塔提奧斯藉他的一位人物所說的:「少男的美並不是浸染著沒藥香水,也沒有欺騙人的及借用來的味道;少男身上的汗味比起一位女人的整盒香膏聞起來味道更好。」[60] 針對女人具欺騙性質的化妝,加里克拉提達斯提出相對立的一位絲毫不在意造作的少男圖像:一大早

他便快速起床,以清水洗身;他不需要鏡子,也不使用梳子;他將罩袍丟上肩膀,趕路上學;在運動場中,他用力地作體能活動,流汗之後快速地沐浴;在聽講智慧的課程之後,他快速地睡著,因為一整天的大量疲累。

和這位沒有欺詐的少男,怎能不想和他分享人生呢?[61]人們喜愛「坐在這位友人面前度過時間」,以享受他談話中的愉悅,「分享他所有的活動」。這明智的快樂不只持續於稍縱即逝的青春時期;一旦身體的優雅逝去,快樂不再由此而來,卻是長存一生:老年、疾病、死亡、甚至墳墓,都是一起分享;「骨灰也不會分開」。這當然是一個常見的主題,即是少小時期結成的友誼,以一個長期的陽剛情感支持著人生直到死亡。相傳為路西安此一段落看來像是變化了贊諾封《饗宴篇》中發展出的主題之一;理念相同、呈現的順序相類似,並以非常相近的詞語表達:彼此觀看的樂趣、帶著善意情感的會話、成功失敗皆分享感情、其中一人生病了即給予照料:如此,善意的情感存在於兩位友人之間,直到老年到來之時。[62]相傳為路西安的文本在一個要點上特別地加強。它涉及,在此一青少年時期之後仍然持續的感情中,形成一個連結,在其中愛少男者

及受喜愛的少男的角色不再能被區分，平等是完美的而可逆性是完整的。如此，加里克拉提達斯說，比如就著奧雷斯特（Oreste）及比拉德（Pylade），傳統上會問他們之中哪一位是愛慕者，哪一位是受愛慕者，如同會針對阿其爾及巴特柯爾問同一問題。比拉德應是受愛慕者；但年華過去，考驗的時刻也來到——這裡涉及的是兩位友人要決定哪一位將面對死亡——受愛慕者的行為便像是愛慕者。在這裡要看到一個模型。加里克拉提達斯說，對於年輕少男熱烈而嚴肅的愛（著名的 spoudaios erōs）應該如此轉化；在青春可能會變化為可論理的時刻，它應要過渡為陽剛形式（androusthai）。在此一男性的感情中，那位曾是受愛慕者「回返他所受的愛」，直到難以分辨「哪一位是愛慕者」；愛人者的感情受到被愛者的回饋，如同在鏡子中反射的形象。[63]

被愛者回返其所受的感情，一直都是少男愛倫理學中的一部分，其形式可以是遭遇不幸時的協助、老年時的照料、一生的陪伴、或是無法預料的犧牲。然而相傳為路西安之作者之堅持標記兩位戀人間的平等，以及他使用了形容配偶相互性的詞語，似乎是標記要將男性愛疊合於一兩

人共同生活的模型,而那是由婚姻所描述及要求的。就在細膩地書寫年輕男子所有的簡單、自然及去除任何犧牲,在將其可能產生的快樂奠基於「真實」之後,文本的作者談及精神上的連結,但其支持並不來自教學行動、也不是此一傾慕的連繫效果,而是受支持於一個平等交換中的準確的相互性。在此加里克拉提達斯的論述中,男女身體的描述越是有對照性,兩人生活的倫理學便更加將男性間的陽剛情感趨近配偶連結。

然而,存有一個根本的不同。那便是少男之愛被界定為唯一一個可以連結美德與快樂的連結,但這快樂從來不會被指稱為性快感。年輕身體令人著迷,沒有化妝或欺騙、生活規律及明智、友善的會話、回返的情感:這些都是真的。但這文本說得明確:在他床上,少男並「沒有同伴」;當他走在上學的路上,他不會看任何人;晚上,因為工作而疲倦,他很快地入睡了。對於這樣的少男的愛慕者,加里克拉提達斯給出明確的忠告:要和睡在阿爾希比亞德身旁的蘇格拉底一樣地貞潔,接近他們時要帶著節制（sōphronōs）,不要為了輕薄的快感浪費了長時間的情感。在辯論結束時,這個教訓會被提出來,而那時是李西諾斯

帶著反諷的莊嚴，給出獎賞：勝出者是讚頌少男之愛的論述，因為它是由「哲學家」所實踐，而且它進入的是「公正而沒有髒污的」友誼的連結。

加里克里斯和加里克拉提達斯之間的辯論，如此地終結於少男之愛的勝利。這勝利符合傳統的圖式，在其中為哲學家保留了少男之愛，但生理的快感是受到迴避的。然而，此一勝利又留給所有人不只是結婚的權利，還有如此作的責任（根據一個之前在談論斯多葛學派時已經遇上的提法：*pantapasi gamēteon*，每個人都應該結婚）。於是，結論其實是折衷的，它將婚姻的普遍性疊加於少男之愛的優先地位，而那是只保留給哲學家，也就是具有「完美德性」的人。但也別忘記此一辯論，其傳統及修辭性格在文本中相當清楚地被標記著，乃是套疊在另一個對話之中：那是李西諾斯和泰歐蒙奈斯特之間的對話，後者問前者在這兩種愛之間他應選擇哪一種，而他同時受到兩者的撩撥。李西諾斯於是和泰歐蒙奈斯特述說他對加里克里斯和加里克拉提達斯所給出的「審判」。然而泰歐蒙奈斯特很快便諷刺了辯論的要旨以及少男之愛的致勝條件：它獲勝的條件是因為和哲學、美德，也因此和生理快感的去除相連結。是否應該相

信這便是人們真正愛少男的方式?泰歐蒙奈斯特並未如同加里克里斯一樣,因為這樣的論述中的偽善而感到憤慨。為了連結快感與美德,少男之愛的擁護者們強調任何性動作的缺席,他則使它重新浮現,並作為這種愛的真正存在理由,包括身體接觸、親吻、撫摸及生理愉悅。他說,人們總不能要我們相信,這關係中所有快樂只在於眼神相對,並因為彼此間的會話而感到狂喜。眼見,當然是愉快的,但那只是第一個時刻。接著是觸摸,它會邀請全身進入愉悅。接著是親吻,它首先是膽怯的,但很快便會變成相互合意。在這時,手也不會閒著;它在衣服下面遊走,按壓一下胸部、下到堅實的腹部、攻入「青春之花」,最後達到目的地。[64] 這段描述對於泰歐蒙奈斯特而言,對文本作者而言也一樣,並不是意指一種無法接受的實踐。這是為了提醒,不可能持續 —— 除了以無法支持的理論人工物 —— 將阿芙羅底其亞排除在愛的領域及其正當化理由之外。相傳為路西安的作者,他的反諷並不是一種譴責此一快感的方式,而那可以來自少男,並且他提到它時也是微笑著;這是一種反對,對抗的基本上是希臘少男之愛太古老的論點,它認為為了能對這種愛加以思考、表述、置入論述及給予

理由，便迴避了生理快感明顯的存在。他並不是在說女人之愛更好；但他指出一種對於愛的論述具有的根本弱點，當它並不給予阿芙羅底其亞及在其中產生的關係安排位置。

Une nouvelle érotique

第三節
新愛慾論

當我們觀察到有關少男之愛的反思顯現出缺乏孕育性的時代，我們可看到一些元素，它們肯定了一個新愛慾論的出現。它主要出現地方不是哲學文本，它也不是在少男之愛中借用其主題的優先地帶；它是針對男女關係而發展，並且是在浪漫敘事中得到表達，其中夏里東・達弗芙羅底其亞斯（Chariton d'Aphrodisias）所寫的《查瑞阿斯與卡里霍爾》（*Chaeréas et Callirhoé*）的冒險故事、阿基琉斯・塔提奧斯所敘述的《勒西佩與克里特封》、哈利歐多爾（Héliodore）[XVII] 所寫的《艾提歐披克》（*Ethiopiques*）是流傳至今的主要實例。關於此一文學的確是有不少的不確定性：這涉及它的出現及成功的條件、文本的年代日期、以及它們最終的寓意及精神意義。[65] 但我們仍然可以在這些充滿曲折段落的長篇敘事中，找出一些主題的存在，而它們未來會標識宗教和俗世的愛慾論：一種「異性戀」關係的存在，並且為男性及女性的軸線所標記、非常大量以完整的童貞性及慾望的政治、陽剛的宰制為模型的禁慾要求；最

XVII. Héliodore d'Émèse，紀元 3-4 世紀以希臘文寫作的小說家，傳世作品有《艾提歐披克》與《泰俄真尼與加里克列的愛情》。

後是此一純潔的完成及受補償於一結合之中，而它的形式及價值為一精神婚姻。以某一意義而言，不論柏拉圖主義可能對此一愛慾論有什麼樣的影響，它仍然是個非常遠離過去的愛慾論，而那時主要的參照是節制的少男之愛，以及它在友誼的持續形式中的完成。

當然少男之愛並沒有完全缺席於此一浪漫文學之中。不只它理所當然地在沛特隆（Pétron）[XVIII]或阿普萊（Apulée）的敘事中有其重要地位，並證明了此一實踐非常普遍的頻率和接受。但它也出現在某些以處女狀態、訂婚及婚姻為主題的敘事。比如《勒西佩與克里特封》，故事中有兩個人物便代表它，而且是正向性的：克里尼亞斯（Clinias）想要使他自己的愛人離開婚姻，但仍給敘事中的主角卓越的忠告以使他在和少女的愛情中能有所進展。[66]至於門內拉斯（Ménélas），他則提出一個親吻少男的巧妙理論——既不考究、也不軟弱或放蕩如同女人之吻，一個不是生自藝術而是生於自然的親吻：冰凍的甘露所變成的嘴唇，這便是體操館中的一位少男的單純的吻。[67]然而這些只是插曲般的邊緣性主題；少男之愛從來不會是敘事的主要對象。整個注意力的焦點是集中在少女與少男間的關係。

這關係總是以兩人的一見鐘情開始,並使兩人以對等的強烈程度相互喜愛。除了夏里東・達弗芙羅底其亞斯所寫的小說《查瑞阿斯與卡里霍爾》,此一愛情不會立刻轉譯為他們的結合:小說展開長長系列的冒險故事,它們分開了兩位年輕人,並且阻礙婚姻及快感的達成,直到最後一刻。[68] 這些冒險故事,會是盡可能地對稱;其中一位所發生的,便會有其對應者,發生於另一位的故事波折之中,而這使他們能展現同樣的勇氣、耐力及忠誠。這是因為這些冒險故事的主要意義及其帶領至結局的價值,乃在於兩位人物以一種嚴格的方式保存其相互的性忠誠。當主要人物是已婚的,如同查瑞阿斯與卡里霍爾,那便是忠誠;在其他的敘事中,當冒險故事及不幸出現於愛的發現之後及婚姻之前,那便是童貞狀態。然而此一童貞狀態,它不只是一個單純的只是因為承諾而帶來的禁慾狀態。它是一種生命選擇,而在《艾提歐披克》之中,它甚至出現於愛情之前:加里克列(Chariclée)為其養父很細心地養育長大,尋找「最

XVIII. 咸認為《愛情神話》(*Satyricon*)的作者,生平細節不詳,但極可能是暴君尼祿時代的人物。

好的生活模式」，甚至拒絕設想婚姻的念頭。父親不滿意這種情況，向她提議了一個值得接受的結婚對象：「溫柔的力量、承諾、利用論理都沒有用，我無法說服她；使我最感到痛苦的是，她利用我自己的筆來反抗我；她利用了我教她的偉大論理實踐；……她將童貞狀態置於一切之上，並將它與諸神並列。」[69] 對等地，泰俄真尼（Théagène）從未與任何女人發生過關係：「他總是充滿恐懼地將她們全部推開，而這也包括人們能和他說的所有婚姻和愛情豔遇，直到有一天，加里克列的美向他證明他不是如他所想地無感，只是一直到那時，他之前都沒有遇到過一位值得愛的女人。」[70]

我們理解了：童貞狀態不是性實踐之前的禁慾。它是一種選擇、一個生活風格、一種主角所選擇的高尚的存在形式，因為他關懷自我。當各種最不平凡的波折會將兩人分開，並將他曝露於最可怕的危險時，其中最嚴重的，當然是遇到了別人對他們的性覬覦；而他們自身價值及相互的愛情最大的考驗將是不惜任何代價進行抵抗，並且保存此一根本的童貞狀態。對於他們與自身的關係而言，這是根本的，就他們與他者的關係而言，這也是根本的。阿基

琉斯・塔提奧斯的小說也是如此發展 —— 一種雙重童貞的奧狄賽[XIX]故事。這童貞受曝露、被攻擊、受懷疑、受誣衊、受保存 —— 除了克里特封（Clitophon）所允許自己的小小可敬意外 —— 被正當化及在某種神意審判[XX]中確認其本真，而這允許針對少女公開說：她「直到今天仍然保持和她離開其出生城市同樣的狀態；她能在海盜群之中保持處子之身，並且能堅強地對抗最壞的情況，這是她的成就。」[71] 克里特封談及他自身時，也可以用對稱的方式說他自己：「如果存有一種男性的童貞，那我自己也保存了它。」[72]

但如果愛情與性慾的戒除在故事的整體開展中能夠相符，那麼必須了解這不只是涉及對抗第三者的自我防衛。此一童貞的保存在愛的關係內部亦有其價值。人為了對方自我持守，直到有一刻，愛情與童貞皆在婚姻之中找到其完滿。於是婚前的貞潔，使兩位未婚夫妻在精神上相接近，

XIX. 古希臘最重要的兩部史詩之一，敘述希臘英雄奧德修斯（或譯奧德賽斯，羅馬神話中稱為「尤利西斯」）在特洛伊陷落後返鄉。長達十年的特洛伊戰爭結束後，奧德修斯又再漂泊，經過十年，才回到故鄉伊薩卡。

XX. 指透過得到神的降下的旨意來判斷事情真偽正邪的審判方法。

雖然他們是如此地受到分離,並且受到他人的考驗,也使他們能自我抑制並且戒除慾念,雖然他們在如此眾多的波折之後已能重聚。孤單地,離開眾人單獨處於洞穴之中,泰俄真尼與加里克列「不斷地相互擁抱及親吻,不再有限制及分寸。遺忘了所有的一切,他們一直持續互相擁抱,彷彿兩人便是一體,無休止地沉浸於他們一直純粹及童貞的愛情,混合著他們眼淚溫暖的波流,並且交換著貞潔的親吻。當加里克列確實感受到泰俄真尼過度感動及陽剛,便將他拉住並且提醒他曾發過的誓言,而他也不費力地能夠主宰自身,並將自己輕鬆地限制於明智之中;因為即使他已是愛的獵物,他仍能主宰其肉慾。」[73] 此一童貞狀態,因此不能理解為一種反對所有性關係的態度,即使這關係發生於婚姻之中。它比較更是此一結合的預先考驗,引領至它的動態,並在此找到它的完成。愛情、童貞及婚姻形成了一個整體:兩位戀人必須保持其身體的完整性以及其心靈的純潔,直到他們結合的一刻,而這結合必須同時理解為身體的及精神的。

由此開始發展一套愛慾論,它和之前由少男之愛出發的不同,即使性快感的戒除在兩者之中皆扮演重要的角色:

這新愛慾論圍繞著男人和女人間對等及相互的關係而組織，也圍繞著童貞和使其完成的完滿結合被給予的高度價值而組織。

原書註

1. 包斯威爾（J. Boswell），《基督教，社會容忍及同性戀》（*Christianity, Socoial Tolerence, and Homosexuality*），頁 61 及其後。
2. 維恩，「愛在羅馬」，《歷史》，1981 年 1 月，頁 77。
3. 昆提良（Quintilien），《演說家的教育》（*Institution oratoire*），II，2。
4. 馬克欣・德・泰爾（Maxime de Tyr），《論文集》（*Dissertations*），24，1；25，1。
5. 同上，25，2-4。
6. H. Martin（《普魯塔克的倫理寫作與早期基督教文學》[*Plutarch's Ethical Writings and Early Christian Literature*]，H. D. Betz 編）提出此篇對話錄並未明白地區分異性戀和婚姻。將《愛情對話錄》（*Dialogue sur L'Amour*）與《婚姻格言》兩相貼近比對，L. Goessler 強調普魯塔克在婚姻與艾若斯之間建立起顯著的連結，並且也強調其中有關婚姻的傳統問題出現了新穎之處。
7. 普魯塔克，《愛情對話錄》，771 e。
8. 同上，749 a。
9. 同上，749 c。

10. 普魯塔克,《梭倫傳》(*Vie de Solon*), 20, 8。
11. 普魯塔克,《愛情對話錄》, 752 e-f。
12. 同上, 749 d 及 755 d-e。
13. 普魯塔克,《愛情故事集》(*Histoires d'amour*), 2, 772 e；3, 773 f。
14. 普魯塔克,《愛情對話錄》, 754 d。
15. 普魯塔克,《愛情對話錄》, 751 a；752 b。
16. 同上, 750 c-d。
17. 同上, 750 d-e。
18. 同上, 750 c。
19. 同上, 752 b-c。
20. 同上, 750 e。
21. 同上, 750 d-e。
22. 同上, 751 f。
23. 同上, 751 e。
24. 同上, 751 e-f。
25. 同上, 766 e。
26. 同上, 766 e-767 a。
27. 同上, 767 b-c。
28. 同上, 767 d-e。
29. 同上, 752 b。
30. 普魯塔克在此重拾達夫內之前所發展的論點, 751 d-e。

31. 同上，768 d。

32. 同上，751 c。

33. 同上，751 d。

34. 同上，769 a。

35. 《梭倫傳》，20。

36. 《愛情對話錄》，769 a-b。

37. 同上，769 e-f；參考《婚姻格言》，142 e-143 c。

38. 《愛情對話錄》，769 d。

39. 同上，769 d-e。

40. 關於此一文本，請參考 R. Bloch，《相傳為路西安所著的諸種愛》（De Pseudo-Luciani Amoribus），1907；MacLeod 在 Loeb 版的「導論」中認為其年代為第 4 世紀初；F. Buffière 則相信它成書於第 2 世紀。（《青少年之愛》[Eros adolescent]，頁 481。）

41. 傳為路西安，《諸種愛》（Les Amours），16。

42. 此一論述出現於 19-28 段。Praechter 在其對希耶羅克勒斯的研究中（頁 148），強調此一段落的斯多葛主義色彩。R. Bloch 在其中看到新畢達哥拉斯學派的主題。

43. 傳為路西安，《諸種愛》，19。

44. 同上，20-21。

45. 同上，22。

46. 同上，32。

47. 同上，33-35。

48. 同上，36。

49. Praechter（前引書）強調了加里克拉提達斯發言中的依比鳩魯學派面向。然而 R. Bloch 則突出論述肇始的宇宙演化論並非特別具有依比鳩魯學派色彩。另一方面，對於柏拉圖的指涉有時是明顯的。比如第 49 段。

50. 傳為路西安，《諸種愛》，25-26。

51. 同上，27。

52. 同上，27。

53. 同上，28。

54. 如果是一個女人扮演男人的角色，「應會比一個男人低下身段扮演女人的角色」更好吧？（28）

55. 加里克里斯自己不使用這個字眼。

56. 同上，39-42。

57. 阿基琉斯・塔提奧斯（Achille Tatius），《勒西佩與克里特封》（*Leucippé et Clitophon*），II，37。

58. 請參照奧維德，《愛的治療》（*Les Remèdes à l'Amour*），v. 345-348 以及「我建議你打開所有的窗子，透過日光記下其外形所有的不完美。」，在做愛之後，「在你的心智裡記下其身體的所有缺點，並將你的雙眼固定於其不完美之上。」（411-418）。

59. 傳為路西安，《諸種愛》，44-45。

60. 阿基琉斯・塔提奧斯，《勒西佩與克里特封》，II，37。

61. 傳為路西安，《諸種愛》，46。

62. 贊諾封（Xénophon），《饗宴篇》（*Banquet*），VIII，18。

63. 傳為路西安，《諸種愛》，48。

64. 同上，53。

65. 就此主題，請參考 M. Grant，《羅馬的巔峰》(*The Climax of Rome*)，頁 117 及其後，以及 Th. Hägg，《古希臘羅曼史中的敘述技巧》(*Narrative Technique in Ancient Greek Romances*)。

66. 阿基琉斯・塔提奧斯，《勒西佩與克里特封》，I，10。

67. 同上，頁 37。

68. 在《查瑞阿斯與卡里霍爾》(*Chaeréas et Callirhoé*) 中，結婚之後便立刻發生夫妻分離；但這對夫婦，在其各自的冒險故事中，保存了他們的愛、純潔及忠誠。

69. 哈利歐多爾 (Héliodore)，《艾提歐披克》(*Ethiopiques*)，II，33。

70. 同上，III，17。

71. 阿基琉斯・塔提奧斯，《勒西佩與克里特封》，VIII，5。

72. 同上，V，20；亦請參考 VI，16。

73. 哈利歐多爾，《艾提歐披克》，V，4。

Conclusion

結論

在紀元初起的數世紀中,有關性活動及快感的反思似乎顯示了嚴苛刻苦的主題得到了某種加強。有些醫生為性實踐感到憂慮,很樂意建議加以節制,並宣稱偏愛童貞優於快感的使用。哲學家們譴責所有可能的婚外關係,並且要求夫妻間嚴格的及無例外的忠誠。最後,針對少男之愛似乎有了某種學說性質的失格化。

但這樣是否要承認,在如此構成的圖式之中,存有一個未來道德論的草圖,而此道德論可以在基督宗教中發現,而那時性動作本身會被當作罪惡,它的正當性只能在配偶連結內部得到、少男之愛會被譴責為反自然?是否應該假設在希臘─羅馬世界中,某些人已預先感覺到此一性問題上的嚴苛模型,而後來在基督宗教的社會中,會得出一個法律的架構及體制性質的支持?如此,人們將會發現,有幾位嚴苛的哲學家孤立於一個世界之中(雖然它看來不像是一個完整的世界),形成了另一種道德論的草圖,而這道德論的命運是在未來的數世紀之中,採取更具限制性的形式,以及得到更具一般性的效用。

這問題是重要的,而且它銘刻於一個長程傳統之中。自從文藝復興以來,這傳統在天主教和新教之中劃出了相

對類似的分隔線：一方面是那些支持某些接近基督宗教的上古道德的人士（這是朱斯特・李普斯［Juste Lipse］[1]在《斯多葛哲學簡介》［*Manuductio ad stoicam philosophiam*］中的主張，後來受到巴斯［C. Barth］將其激進化，並將艾皮克特克［Epictète］當作是一位真正的基督教徒；更晚之後，天主教這邊，卡謬［J.-P. Camus］的主張，以及德・波爾多［Jean-Marie de Bordeaux］在《基督徒艾皮克特克》［*Epictète chrétien*］中更是如此）；另一方面，則有一些人士主張斯多葛學派只是一個有美德的哲學，雖然的確如此，但它無可否認地屬於諸神異教（比如新教徒中的蘇邁士［Saumaise］，及天主教這邊的阿諾德［Arnauld］或提爾蒙［Tillemont］）。然而，爭論的焦點卻不單是使得某些古代的哲學家來到基督信仰這邊，或是避免使得此一信仰受到任何異教信仰的污染；問題也是去決定如何奠基一個道德論，在其中有些規定性的元素，似乎到某種程度，是在希臘－羅馬的哲學和基督宗教之間具有共同之處。19世紀興

---

1. 南尼德蘭（今比利時）語文學家、人文主義者（1547-1606），其著作試圖以和基督教相兼容的形式來復興古代斯多葛主義。

起的辯論和此問題意識也並不陌生,即使這其中涉入了歷史方法的問題。詹恩(Th. Zahn)[II]在其著名的致詞[1]中,並不尋求使得艾皮克特克成為一位基督徒,而是在一個普遍被認為是斯多葛學派的思想中,挖掘出對於基督宗教有所認識的印記,以及它的影響痕跡。波恩霍弗(Bonhöffer)[III]的著作是回應他的,[2]尋求思想的統一性,但不必為了解釋某特定面向,便去召喚外部不協調的行動。但它涉及的也是知道去何處尋找道德命令的基礎,以及是否可能由基督宗教中分離出某一類型的道德論,而那是和它長期相連結的。然而,在此一辯論中,雖然多少是在一混淆狀態下,人們接受三項預設:根據第一項,道德中的根本事物,要在它所包含的法條(code)元素中尋求;第二項則認為,上古晚期的哲學道德論因為其嚴格的規定,與基督宗教是接近的,而且它與之前的傳統大致上完全斷裂;最後,根據第三項預設,必須由提升及純粹的角度來比較基督宗教的道德,以及上古某些哲學家的道德論,而且是後者為前者做了準備。

不過,也不可能停留於此。首先必須記得,性方面的嚴格刻苦原則,並不是在帝國時期才首度於哲學中受到界

定。我們在紀元前 4 世紀的希臘思想中就可以看到它，而且不會更不嚴格要求。終究而言，性動作似乎長久以來就被認為是危險的、難以主宰的、而且代價高昂；它的實踐的分寸，它之進入一個飲食作息控制的關注機制中，乃是長久以來便受到要求的。柏拉圖、依索克拉特、亞里斯多德，每一位都以其各自的方式，並以不同的理由，建議至少某種形式的婚姻忠誠。至於少男之愛，人們過去可以給它最高的價值，但也要求它實施戒慾，以便它能保存人們期待於它的精神價值。因此，長遠以來，關懷身體及健康、與女人及婚姻的關係、與少男的關係，曾經是提煉一嚴格的道德論的動機。以某種方式，在紀元初始數世紀的哲學家作品中所看到的性刻苦，乃是根植於此一古老的傳統，正如同它宣布著未來的道德觀。

然而，如果在這些對於性快感的反思中，只看到維持古老的醫學和哲學傳統，將會是不夠精確的。的確，我們

II.　Theodor Zahn（1838-1933），德國新教神學家及聖經學者。
III.　Adolf Bonhöffer（1859-1919），德國神學家與哲學史家。

不能不理解在此一如此明白地縈迴於古典文化的紀元首數世紀的思想中，有其持續性，它細心地受到維持並志願地重啟。希臘化時期的哲學及道德論曾有過馬盧（Marrou）所說的「漫長夏天」。然而，數個變動仍然是令人感受清晰的：它們阻止人們認為莫索尼烏斯或普魯塔克的道德論只是將贊諾封、柏拉圖、依索克拉特或亞里斯多德的教訓簡單地加強；它們也阻止人們認為索拉努斯（Soranus）或艾菲斯的魯夫斯（Rufus d'Ephèse）的忠告只是希波克拉特（Hippocrate）[IV]或狄奧克里斯（Dioclès）[V]之原則的變化。

就保健法及健康的問題化這方面而言，變化的標記在於對性動作與身體之間的關連更加廣泛及更多細節的界定，對於其效力的雙價性及具擾動力的後果更加強烈地注意。但這不單純是對身體給予更多的關懷；這也是另外一種設想性活動的方式，以及擔心它與疾病和罪惡形成的整體。就女性以及婚姻問題化這一方面而言，變化主要是在配偶連結以及構成此連結的雙元關係的價值正面化；丈夫的正當行為，他應該對自身強加節制，其正當性不單純來自於對於地位的考量，而是因為此連結的性質、它的普遍形式以及由此而生的相互義務。最後，就少男這方面而言，節

制慾望的必要性越來越不是被感知為一種給予愛最高的精神價值的方式，而越來越被當作是它本身不完美的記號。

然而，透過這些對於先前已經存在的主題的調整變化，我們可辨識出一個受到自我關懷主宰的存在美學。此一自我的技藝不那麼堅持人們可能投入其中的過度，以及必須主宰此一過度才能施行對他人的主宰；它越來越強調個人相對於性活動有可能引發的惡痛時的脆弱；它也強調必須將這活動放置於一普遍形式之中，而透過它人們可以相互連結，而且它為了所有人類將其奠基於自然和理性。它也強調發展所有的可以自我控制的實踐和鍛練的重要性，而最終能達致純粹的自我愉悅。這些調整變化的源頭並不是在性道德中禁制形式的強調；這是一存在美學的發展，它所圍繞運轉的中心是自我的問題、它的依賴和獨立、它的普遍形式以及它能和他人所建立的連結、他實施自我控制

IV. Hippocrate de Kos 或 Hippocrate（約紀元前 460-377），希臘醫生及哲學家，被視為希臘醫學之父。請參考《性史 第二卷》，第二章，譯註 I。

V. 紀元前 4 世紀在雅典行醫的醫生。請參考《性史 第二卷》，第二章，譯註 IV。

的步驟以及它能建立對自己完滿的主權的方式。

在這樣的脈絡中，產生了雙重的現象，並成為此一快感倫理學的特徵。一方面，人們要求更積極的注意力能投注於性的實踐（pratique sexuelle）、它對有機體的效果、它在婚姻中的位置及它在其中扮演的角色、它的價值以及它在少男關係中的困難。但就在更多停留於它之上的同時，它更容易顯得像是危險及有可能損害人們想要建立的和自我的關係；看來似乎越來越有必要懷疑它、控制它、甚至盡可能將其定位於單一的婚姻關係——即使這必須在此一配偶關係中，使它承載更強烈的意義。問題化與憂慮、質疑與警醒攜手同行。在此一道德、醫學和哲學的反思運動中，因此有某種性操行（conduite sexuelle）風格得以提出；它和紀元前第 4 世紀設想的有所不同；但它也和後來人們會在基督宗教中發現的不相同。性的活動在其中和罪惡（mal）是以其形式和效果而有親緣關係，但它不是以其本身及實質上是一個罪惡。它在婚姻之中找到其自然及理性的完成；但除了例外狀況，婚姻也不是使它停止作為一罪惡的確切及不可或缺的條件。它很難在少男之愛中找到位置，但這種愛也不因為如此便以反自然為名義而遭到譴責。

如此,在生活藝術和自我關懷的精緻化之中,浮現了一些訓誡,它們似乎和之後的道德論中出現的表述相當地接近。然而,此一可類比性不應成為幻覺。這些後來出現的道德論將界定它種的自我關係模式:由有限性及在罪惡中的墮落為出發點來形容倫理實質的特徵;存於遵從一普遍律則(而且它同時是一個人格神的意志)形式中的臣服模式(mode d'assujettissement);對於自我鍛練含帶著靈魂的解碼及慾望清滌式的解釋學;傾向於自我棄絕的倫理完滿模式。有關於快感經濟學的律則元素、配偶間的忠誠、人與人之間的關係大可維持著類似的樣態。但它們來自一個深度重組的倫理學,以及將自我構成性操行道德主體的另一種方式。

原書註

1. 詹恩（Th. Zhan），《斯多葛學派的艾皮克特克及其與基督教的關係》（*Der stoiker Epiktet und sein Verhältnis zum Christentum*），1894。

2. 波恩霍弗（A. Bonhöffer），《艾皮克特克與新約》（*Epiktet und das Neue Testament*），1911。

引用文獻索引

【編輯說明】

- 本索引依循傅柯原書索引格式呈現，並按各條作者姓氏字母排序，列出所有引用之書目、文獻、典籍原文名稱及版本。古代作者與部分現代作者姓氏皆附上本書中的中文譯名。
- 本書中高度引用，即於原書索引中出現三次（含）以上之書目，另附中文書名翻譯。
- 各項書目資料後方之章節標註，為該書目引用出現於本書之章節段落。
- 謹供讀者查證參考，特此說明。

* * *

〔古代作者〕

ACHILLE TATIUS（阿基琉斯・塔提奧斯）
Leucippé et Clitophon《勒西佩與克里特封》, traduction française par P. Grimal, Paris, Gallimard, La Pléiade, 1963.
　第 1 章第 1 節，第 6 章第 2 節，第 6 章第 3 節。

ANTIPATER（安提帕特）
收錄於 STOBÉE, ***Florilegium***, éd. A. Meinecke, Leipzig, 1860-1863 (t. III, pp. 11-15).
　第 5 章第 1 節

ANTYLLOS（安提羅斯）
　參照 ORIBASE.

APULÉE（阿普萊）
Du dieu de Socrate, texte et traduction française par J. Beaujeu, Collection des universités de France (C.U.F).
　第 1 章第 3 節。

ARÉTÉE（阿瑞提）

Traité des signes, des causes et de la cure des maladies aiguës et chroniques 《急症與慢症的病徵、原因與治療》; texte in le ***Corpus Medicorum Graecorum***, II, Berlin, 1958 ; traduction par L. Renaud, Paris, 1834.

　　第 4 章第 2 節。

ARISTIDE（亞里斯狄德）

Éloge de Rome, texte in J. H. OLIVER, *The Ruling Power. A Study of the Roman Empire in the Second Century A.C. through the Roman Oration of Aelius Aristides*, Philadelphie, 1953.

　　第 3 章第 2 節。

ARISTOTE（亞里斯多德）

Éthique à Nicomaque 《尼各馬可倫理學》, texte et traduction anglaise par H. Rackham (Loeb classical Library) ; traduction française par R. A. Gauthier et J.-Y. Jolif, Louvain-Paris, 1970.

　　第 5 章前導，第 5 章第 1 節。

La Politique 《政治學》, texte et traduction anglaise par H. Rackham (Loeb classical Library) ; traduction française par J. Tricot, Paris, 1982.

　　第 3 章第 2 節，第 5 章前導，第 5 章第 1 節。

PSEUDO- ARISTOTE（傳亞里斯多德）

Économique 《家政學》, texte et traduction française par A. Wartelle (C.U.F.).

　　第 5 章前導，第 5 章第 2 節，第 5 章第 3 節。。

ARTÉMIDORE（阿特米多爾）

La Clef des songes 《夢之解謎》, traduction française par A.-J. Festugière, Paris, 1975 ; traduction anglaise par R.-J. White, New Haven, 1971.

　　第 1 章。

ATHÉNÉE（阿泰內）

　　參照 ORIBASE。

CELSE（塞爾斯）

De medicina 《論醫學》, texte et traduction anglaise par W. G. Spencer (Loeb classical Library) ; traduction française par A. Vedrenes, Paris, 1876.

　　第 4 章前導，第 4 章第 2 節，第 4 章第 3 節，第 4 章第 4 節。

CHARITON D'APHRODISIAS（夏里東・達弗芙羅底其亞斯）

Les Aventures de Chairéas et de Callirhoé, texte et traduction française par G. Molinié (C.U.F.).

第 1 章第 1 節，第 6 章第 3 節。

CICÉRON（希塞羅）

Tusculanes, texte et traduction française par G. Fohlen et J. Humbert (C.U.F.).

第 2 章。

CLÉMENT D'ALEXANDRIE（克萊蒙・達列桑德里）

Le Pédagogue, texte et traduction française par M. Harl et Cl. Mondésert (coll. Sources chrétiennes), Paris, 1960-1965.

第 5 章第 2 節。

Stromates, I, II, texte et traduction française par Cl. Mondésert (coll. Sources chrétiennes), Paris, 1951-1954.

第 5 章第 3 節。

DIOGÈNE LAËRCE（戴奧真尼・萊爾斯）

Vie des Philosophes, texte et traduction anglaise, par R. D. Hicks (Loeb classical Library) ; traduction française par R. Genaille, Paris, 1965.

第 2 章，第 5 章第 1 節。

DION CASSIUS（狄翁・卡西烏斯）

Histoire romaine, texte et traduction anglaise par E. Cary (Loeb classical Library).

第 3 章第 2 節。

DION DE PRUSE（狄安・德・普魯士）

Discours《演講錄》, texte et traduction anglaise par J. W. Cohoon (Loeb classical Library).

第 2 章，第 3 章第 2 節，第 4 章第 4 節，第 5 章第 2 節。

ÉPICTÈTE（艾皮克特克）

Entretiens《交談集》, texte et traduction française par J. Souilhé (C.U.F.).

第 2 章，第 3 章第 2 節，第 5 章第 1 節，第 5 章第 2 節。

Manuel《手冊》, traduction française par É. Brehier (in *Les Stoïciens*, Gallimard, La Pléiade, Paris, 1962).

第 2 章，第 5 章第 2 節。

ÉPICURE（依比鳩魯）

Lettres et Maximes, texte et traduction française par M. Conche, Viliers-sur-Mer, 1977.
　第 2 章。

GALIEN（加里昂）

De l'utilité des parties《論身體各部分的用處》, texte dans les *Opera omnia*, édition C. G. Kühn, réimp. Hildesheim, 1964-1965, t. II ; traduction française par Ch. Daremberg in *Œuvres anatomiques, physiologiques **et médicales*** de Galien, Paris, 1856, traduction anglaise par M. T. May, Ithaca, 1968.
　第 4 章第 1 節，第 4 章第 3 節。

Des lieux affectés《受感染之處》, texte dans les *Opera omnia*, édition C. G. Kühn, t. VIII ; traduction française par Ch. Daremberg, t. II ; traduction anglaise par R. E. Siegel, Bâle, 1976.
　第 4 章第 1 節，第 4 章第 3 節。

Traité des passions de l'âme et de ses erreurs, texte dans les ***Opera omnia***, éd. C. G. Kühn ; traduction française par R. Van der Helst, Paris, Delagrave, 1914.
　第 2 章。

HÉLIODORE（哈利歐多爾）

Les Éthiopiques, traduction française par P. Grimal, Paris, Gallimard, La Pléiade, 1963.
　第 6 章第 3 節。

HIÉROCLÈS（希耶羅克勒斯）

收錄於 STOBÉE, ***Florilegium***《選集》, éd. A. Meinecke, Leipzig (t. III, pp. 7-11).
　第 5 章前導，第 5 章第 1 節。

LUCIEN（路西安）

Hermotime, texte et traduction anglaise par K. Kilburn (Loeb classical Library).
　第 2 章。

PSEUDO-LUCIEN（相傳為路西安）

Les Amours《諸種愛》, texte et traduction anglaise par M. D. MacLeod (Loeb classical Library).
　第 6 章第 2 節。

MARC AURÈLE（馬克・奧理略）

Pensées《沉思錄》, texte et traduction française par A.-I. Trannoy (C.U.F.).
　第 2 章，第 3 章第 3 節，第 6 章第 2 節。

MAXIME DE TYR（馬克欣‧德‧泰爾）

Dissertations, texte et traduction latine, Paris, 1840.
　　第 6 章前導。

MUSONIUS RUFUS（莫索尼烏斯‧魯夫斯）

Reliquiae《遺物》, texte établi par O. Hense, Leipzig, 1905.
　　第 2 章，第 5 章第 1 節，第 5 章第 2 節，第 5 章第 3 節。

ORIBASE（歐里巴斯）

Collection des médecins latins et grecs《希臘文及拉丁文醫學集成》, texte et traduction française par U. C. Bussemaker et Ch. Daremberg, Paris, 1851-1876.
　　第 4 章前導，第 4 章第 1 節，第 4 章第 2 節，第 4 章第 3 節，第 4 章第 4 節。

OVIDE（奧維德）

L'Art d'aimer, texte et traduction française par H. Bornecque (C.U.F.).
　　第 4 章第 4 節。

Les Remèdes à l'Amour, texte et traduction française par H. Bornecque (C.U.F.).
　　第 4 章第 4 節，第 6 章第 2 節。

PHILODÈME（費洛田）

Peri parrhēsias, texte établi par A. Olivieri, Leipzig, 1914.
　　第 2 章。

PLATON（柏拉圖）

Alcibiade, texte et traduction française par M. Croiset (C.U.F.).
　　第 2 章。

Apologie de Socrate, texte et traduction française par M. Croiset (C.U.F.).
　　第 2 章。

Les Lois《法律篇》, texte et traduction française par É. des Places et A. Diès (C.U.F.).
　　第 2 章，第 4 章第 1 節，第 5 章前導，第 5 章第 2 節。

La République, texte et traduction française par É. Chambry (C.U.F.).
　　第 1 章第 1 節，第 5 章前導。

PLINE LE JEUNE（小披林）

Lettres《書信集》, texte et traduction française par A.-M. Guillemin (C.U.F.).
　　第 2 章，第 3 章第 1 節，第 5 章第 1 節。

PLUTARQUE（普魯塔克）

Ad principem ineruditum, texte et traduction anglaise par F. C. Babbitt, *Plutarch's Moralia*, t. X (Loeb classical Library).

第 3 章第 2 節。

Animine an corporis affectiones sint pejores, texte et traduction anglaise par F. C. Babbitt, *Plutarch's Moralia*, t. VI (Loeb classical Library).

第 2 章。

Apophthegmata laconica, texte et traduction anglaise par F. C. Babbitt, *Plutarch's Moralia*, t. III (Loeb classical Library).

第 2 章。

Conjugalia praecepta《婚姻格言》, texte et traduction anglaise par F. C. Babbitt, *Plutarch's Moralia*, t. II (Loeb classical Library).

第 5 章第 1 節，第 5 章第 2 節，第 5 章第 3 節，第 6 章第 1 節。

De l'exil, texte et traduction française par J. Hani, *Œuvres morales*, t. VIII (C.U.F.).

第 2 章。

De tuenda sanitate praecepta, texte et traduction anglaise par F. C. Babbitt, *Plutarch's Moralia*, t. II (Loeb classical Library).

第 2 章。

Dialogue sur l'Amour《愛情對話錄》, texte et traduction française par R. Flacelière, *Œuvres morales*, t. X (C.U.F.).

第 5 章第 3 節，第 6 章第 1 節。

Le Démon de Socrate, texte et traduction française par J. Hani, *Œuvres morales*, t. VII (C.U.F.).

第 2 章。

Histoires d'amour, texte et traduction française par R. Flacelière, *Œuvres morales*, t. X (C.U.F.)

第 6 章第 1 節。

Mulierum virtutes, texte et traduction anglaise par F. C. Babbitt, *Plutarch's Moralia*, t. III (Loeb classical Library).

第 5 章第 3 節。

Praecepta gerendae reipublicae《對國家治理的告誡》, texte et traduction anglaise par F. C. Babbitt, *Plutarch's Moralia*, t. X (Loeb classical Library).

第 3 章第 2 節。

Propos de table, texte et traduction française par F. Fuhrmann, *Œuvres morales*, t. IX (C.U.F.).

第 4 章第 3 節，第 4 章第 4 節。

Quomodo quis suos in virtute sentiat profectus, texte et traduction anglaise par F. C. Babbitt, *Plutarch's Moralia*, t. 1 (Loeb classical Library).
　　第 1 章第 1 節

Regum et imperatorum apophthegmata, texte et traduction anglaise par F. C. Babbitt, *Plutarch's Moralia*, t. III (Loeb classical Library).
　　第 2 章。

Vie de Solon, texte et traduction française par R. Flacelière, É. Chambry et M. Juneaux (C.U.F.).
　　第 6 章第 1 節。

Septem sapientium convivium, texte et traduction anglaise par F. C. Babbitt, *Plutarch's Moralia*, t. II (Loeb classical Library).
　　第 5 章第 3 節。

PORPHYRE（波菲爾）

Vie de Pythagore, texte et traduction française par É. des Places (C.U.F.).
　　第 2 章。

PROPERCE（波羅爾培斯）

Elégies, texte et traduction française par D. Paganelli (C.U.F).
　　第 4 章第 4 節。

QUINTILIEN（昆提良）

De l'institution oratoire, texte et traduction française par J. Cousin (C.U.F.).
　　第 6 章前導。

RUFUS D'ÉPHÈSE（艾菲斯的魯夫斯）

Œuvres《作品集》, texte et traduction française par Ch. Daremberg et E. Ruelle, Paris, 1879.
　　第 4 章第 2 節，第 4 章第 3 節，第 4 章第 4 節。

SÉNÈQUE（塞內克）

Des bienfaits, texte et traduction française par F. Préchac (C.U.F.).
　　第 3 章第 2 節。

De la brièveté de la vie《論生命之短暫》, texte et traduction française par A. Bourgery (C.U.F.).
　　第 2 章。

De la colère, texte et traduction française par A. Bourgery (C.U.F.).
　　第 2 章。
Consolation à Helvia, texte et traduction française par R. Waltz (C.U.F.).
　　第 2 章。
Consolation à Marcia, texte et traduction française par R. Waltz (C.U.F.).
　　第 5 章第 2 節。
De la constance du sage, texte et traduction française par R. Waltz (C.U.F.).
　　第 2 章。
Lettres à Lucilius《路西里烏斯書信集》, texte et traduction française par F. Préchac et H. Noblot (C.U.F.).
　　第 1 章第 1 節，第 2 章，第 3 章第 2 節，第 5 章第 2 節。
De la tranquillité de l'âme《論靈魂之平靜》, texte et traduction française par R. Waltz (C.U.F.).
　　第 2 章，第 3 章第 2 節。
De la vie heureuse, texte et traduction française par A. Bourgery (C.U.F.).
　　第 2 章。

SORANUS（索拉努斯）
Traité des maladies des femmes《婦科疾病專著》, texte in *Corpus Medicorum Graecorum*, t. IV, Leipzig, 1927 ; traduction française par F. J. Hergott, Nancy, 1895 ; traduction anglaise par O. Temkin, Baltimore, 1956.
　　第 4 章第 2 節，第 4 章第 3 節，第 4 章第 4 節。

STACE（史塔西）
Silves, texte et traduction française par H. Frère et H.-J. Izaac (C.U.F.).
　　第 3 章第 1 節。

SYNÉSIOS（辛奈西歐斯）
Sur les songes, in *Œuvres*, traduction française par H. Druon, Paris, 1878.
　　第 1 章第 1 節。

XÉNOPHON（贊諾封）
Le Banquet, texte et traduction française par F. Ollier (C.U.F.).
　　第 6 章第 2 節。
La Cyropédie, texte et traduction française par M. Bizos et É. Delebecque (C.U.F.).
　　第 2 章。
Économique, texte et traduction française par P. Chantraine (C.U.F.).
　　第 2 章，第 5 章前導。

〔現代作者〕

ALLBUT, C.
Greek Medicine in Rome, Londres, 1921.
第 4 章前導。

BABUT, D
Plutarque et le stoïcisme, Paris, P.U.F., 1969.
第 5 章第 3 節。

BEHR, C. A.
Aelius Aristides and « the Sacred Tales », Amsterdam, 1968.
第 1 章第 1 節。

BETZ, H. D.
Plutarch's Ethical Writings and Early Christian Literature, Leyde, 1978.
第 6 章第 1 節。

BLOCH, R.
De Pseudo-Luciani Amoribus《相傳為路西安所著的諸種愛》, Argentorati, 1907.
第 6 章第 2 節。

BONHÖFFER, A.（波恩霍弗）
Epiktet und die Stoa, Stuttgart, 1890.
Die Ethik des Stoikers Epiktet, Stuttgart, 1894.
Epiktet und das Neue Testament, Giessen, 1911.
結論。

BOSWELL, J.（包斯威爾）
Christianity, Social Tolerance, and Homosexuality, Chicago, 1980.
第 3 章第 1 節，第 6 章前導。

BOWERSOCK, C. W.（鮑爾梭克）
Greek Sophists in the Roman Empire, Oxford, 1969.
第 4 章前導。

BROUDEHOUX, J.-P.
Mariage et famille chez Clément d'Alexandrie, Paris, Beauchesne, 1970.
第 3 章第 1 節。

BUFFIÈRE, F.
Éros adolescent. La pédérastie dans la Grèce antique, Paris, Les Belles Lettres, 1980.
　　第 6 章第 2 節。

CANGUILHEM, G.（康居廉）
Études d'histoire et de philosophie des sciences, Paris, Vrin, 1968.
　　第 4 章第 4 節。

CROOK, J. A.（克魯克）
Law and Life of Rome, Londres, 1967.
　　第 3 章第 1 節。

FERGUSON, J.
Moral Values in the Ancient World, Londres, 1958.
　　第 3 章第 2 節。

FESTUGIÈRE, A. -J.
Études de philosophie grecque, Paris, Vrin, 1971.
　　第 2 章。

GAGÉ, J.
Les Classes sociales dans l'Empire romain, Paris, Payot, 1964.
　　第 3 章第 2 節。

GRANT, M.
The Climax of Rome. The Final Achievments of the Ancient World, Londres, 1968.
　　第 6 章第 3 節。

GRILLI, A.
Il problema della vita contemplativa nel mondo greco-romano, Milan-Rome, 1953.
　　第 2 章。

GRIMAL, P.
Sénèque ou la conscience de l'Empire, Paris, 1978.
　　第 2 章。

HADOT, I.（哈寶 I.）
Seneca und die griechisch-römische Tradition der Seelenleitung, Berlin, 1969.
　　第 2 章。

HADOT, P.（哈竇 P.）
Exercices spirituels et philosophie antique, Paris, 1981.
　　第 2 章。

HÄGG, Th.
Narrative Technique in Ancient Greek Romances. Studies of Chariton, Xenophon Ephesius and Achille Tatius, Stockholm, 1971.
　　第 6 章第 3 節。

HIJMANS, B. L.
Askēsis : Notes on Epictetus' Educational System, Utrecht, 1959.
　　第 2 章。

KESSELS, A. H. M.（克塞爾斯）
« *Ancient System of Dream Classification* », *Mnemosune*, 4e sér., n° 22, 1969.
　　第 1 章第 1 節。

LIEBESCHÜTZ, J. H.
Continuity and Change in Roman Religion, Oxford, 1979.
　　第 2 章。

LUTZ, C.
« *Musonius Rufus* », *Yale Classical Studies*, t. X, 1947.
　　第 5 章第 1 節。

MACMULLEN, R.（麥克穆蘭）
Roman Social Relations, 50 B.C. to A.D. 284, Londres-New Haven, 1974.
　　第 3 章第 2 節。

MESLIN, M.
L'Homme romain, des origines au 1er siècle de notre ère : essai d'anthropologie, Paris, Hachette, 1978.
　　第 5 章前導。

NOONAM, J. T.
Contraception et mariage, évolution ou contradiction dans la pensée chrétienne, trad. de l'anglais par M. Jossua, Paris, Éd. du Cerf, 1969.
　　第 5 章第 2 節。

PIGEAUD, J.（皮古）
La Maladie de l'âme ; étude sur la relation de l'âme et du corps dans la tradition médico-philosophique antique, Paris, Les Belles Lettres, 1981.
　　第 4 章第 4 節。

POMEROY, S. B.（潘莫羅依）
Goddesses, Whores, Wives and Slaves. Women in Classical Antiquity《上古古典時期的女性：女神、妓女、妻子與奴隸》, New York, 1975.
　　第 3 章第 1 節。

PRAECHTER, K.
Hierokles der Stoiker, Leipzig, 1901.
　　第 6 章第 2 節。

ROSTOVTZEFF, M. I.
The Social and Economic History of the Hellenistic World, réimpression, Oxford, 1941.
　　第 3 章第 2 節。

ROUSSELLE, A.
Porneia. De la maîtrise du corps à la privation sensorielle. IIe - IVe siècles de l'ère chrétienne, Paris, P.U.F., 1963.
　　第 4 章前導，第 4 章第 3 節。

SANDBACH, F. H.（桑德巴赫）
The Stoics, Londres, 1975.
　　第 2 章，第 3 章第 2 節。

SCARBOROUGH, J.
Roman Medicine, Ithaca, 1969.
　　第 4 章前導。

SPANNEUT, M.
« *Epiktet* », in Reallexikon für Antike und Christentum, 1962.
　　第 2 章。

STARR, C. G.
The Roman Empire, Oxford, 1982.
　　第 3 章第 2 節。

SYME, R.（席門）
Roman Papers, Oxford, 1979.
　　第 3 章第 2 節。

THESLEFF, H.
An Introduction to the Pythagorean Writings of the Hellenistic Period (*Humaniora*, 24, 3, Abo, 1961).
　　第 5 章前導。
The Pythagorean Texts of the Hellenistic Period (*Acta Academiae Aboensis*, ser. A, vol. 30, n° 1).
　　第 5 章前導。

VATIN, CL.（瓦汀）
Recherches sur le mariage et la condition de la femme mariée à l'époque hellénistique《希臘化時代婚姻及已婚婦女狀態研究》, Paris, De Boccard, 1970.
　　第 3 章第 1 節。

VEYNE, P.（維恩）
« L'amour à Rome »〈愛在羅馬〉, Annales E.S.C., 1978, 1.
　　第 3 章第 1 節。

VOELCKE, A. J.
Les Rapports avec autrui dans la philosophie grecque, d'Aristote à Panétius, Paris, Vrin, 1969.
　　第 2 章。

ZAHN, TH.（詹恩）
Der stoiker Epiktet und sein Verhältnis zum Christentum, Erlangen, 1894.
　　結論。

近代思想圖書館系列 64

性史：第三卷 自我的關懷
Histoire de la sexualité III: Le souci de soi

作者：米歇爾・傅柯 Michel Foucault
譯者：林志明
主編：湯宗勳
特約編輯：江灝
美術設計：陳恩安
企劃：鄭家謙

董事長：趙政岷｜出版者：時報文化出版企業股份有限公司／108019台北市和平西路三段240號1-7樓｜發行專線：02-2306-6842｜讀者服務專線：0800-231-705；02-2304-7103｜讀者服務傳真：02-2304-6858｜郵撥：1934-4724 時報文化出版公司／信箱：10899台北華江橋郵局第99信箱｜時報悅讀網：www.readingtimes.com.tw｜電子郵箱：new@readingtimes.com.tw｜法律顧問：理律法律事務所／陳長文律師、李念祖律師｜印刷：勁達印刷有限公司｜一版一刷：2025年5月16日｜定價：新台幣650元

版權所有翻印必究
（缺頁或破損的書，請寄回更換）

國家圖書館出版品預行編目(CIP)資料｜性史：第三卷 自我的關懷／米歇爾・傅柯（Michel Foucault）著；林志明 譯一一版.--臺北市：時報文化，2025.5；416面；14.8×21×2.6公分.--（近代思想圖書館系列；064）譯自：Histoire de la sexualité III: Le souci de soi｜ISBN 978-626-419-313-9（平裝）｜1.性學 2.歷史｜544.709｜114002542

Histoire de la sexualité 3 by Michel FOUCAULT
Copyright © Editions Gallimard, Paris, 1984
Complex Chinese edition © 2025 by China Times Publishing Company
All rights reserved.

ISBN：978-626-419-313-9
Printed in Taiwan